A. M. J. J. Dupin

Constitution

de la

République Française

Accompagnée de
notes sommaires explicatives du texte

Elibron Classics
www.elibron.com

Elibron Classics series.

ISBN 0-543-70466-1 (paperback)
ISBN 0-543-70465-3 (hardcover)

This Elibron Classics Replica Edition is an unabridged facsimile of the edition published in 1849 by Videcoq fils aîné, Paris.

CONSTITUTION

DE LA

RÉPUBLIQUE FRANÇAISE.

PARIS. — IMPRIMÉ PAR PLON FRÈRES,
36, rue de Vaugirard

CONSTITUTION

DE LA

RÉPUBLIQUE FRANÇAISE

ACCOMPAGNÉE DE

NOTES SOMMAIRES EXPLICATIVES DU TEXTE,

et suivie de diverses pièces
et de quelques Discours prononcés dans la discussion du projet,

PAR M. DUPIN,

REPRÉSENTANT DU PEUPLE (ÉLU PAR LA NIÈVRE),
L'UN DES MEMBRES DE LA COMMISSION DE CONSTITUTION.

« La République a pour principes la Liberté, l'Égalité, la Fraternité
« Elle a pour bases la Famille, le Travail, la Propriété, l'Ordre public. »
(*Préamb. de la Const.*, art IV.)

2e ÉDITION.

AUGMENTÉE DES DISCUSSIONS SUR LA HAUTE COUR, ETC.

PARIS.
VIDECOQ FILS AINÉ, ÉDITEUR,
1, PLACE DU PANTHEON,
JANVIER 1849.

INTRODUCTION.

Un des plus puissants génies de l'antiquité, Platon, travaillant à son aise, puisqu'il n'avait en vue dans son utopie qu'une *République imaginaire*, pour un peuple idéal; Platon, le divin Platon, est cependant loin d'avoir fait une œuvre irréprochable. Impraticable dans le monde des réalités, elle n'est même pas, sous quelques rapports, exempte du reproche d'immoralité.

Plus rapproché des faits, Solon disait de ses démocrates athéniens « qu'il leur avait donné, non pas les meilleures lois qu'il fût possible de faire, mais les meilleures qu'ils pussent supporter. »

Cela est vrai surtout des lois qui sont promulguées au sein des révolutions, en présence des passions qu'elles exaltent, des ambitions qu'elles suscitent, des intérêts qu'elles bouleversent, des ruines qu'elles entassent.

— Dieu seul a pu dicter des lois d'une sagesse immuable, au milieu de la foudre et des éclairs, sur le mont Sinaï. — Ce n'est pas du sein des tempêtes révolutionnaires que sont sortis les préceptes : « Vous ne tuerez » point; vous ne déroberez point... *Non occides; non* » *furaberis...* »

1.

.... Au 24 février... après que les députés venaient d'acclamer la régence... M. de Lamartine, s'adressant à un autre auditoire qui venait d'envahir la salle en foule et en armes, avait terminé son discours par cette conclusion : « Je demande que l'on constitue un gouvernement *provisoire;...* un gouvernement *qui ne préjuge rien*, ni de nos droits, ni de nos ressentiments, ni de nos sympathies, ni de nos colères, sur le gouvernement définitif qu'il plaira au Pays de se donner quand il aura été consulté. » (C'est cela! c'est cela!) répondirent les assistants [1].

Ce gouvernement provisoire, proclamé à l'instant et installé à l'Hôtel-de-Ville, annonça le même jour, 24 février [2], « qu'une assemblée nationale serait convoquée aussitôt que le gouvernement provisoire aurait réglé les mesures d'ordre et de police nécessaires pour le *vote de tous les citoyens.* »

Mais, au lieu d'attendre la réunion de l'Assemblée nationale, un parti violent qui se portait héritier des traditions de 1793, et qui en eût volontiers renouvelé tous les actes, arbora le drapeau *rouge* et voulut forcer le gouvernement provisoire à inaugurer ce *symbole du sang !* — C'est alors que Lamartine, à tout risque pour lui-même (et toutefois il n'y recueillit que de la gloire!) prononça ces magnifiques paroles, dignes d'être enregistrées par l'histoire : « Aujourd'hui vous nous demandez le drapeau rouge à la place du drapeau tricolore. Citoyens! pour ma part, le drapeau rouge, je ne l'adopterai jamais, et je vais vous dire dans un seul mot pourquoi je m'y oppose de toute la force de mon patriotisme : c'est que le drapeau tricolore, citoyens, a

[1] *Moniteur* du 25 février 1848.

[2] Arrêté, n° 4.

fait le tour du monde, avec la République et l'Empire, avec vos libertés et vos gloires, et que le drapeau rouge n'a fait que le tour du Champ-de-Mars, traîné dans les flots de sang du peuple. »

Ainsi le drapeau tricolore restera le drapeau de la France[1] !... mais de la France républicaine... — Le gouvernement provisoire en avertit la nation par une proclamation dans laquelle il « DÉCLARE[2] que le gou- » vernement actuel de la France est le gouvernement » *républicain*, et que la nation sera appelée immé- » diatement à ratifier par son vote la résolution du » gouvernement provisoire et du peuple de Paris. »

A quelques jours de là, le 5 mars, parut effectivement un décret portant : « Art. 1er. Les assemblées électorales de canton seront convoquées au 9 avril prochain pour élire les représentants du peuple à l'Assemblée nationale, qui doit *décréter la Constitution.* »

Le décret ajoute, article 5 : « Le suffrage sera direct et universel. »

Des *Commissaires* avaient été envoyés dans tous les départements ; — des *Bulletins de la République* affichés dans toutes les communes par les soins des facteurs ruraux ; — toutes les *mairies* changées de fait par les *clubs* locaux ou par leurs *délégués*[3] ; — la presse anarchique était déchaînée ; — on se préparait aux élections...

C'est ainsi que la France reçut l'impulsion ! et le 23 avril, le grand jour de Pâques, tous les citoyens con-

1 Proclamation du gouvernement provisoire à l'armée, n° 10.

2 Déclaration du 26 février, n° 26.

3 Gens dont on peut dire avec le chancelier de Lhospital : « Il y « a en chacun pays certains esprits turbulents qui sont des allu- « mètes de remuements et nouvelletés. » (*Mémoires de Lhospital*, tome II de ses Œuvres, page 251.)

voqués, acceptant avec patriotisme, mais avec anxiété, la condition qui leur était faite, se formèrent en comices électoraux pour choisir leurs représentants.

Le 4 mai l'Assemblée se réunit à Paris; elle s'installa aux cris répétés[1] de *Vive la République!*

Voilà donc la France en république! — avec le suffrage universel et direct déjà mis en pratique; — et une assemblée nationale de 900 membres, chargée de rédiger la nouvelle Constitution.

Pour bien apprécier la position, les travaux et les services de cette Assemblée, il ne faut pas oublier quel était alors l'état de Paris: — la garde nationale était dissoute; — l'armée rejetée hors des murs, et la multitude protestant contre son retour; — les étrangers avaient regagné leur pays; — les plus riches habitants, ceux qu'aucun devoir ne retenait à Paris, avaient déserté leurs domiciles menacés et étaient allés chercher un asile dans les départements; — le crédit était nul, le commerce anéanti, les travaux suspendus, la misère instante... et une sorte de terreur sourde à l'ordre du jour.

Des ouvriers égarés par les folles prédications du socialisme, détournés de leurs ateliers par les fausses promesses du Luxembourg, animés de jalousie contre leurs patrons, auxquels ils se vantaient de bientôt succéder, réunis par la grève volontaire ou forcée en *ateliers nationaux,* où, sans rien faire d'utile, ils épuisaient le trésor public alimenté par l'impôt du laboureur et de la terre sur laquelle on prélevait un surcroît d'impôt de 45 centimes; — ces malheureux, au nombre de 120 mille, surexcités par des journaux violents et des

[1] Le président Buchez a constaté que dans cette première séance les acclamations s'étaient renouvelées dix-sept fois!

placards incendiaires, offraient par leur formation en compagnies et brigades une véritable armée insurrectionnelle, tenue en *disponibilité* pour l'émeute, pour ce qu'on appelait alors des *démonstrations* [1], et bientôt aussi pour la *guerre civile* quand les meneurs en donneraient le signal. Dans cette masse, beaucoup gémissaient sans doute de cette situation, mais cernés, comprimés par les autres, et par le mélange impur d'un grand nombre d'étrangers, et de forçats auxiliaires naturels de toutes les émeutes, retenus d'ailleurs par le besoin, ils n'en contribuaient pas moins à grossir le torrent !

Tels étaient les éléments de désordre, les moyens d'intimidation préparés par les agitateurs. Il ne leur manquait plus qu'une occasion, un prétexte; il se présenta bientôt.

Instruite par l'expérience du passé, la commission du règlement que je présidais alors y avait sagement inséré un article qui interdisait de présenter des pétitions en personne à la barre de l'Assemblée. Les factieux voulurent y voir un attentat au droit de pétition ! Et, pour *reconquérir* ce droit, ils résolurent de faire une *démonstration* contre l'Assemblée nationale sous prétexte de lui apporter une pétition en faveur de la Pologne ! Une colonne de *pétitionnaires* dirigea sa marche par les boulevards, flanquée par le club de Blanqui, qui bientôt se mit à la tête comme on met une baïonnette au bout d'un fusil. Et le 15 mai, onze jours seulement après sa première réunion, l'Assemblée nationale, élue par le suffrage universel de la France,

[1] On commandait tant d'hommes à jour fixe pour une démonstration, comme on eût commandé des régiments pour une revue; et la paye allait toujours : c'était là une manière de travailler.

vit son enceinte forcée [1], sa tribune envahie, la sûreté de ses membres menacée, son président violemment expulsé du fauteuil, son caractère représentatif et souverain méconnu, par un attentat qui, malgré l'évidence d'un fait aussi flagrant, et après neuf mois déjà passés, est encore impuni!

L'Assemblée nationale, l'histoire le dira en son honneur, montra dans cette circonstance un courage stoïque, demeurant impassible sur ses bancs, et supportant pendant trois longues heures le spectacle scandaleux de ces saturnales de l'anarchie! Le soir même elle reprit ses travaux; et dans les séances des 17 et 18 mai, elle nomma une commission de dix-huit membres chargée de rédiger le projet de constitution.

Ces commissaires, élus par toute l'Assemblée, au scrutin secret et à la majorité absolue, furent MM. Cormenin, Marrast, Lamennais [2], Vivien, de Tocqueville, Dufaure, Martin (de Strasbourg), Coquerel, Corbon, Thouret, Woirhaye, Dupin, de Beaumont (Gustave), Vaulabelle, Odilon-Barrot, Pagès (de l'Ariége), Dornès et Victor Considérant.

Dès le lendemain 19 mai, la commission tint sa première séance; elle travailla sans relâche chaque jour

[1] Les gens apostés dans les tribunes descendirent dans la salle en se glissant le long des moulures et des boiseries comme des lézards, et avec une aisance qui révélait l'habitude de l'escalade.

[2] M. de Lamennais n'a assisté qu'aux deux premières séances, il a ensuite donné sa démission. — M. Dornès est mort à la suite de la blessure qu'il reçut dans les journées de juin. M. de Beaumont a été envoyé en ambassade à Londres. MM. Thouret et Vaulabelle sont devenus ministres, et n'en ont pas moins continué leurs travaux, ainsi que MM. Dufaure et Vivien, qui ont pris une part assidue aux travaux de la commission et à la discussion de tribune. — M. de Cormenin, président de la commission, s'est séparé d'elle par un pamphlet au moment de la première révision.

pendant cinq à six heures; et son premier projet fut terminé le 17 juin.

On touchait aux événements les plus graves. Ils éclatèrent dans la journée du 23. L'état de siége fut décrété, et la victoire de l'ordre sur l'anarchie assurée par le dévouement et le courage de la garde nationale et de l'armée, la bravoure héroïque des généraux, appuyés bientôt par le concours de toutes les populations environnantes et l'adhésion de la France entière.

Le projet de la commission avait été soumis aux bureaux, qui employèrent à son examen un mois entier. Chacun d'eux nomma ensuite un délégué chargé de présenter les observations de son bureau à la commission[1]. Celle-ci entendit les commissaires pendant douze séances consécutives, revit son travail, et chargea M. Marrast, son rapporteur, de présenter à l'Assemblée le *projet définitif*. Il fut déposé le 30 août. La discussion publique a commencé le 30 septembre et a continué jusqu'au 28 octobre. Plus de trois cents amendements ont été développés et discutés. — Le travail de révision de la commission a duré trois jours, et, après plusieurs séances consacrées à la discussion des points controversés ou remis en question, le vote définitif a eu lieu le samedi 4 novembre, à la majorité de 739 boules blanches contre 30 boules noires; total : 769 votants.

Pendant ce temps, les mesures de sûreté publique prescrites par les décrets des 24 et 27 juin s'exécutèrent, et l'ordre se rétablissait par degrés. L'état de siége fut levé le 19 octobre.

[1] Ces délégués étaient MM. Girerd, Berenger, Thiers, Menand, Chauffour (aîné), Flandin, Victor Lefranc, Boussi, Parieu, Crémieux, Crépu, Boulatignier, Freslon, Duvergier de Hauranne, Berryer.

On le voit : les rédacteurs de la Constitution ont travaillé comme Archimède pendant le siége de Syracuse. Leur liberté d'esprit n'en a point été troublée ; mais il est certain qu'en général leurs résolutions ont été influencées par les circonstances. Tantôt ils y ont puisé des motifs de force et de résistance, quelquefois aussi l'occasion de quelques concessions.

Pour juger la Constitution de 1848, il faut considérer :

— Son caractère politique,

— Son préambule,

— Le chapitre des garanties,

— L'organisation des pouvoirs généraux ;

— Enfin, songer que les lois organiques restent à faire ; mais qu'en attendant rien ne périclite, puisque tout est maintenu dans le *statu quo.*

CARACTÈRE POLITIQUE DE LA CONSTITUTION.

Il est dans son titre même : *Constitution de la République française.*

Il y a des choses qui s'établissent, non parce que tout le monde les veut, mais parce que personne ne s'y oppose. Au moment de la réunion de l'Assemblée nationale, deux grands faits s'étaient accomplis sur toute la surface du territoire, sans résistance ni protestation, comme à Rome, où, selon l'expression de Tacite, l'Empire prit tout à coup la place de la République, *nullo adversante.*

Ces deux grands faits étaient :

1° La République partout proclamée ;

2° Le suffrage universel et direct dont le peuple était de fait en possession.

Ces faits, la commission les enregistre et les proclame. — « La France, dit-elle, s'est constituée en République. »

Nous avons ajouté *une et indivisible*, pour exclure le fédéralisme et prévenir le morcellement de la puissance publique, — et le mot *démocratique* pour caractériser un régime d'égalité sans priviléges, inauguré par le suffrage direct et universel.

Mais nous avons refusé d'ajouter *et sociale*, qui eût impliqué l'idée d'un bouleversement auquel la majorité était parfaitement résolue de résister. Cette résistance constante, inflexible, à tous les efforts du *socialisme* pour s'introduire dans le régime nouveau, est devenue le caractère le plus marqué de l'Assemblée, et restera aussi comme son meilleur titre à la reconnaissance nationale.

Nous avons *maintenu* le suffrage direct et universel, portant ainsi le mouvement démocratique jusqu'à ses plus extrêmes limites, de sorte que, s'il y a un retour possible, ce serait en *deçà*, jamais *au delà*. — Avec un torrent qui coule à pleins bords, on ne met pas les digues de face, mais de côté.

PRÉAMBULE DE LA CONSTITUTION.

C'est ici qu'il convient de justifier ce *préambule*, d'abord si vivement attaqué, et auquel on n'a pas même épargné le ridicule.

Il y prêtait un peu, je l'avoue, par la naïveté de sa première rédaction. Mais, tel qu'il a prévalu, tel qu'il est enfin, qu'on le lise avec soin, et les hommes réfléchis en porteront un meilleur jugement.

En 1789, époque d'enthousiasme et de véritable *réforme sociale*, dirigée contre les priviléges en vue de fonder un *droit commun*, la première Assemblée nationale a proclamé non pas seulement les droits du citoyen, mais les *droits de l'homme.* — Elle l'a fait avec emphase, avec un abandon et une sorte de prodigalité d'expressions dont elle ne pressentait aucunement le danger.

Instruits par l'expérience et connaissant l'abus qu'on avait fait de ces droits en portant leur exercice jusqu'à la licence, nous nous sommes attachés à peser tous les termes de la rédaction de manière à prévenir l'extension et la fausse interprétation que l'on voudrait leur donner.

Placés en face du *socialisme*, qui, dans les formes variées de ses différentes sectes, n'en offrait pas moins une attaque générale à la famille, à la propriété, à l'état social, au droit; nous avons repoussé tous les efforts tentés auprès de nous pour introduire dans la Constitution le germe de ces funestes doctrines.

Spécialement, sur toutes ces théories de l'*Organisation du travail*, du *Droit au travail*, dont on avait fait, dont on voulait faire encore un si cruel abus, nous avons été inébranlables pour rejeter toutes les formules qu'on s'efforçait de nous faire accepter, et pour rester dans des termes qui n'offrissent pas le même danger.

La Commission a trouvé sur ce point un énergique appui dans la majorité de l'Assemblée. On a laissé aux apôtres des nouvelles doctrines toute la latitude qu'ils ont voulue pour les exposer; on a pu en juger la portée, en mesurer le péril, et les déjouer en connaissance de cause avec le concours et l'appui de l'opinion publique désormais éclairée.

Les mêmes considérations s'appliquent au chapitre de la *Garantie des droits.*

Ces droits sont reconnus et proclamés : — à chacun d'eux nous avons attaché la sauvegarde et la protection des lois et de la société. — Mais à chaque règle aussi nous avons apposé la limitation qui nous a paru propre à prévenir l'abus.

En effet, la grande erreur de ceux qui parlent avec le plus d'emportement de leur liberté, c'est de ne vouloir pas reconnaître que leurs concitoyens ont aussi leur liberté propre qu'il faut respecter. — Ce qu'ils comprennent le moins, c'est qu'au-dessus du droit de chacun il y a le droit de tous, le droit de la société, qui ne veut pas être troublée, et qui, pour sa conservation, a surtout besoin d'ordre et de sécurité.

SOUVERAINETÉ DU PEUPLE.

Le premier principe du gouvernement républicain, c'est que *la souveraineté réside dans le peuple*, mais à condition qu'on entendra par ce mot *peuple* l'universalité des citoyens. En effet, il n'y a pas de plus grands ennemis de la véritable souveraineté du peuple que ces énergumènes qui, ne considérant qu'eux, en quelque petit nombre qu'ils soient réunis, se mettent à parler *au nom du peuple* et à dicter leurs volontés, comme s'ils étaient à eux seuls la nation tout entière !

L'article 1er condamne toutes ces usurpations en disant que « aucun individu, aucune fraction du peuple ne peut s'attribuer l'exercice de la souveraineté. »

ORGANISATION DES POUVOIRS.

Tous émanent du peuple.

Leur *division* est la première condition d'un gouvernement libre.

Le *premier* de ces pouvoirs est le pouvoir législatif.

Un gouvernement républicain doit être le gouvernement de la loi, de la loi expression de la volonté générale constitutionnellement exprimée.

Là se présentait la question d'une Assemblée unique.

Et certes les objections n'ont pas manqué.

Qui ne sait, en effet, qu'une double discussion portée successivement d'une chambre à une autre, offre plus de chances d'un meilleur examen, et une garantie contre les entraînements, les surprises, les aberrations d'une Assemblée unique qui se laisse emporter !

Qui ne comprend que le pouvoir exécutif, roi ou président, a moins de facilité pour gouverner avec une chambre unique qu'il a toujours en tête, qu'avec deux qu'il peut adroitement opposer l'une à l'autre !

Mais ici j'appelle Solon à mon secours.

Il ne s'agit pas de théorie, de ce qu'il y aurait de mieux en soi, de ce qui pourra même arriver plus tard, mais de ce qu'il y avait de possible et *de plus opportun dans les circonstances où l'on se trouvait placé.*

Or, que l'on veuille bien relire deux discours : celui de M. Odilon Barrot, si éloquent, si vrai dans ce qu'il dit des entraînements de la démocratie ;

Et celui que j'ai prononcé après lui, et dans lequel, avec une conviction non moins arrêtée que la sienne, j'énumère tous les motifs qui, *dans l'état présent des affaires*, et pour un temps plus ou moins long encore, rendent, sinon impossible, au moins très-périlleuse la séparation en deux assemblées, des lumières, des forces vives, des intentions courageuses, des résolutions énergiques de tous les hommes d'État qui restent sur pied après l'énorme consommation de talents et de réputations due à la fréquence de nos mutations politiques. Que l'on jette les yeux autour de soi : combien d'hommes déconsidérés, divisés et jetés à l'écart ! Combien ont besoin de temps pour se réconcilier avec eux-mêmes et avec l'opinion !

J'accorde tout ce qu'on voudra aux chances d'une révision après la victoire sociale assurée; jusque-là je persiste à penser qu'une Assemblée unique, fût-elle moins propre à bien faire quelques lois, a une plus grande force pour résister aux grands assauts dont la société est encore menacée.

DU POUVOIR EXÉCUTIF.

Si l'établissement du pouvoir législatif laisse à regretter deux chambres à ceux qui voient un danger dans une Assemblée unique; si, sous ce point de vue et dans leur opinion, la Constitution de 1848 est inférieure à celle de l'an III avec ses deux conseils, dont l'un a été proscrit en fructidor, et l'autre chassé au 18 brumaire, elle lui est du moins fort supérieure pour l'organisation du pouvoir exécutif.

Au lieu de cette hydre à cinq têtes qui s'entre-déchiraient de leurs morsures, nous avons maintenu l'unité du pouvoir. L'unité, non pas seulement nominale, mais fortement organisée, avec une réunion d'attributions qui, sauf le droit de dissolution de l'Assemblée (car le concéder eût été dénaturer la Constitution) réserve en réalité au président toutes les attributions qui constituaient la prérogative royale sous la monarchie.

Nous avons voulu un pouvoir fort : et il le sera certainement dans les mains de quiconque saura en user avec sagesse et dextérité.

CONSEIL D'ÉTAT.

Quant au conseil d'État, j'attendrai qu'il soit définitivement organisé pour comprendre la pensée de ceux qui ont cru voir là le germe d'une *seconde* chambre, d'un *sénat*, l'espérance d'un contre-poids efficace.

Je conçois le conseil d'État tel qu'il était précédemment organisé, avec ses attributions administratives et le travail hiérarchique de ses conseillers, de ses maîtres des requêtes et de ses auditeurs. Comme tel, c'est un instrument excellent.

Je ne vois pas au juste ce qu'il sera avec les trente membres que l'Assemblée lui a donnés au scrutin de liste, et les attributions purement facultatives et assez insignifiantes qui leur sont départies quant à présent.

C'est certainement un des points sur lesquels devra porter la future révision de la Constitution.

POUVOIR JUDICIAIRE.

Nous avons maintenu avec fermeté le principe de l'inamovibilité des juges. C'est le gage de leur indépendance, et comment ne pas l'assurer dans une société aussi profondément ébranlée! Eh quoi! on attaque la famille et la propriété, et sous quelle égide, s'il vous plaît, placerez-vous ces intérêts sur lesquels repose la société, si ce n'est sous celle de la magistrature ?

Il n'était pas vrai de dire que le principe de l'inamovibilité des juges fût incompatible avec le principe républicain. Est-ce qu'on ignore qu'aux Etats-Unis les juges sont inamovibles ? Et en effet, plus le principe démocratique offre de turbulence et de mobilité dans son action, plus il importe que la société se raffermisse et se rassure par l'institution d'une magistrature forte et indépendante ; et, comme je le disais le 11 juillet, en discutant la question : « Vous avez augmenté la voilure » du navire, ne diminuez pas son lest : là est le principe » de la stabilité. »

Il eût été digne de la République de faire comme en 1830, de confirmer de plano la magistrature existante. Nous n'avons pas pu l'obtenir tout d'abord. Mais le temps a marché, et j'espère que la sagesse du président de la République comprendra tout ce que son gouvernement inspirerait de confiance au peuple par cette confirmation.

LOIS ORGANIQUES.

La Constitution renvoie fréquemment à des *lois organiques*. Et, en effet, elle ne devait régler que les principes généraux, et ne pas entrer dans le détail de dispositions secondaires qui, par leur nature, peuvent exiger de nombreuses et d'assez fréquentes modifications.

On proposait d'abord de réserver à l'Assemblée constituante la rédaction et le vote de *toutes* les lois organiques. La commission a pensé que cette réserve indéfinie conduirait trop loin, et entraînerait une prolongation de pouvoirs dont il serait impossible d'assigner le terme.

Elle n'a même pas voulu faire un choix, ni inscrire dans la Constitution quelles seraient celles de ces lois que devrait faire l'Assemblée constituante. Dans une limite plus restreinte, c'eût été encore se lier irrévocablement, et tel n'était pas le vœu de la commission.

En conséquence, elle s'est bornée à dire que l'Assemblée voterait les lois organiques *dont l'énumération serait déterminée par une loi spéciale.* — Pourquoi? Parce que, cette loi spéciale n'ayant pas un caractère irrévocable, l'Assemblée resterait toujours maîtresse d'étendre ou de resserrer les termes de cette loi, qui n'est en réalité qu'*un grand ordre du jour.*

Lorsque l'Assemblée a rendu son décret du 4 septembre, dans lequel elle s'est donné pour tâche de voter les dix lois dont ce décret renferme l'énumération, elle n'a tracé cet itinéraire qu'en conservant le droit: 1° de régler ensuite parmi ces lois un *ordre de priorité,* en raison de leur degré d'urgence; 2° d'ajourner indéfiniment celles qu'elle reconnaîtrait finalement n'avoir pas le loisir d'examiner avec la maturité qu'elles exigent. L'Assemblée à cet égard n'a contracté qu'avec elle-même; et c'est le cas de la règle: *Nemo potest sibi dicere legem a quâ discedere non possit.*

D'ailleurs, est-il donc si urgent de toucher à tout? Est-ce donc que l'État a besoin d'être réorganisé en entier? Ce serait supposer qu'il est désorganisé tout à fait, tandis qu'il a été seulement troublé. A mon avis, en procédant à la réfection des lois organiques, il y a bien plus à conserver et bien moins à changer que certains esprits ne le pensent, dans la justice, dans l'administration, dans l'armée, etc.

Et puis, fût-il vrai que tout soit non pas seulement à revoir, mais à refaire; qui ne comprend la durée, l'étendue, la difficulté d'une telle tâche? Qui n'entrevoit d'avance le danger de brusquer la rédaction de ces lois, à l'aide desquelles, si elles sont mal faites, on pourrait bouleverser l'État plus sûrement que par tout autre moyen ? Et en réalité l'Assemblée, avec tous les éléments dont elle se compose, avec la division des partis, la chaleur et l'animation qui depuis quelque temps se font remarquer dans ses débats, est-elle bien en état de faire toutes ces lois ? Après dix mois de secousses et d'émotions, ne peut-on pas dire d'elle, comme de l'homme le plus laborieux quand il a trop travaillé, *qu'il a la tête fatiguée ?*

Dès le 18 octobre je disais à la tribune sans que l'Assemblée en ait murmuré : « Je ne crois pas qu'il soit dans votre destinée de voter toutes les lois organiques... Je suis convaincu que cette Assemblée, après en avoir voté quelques-unes des plus importantes, sentira la nécessité de *se séparer le plus tôt possible...* »

Cette opinion est partagée par le public, dont la voix aussi, dans une République qui a pour base le suffrage universel, mérite bien, ce me semble, d'être écoutée. Et dès lors ne vaudrait-il pas mieux se borner à faire deux ou trois lois des plus urgentes, puis la loi électolale, notre loi testamentaire, et se séparer de bonne grâce, plutôt que de se cramponner à un reste d'existence prête à nous échapper, comme ces matérialistes qui, sans foi dans la résurrection, s'épouvantent à l'idée de quitter cette vie, parce qu'après elle ils ne voient que le néant !...

N'insistons pas outre mesure. — Séparons-nous à temps. — L'Assemblée conservera ainsi aux yeux de la nation le mérite de ses services : — elle a vaincu l'émeute, — résisté au socialisme, — promulgué la Constitution.

NOTES SUR LA CONSTITUTION.

J'ai voulu donner une édition de la Constitution.

Je n'ai pas prétendu faire un commentaire scientifique ; cela m'eût conduit trop loin, et sans utilité pour le but que je me proposais. J'ai seulement voulu joindre au texte quelques notes dans lesquelles j'expose ma manière de l'entendre et mes opinions particulières.

Ces notes sont fort courtes. Elles ne sont pas destinées aux érudits, quoiqu'il s'y trouve quelquefois un peu de latin ; mais j'ai tâché de leur donner assez de précision et de clarté pour les mettre à portée d'un plus grand nombre de citoyens.

Ils ont des droits politiques. Il est bon par conséquent qu'ils en connaissent l'étendue et la portée. Ils ont des *droits* à exercer, mais réciproquement des *devoirs* à remplir. Pour cela, il est à propos qu'ils aient quelques notions légales du régime constitutionnel sous lequel ils sont destinés à vivre et auquel ils participent à présent par le suffrage universel.

31 décembre 1848.

CONSTITUTION

DE LA

RÉPUBLIQUE FRANÇAISE

DU 4 NOVEMBRE 1848.

L'ASSEMBLÉE NATIONALE A ADOPTÉ et, conformément à l'article 6 du décret du 28 octobre 1848, LE PRÉSIDENT DE L'ASSEMBLÉE NATIONALE PROMULGUE LA CONSTITUTION dont la teneur suit :

PRÉAMBULE.

EN PRÉSENCE DE DIEU, ET AU NOM DU PEUPLE FRANÇAIS, L'ASSEMBLÉE NATIONALE PROCLAME :

En présence de Dieu.] Et non pas *Au nom de Dieu*, comme l'auraient voulu quelques-uns sans bien se rendre compte de cette formule. Le législateur civil ne doit pas parler comme le prêtre ou comme le concile; mais il lui appartient de se placer, comme homme, *en presence de Dieu*. Nul ne peut s'y soustraire; et il était bon de le dire pour attester la grandeur du sujet. Cette formule révèle un peuple religieux.

Au nom du Peuple français.] Ces mots expriment la compétence de l'Assemblée nationale. Élue par *le peuple* pour faire *la Constitution*, c'est sous l'invocation du peuple qu'elle place son œuvre.

L'Assemblée nationale promulgue.] L'Assemblée constituante a voulu accomplir sa mission elle-même ; elle n'a pas voulu déléguer au pouvoir exécutif le soin de porter la Constitution à la connaissance du peuple français.—Voyez, dans l'*Appendice* n° XXXVII, le décret du 28 octobre 1848, art. 6, et le procès-verbal de la publication à Paris, en date du dimanche 12 novembre 1848. Dans chaque commune, cette publication a eu lieu par l'organe des maires le dimanche suivant. Partout elle a été suivie d'un *Te Deum*, afin d'associer la religion à ce grand acte politique.

I.

La France s'est constituée en République. En adoptant cette forme définitive de gouvernement, elle s'est proposé pour but de marcher plus librement dans la voie du progrès et de la civilisation, d'assurer une répartition de plus en plus équitable des charges et des avantages de la société, d'augmenter l'aisance de chacun par la réduction graduée des dépenses publiques et des impôts, et de faire parvenir tous les citoyens, sans nouvelle commotion, par l'action successive et constante des institutions et des lois, à un degré toujours plus élevé de moralité, de lumières et de bien-être.

La France.] Non la veille, non le premier jour, mais par des adhésions successives, dans chaque localité, sans opposition nulle part; *nullo adversante.* —Tacite, Annales, I, 2.

République.] Non celle du drapeau *rouge*, vaincu et repoussé par le drapeau tricolore, mais ce qu'on a appelé la République *honnête*, fondée sur le maintien de l'ordre et le respect des droits.

Définitive.] C'est la plus récente : tous les ennemis des révolutions, des troubles civils et des bouleversements sociaux doivent désirer que ce soit la dernière. Pour cela, il faut de la modération, de la sagesse, et que le gouvernement réponde aux besoins et aux vœux de la société.

Pour but.] Le but d'une *Constitution* ne peut être indiqué que par son *préambule.*

Plus librement.] Sans entraves ni rivalité de puissance ; car, théoriquement, la République est le gouvernement de tous, par tous, dans l'intérêt de tous; c'est la chose et l'affaire de tous : *res publica.*

D'augmenter l'aisance.] *Hoc opus, hic labor.*

Réduction des dépenses publiques et des impôts.] L'un doit être le corrélatif de l'autre : à la différence de ceux qui, pour se rendre doublement populaires, voudraient augmenter les dépenses qui plaisent, et supprimer les impôts qui grèvent. L'État ne peut donner qu'autant qu'il reçoit.

Des institutions et des lois.] Et non par des révolutions, c'est-à-dire des ruines.

II.

La République française est démocratique, une et indivisible.

Démocratique.] L'extrême gauche, après le mot *démocratique*, voulait qu'on ajoutât *et sociale;* mais cette addition turbulente a été repoussée avec vigueur. — Le gouvernement est démocratique, c'est-à-dire qu'il n'y a plus dans ce gouvernement ni aristocratie ni priviléges. Ce n'est plus un gouvernement où la noblesse aurait, par des titres ou par des prérogatives quelconques, un ascendant, une prééminence sur les autres citoyens. C'est le gouvernement du droit commun ; et enfin, ce qui interprète suffisamment et sans autre commentaire, le sens du mot *démocratique* dans la Constitution de la République, c'est le suffrage direct et *universel.* Voyez, pour le développement de cette idée, dans l'*Appendice*, le Discours nº 1. — En 1821, un député de l'extrême droite avait demandé au général Foy ce qu'il entendait par *aristocratie.* L'orateur lui répondit à l'instant par cette définition : « Nous appelons aristocratie au XIXe siècle la ligue et la coalition des hommes qui veulent consommer sans produire, vivre sans travailler, tout savoir sans avoir rien appris, envahir tous les honneurs sans les avoir mérités, occuper toutes les places sans être en état d'en remplir aucune. Voilà l'aristocratie ! »

Une et indivisible.] Pas de fédéralisme, pas de *sonder-*

bund. — L'Assemblée constituante a la première proclamé *cette unité* par son décret du 11 août 1789, dont l'art. 10 est ainsi conçu : « Une constitution nationale et la liberté publique étant plus avantageuses aux provinces que les priviléges dont quelques-unes jouissaient, et dont le sacrifice est nécessaire à l'*union intime de toutes les parties de l'empire*, il est déclaré que tous les priviléges particuliers des provinces, principautés, pays, cantons, villes et communautés d'habitants, soit pécuniaires, soit de toute autre nature, sont abolis sans retour, et demeureront confondus dans le *droit commun de tous les Français.* » Voyez les notes sur l'article 76 de la Constitution.

III.

Elle reconnaît des droits et des devoirs antérieurs et supérieurs aux lois positives.

Droits et devoirs antérieurs et supérieurs.] Ces droits et ces devoirs dérivent des lois divines et naturelles, lois immuables, règles éternelles de la conscience, source du droit, et contre lesquelles il n'y a pas de véritable droit. *Naturalia jura, divinâ quâdam providentiâ constituta, semper firma atque immutabilia permanent* (*Instit.* § 11, *de jure naturali*). *Civilis ratio jura naturalia corrumpere non potest.* (*L.* 8. *ff. De capite minutis*). — Voyez, dans l'*Appendice*, le Discours n° XI ; et à la suite de ce discours un passage extrait de la discussion sur la *loi de disjonction* en 1837.

IV.

Elle a pour principe la Liberté, l'Égalité et la Fraternité.

Elle a pour base la Famille, le Travail, la Propriété, l'Ordre public.

La Liberté.] Le droit de faire ce qui n'est pas défendu par la loi, tout ce qui ne blesse ni le droit d'autrui, ni l'ordre social, ni l'honnêteté publique. *Nam quæ facta lædunt pietatem, existimationem, verecundiam nostram, et contra bonos mores fiunt, ea nec facere nos posse credendum est.* (Papinien, *loi* 15, *ff. De condit. instit.*)

L'Egalité.] De droit, et non de fait ; car celle-ci n'existe ni dans la nature, ni dans les capacités, ni dans les fortunes.

La Fraternité.] « Celle qui s'inspire, et non celle qui s'impose ; la fraternité basée sur les sentiments publics et sur les sentiments chrétiens ; et non cette fraternité farouche qui n'oserait entreprendre de se définir elle-même, de peur de ne pouvoir se faire accepter. » — Mon discours à Dunkerque, le 3 septembre 1848.

Base.] En opposition aux tendances et aux doctrines anarchiques du socialisme.

V.

Elle respecte les nationalités étrangères, comme elle entend faire respecter la sienne ; n'entreprend aucune guerre dans des vues de conquête, et n'emploie jamais ses forces contre la liberté d'aucun peuple.

Les nationalités étrangères.] Par conséquent, la République s'interdit toute immixtion dans les affaires intérieures des autres Etats. Ils sont maîtres chez eux, comme nous prétendons l'être chez nous. C'est en ce sens que j'ai dit en 1830 : *Chacun chez soi, chacun son droit.* Voyez *Appendice*, n° III.

Faire respecter la sienne.] C'est ce qu'a fait la France en 1792, lorsque en réponse au manifeste de Pilnitz, elle s'est levée en masse pour la défense de son territoire et de sa liberté.

Vues de conquête.] On ne dit pas qu'une conquête ne puisse être le résultat d'une guerre, mais aucune guerre ne sera entreprise dans la vue de faire des conquêtes. *Constit. de 1791, tit.* 6.

Contre la Liberté.] Il ne faut entrer dans aucune alliance contre la liberté des peuples, non plus que dans aucune insurrection contre les gouvernements étrangers. A la différence des Romains, qui, chez chaque peuple, entretenaient les divisions et soutenaient les minorités factieuses ou les prétendants déchus, pour les opposer avec leur secours aux majorités nationales et les subjuguer.

La politique des Etats-Unis en cette matière se trouve résumée dans ce passage du dernier message adressé au congrès par le président Polk, en novembre 1848 :

« Notre pays est plus haut placé que jamais dans le respect du monde. Pour conserver cette position, il ne faut que maintenir la paix, et demeurer fidèles au grand principe fondamental de notre politique extérieure : *la non-intervention dans les affaires domestiques des autres nations.* Nous reconnaissons à tous les peuples *le droit* dont nous jouissons nous-mêmes de changer et de réformer à leur gré leurs institutions politiques. Par suite, nous ne regardons pas au delà des gouvernements existants capables de maintenir leur autorité. Nous reconnaissons tous les gouvernements de fait, non-seulement par un principe de saine politique, mais aussi par un *respect sacré pour l'indépendance des nations.* » Aussi tous les hommes honnêtes en France ont blâmé les expéditions anarchiques dirigées après février contre la Savoie, contre la rive droite du Rhin et contre la Belgique, où l'échauffourée de *Risquons-Tout* a reçu un juste châtiment, et laissé son nom à ceux qui l'avaient tentée.

VI.

Des devoirs réciproques obligent les citoyens envers la République, et la République envers les citoyens.

Réciproques.] Le mot *réciprocité* exprime le résultat moral du contrat social, de la vie commune entre concitoyens.

VII.

Les citoyens doivent aimer la patrie, servir la République, la défendre au prix de leur vie, participer aux charges de l'État en proportion de leur fortune ; ils doivent s'assurer, par le travail, des moyens d'existence, et, par la prévoyance, des ressources pour l'avenir ; ils doivent concourir au bien-être commun en s'entr'aidant fraternellement les uns les autres, et à l'ordre général en observant les lois morales et les lois écrites qui régissent la société, la famille et l'individu.

Aimer la patrie.] L'évidence de certains devoirs n'en atteste que mieux leur réalité. En pareil cas, on ne les crée pas, on ne fait que les rappeler. Mais il est utile de le faire, parce qu'il n'est que trop commun de les voir mettre en oubli. Ce doit être l'objet d'un enseignement continu. Voyez dans l'*Appendice*, Discours n° IV.

Servir la République.] Les citoyens ne sont pas les sujets d'un homme, comme sous les monarchies absolues; mais on dit très-bien les sujets de la république, les sujets de la loi.

La défendre.] Défense de la patrie, premier devoir, devoir le plus glorieux, vrai sens de *la Marseillaise* : « Aux armes, citoyens ! »

Au prix de leur vie.] Mourir pour la patrie, c'est le sort le plus beau, le plus digne d'envie. — *Qui pro patriâ ceciderunt, in perpetuum propter gloriam vivere intelliguntur !* INSTITUTES.

En proportion.] Et non pas *en raison*, comme le voulaient les partisans de l'impôt *progressif*.

S'assurer par le travail.] Le travail est le devoir de l'homme, de tout homme, selon la parole de Dieu : *In laboribus comedes... In sudore vultûs tui vesceris pane.* GENES., ch. III, v. 17 *et* 19. Le travail, même pour le riche, est la ressource la plus assurée. Travaillez, prenez de la peine, c'est le fonds qui manque le moins, a dit le bon La Fontaine. Rousseau, dans son système d'éducation, veut que tout homme apprenne un métier, pour s'en servir en cas de besoin.

Des moyens d'existence.] C'est la meilleure manière d'assurer son indépendance, de préserver la dignité de l'homme; il se dégrade en mendiant. Duclos, dans ses *Considérations sur les mœurs*, met le mendiant au-dessous de l'esclave.

Par la prévoyance.] La sagesse renvoie le paresseux a la fourmi.

L'avenir.] Caisses d'épargne.

S'entr'aider fraternellement.] En ce monde, il se faut

l'un l'autre secourir. — Il se faut entr'aider, c'est la loi de nature. (La Fontaine.)

En observant les lois.] « L'obéissance aux lois est la vraie marque du bon citoyen. » Procl. de Louis XVI en 1791.

La société, la famille et l'individu.] Trois ordres de devoirs gradués : d'abord envers la société; 2° envers la famille; 3° en dernier lieu, envers l'individu.

VIII.

La République doit protéger le citoyen dans sa personne, sa famille, sa religion, sa propriété, son travail, et mettre à la portée de chacun l'instruction indispensable à tous les hommes; elle doit, par une assistance fraternelle, assurer l'existence des citoyens nécessiteux, soit en leur procurant du travail dans les limites de ses ressources, soit en donnant, à défaut de la famille, des secours à ceux qui sont hors d'état de travailler.

En vue de l'accomplissement de tous ces devoirs, et pour la garantie de tous ces droits, l'Assemblée nationale, fidèle aux traditions des grandes assemblées qui ont inauguré la révolution française, décrète, ainsi qu'il suit, la Constitution de la République.

La République.] La puissance publique.

Doit protéger.] Par tous les moyens que la loi met en son pouvoir.

Personne.] Sûreté individuelle.

Sa famille.] Contre les attaques directes, les scandales.

Sa religion.] Voyez art. 7.

Sa propriété.] Voyez articles 11, 12, 13, 14, 15.

Son travail.] Premier moyen de vivre, source de la propriété, qui n'est que le travail antérieur dont on a ménagé et accumulé les fruits.

L'instruction indispensable.] On ne peut faire des savants de tous, mais on doit mettre les premiers éléments à la portée de chacun; par exemple : lire, écrire, calculer, un peu de dessin... Sans cela, l'homme reste serf de son ignorance; soldat, il ne peut avancer; citoyen, il ne peut exercer avec dignité et sécurité son droit d'électeur et de juré, ni remplir l'emploi le plus vulgaire.

Assistance fraternelle.] Mise comme vertu à la place du mot absolu des socialistes, *droit au travail*. Le droit de travailler, si on entend par là le droit d'être protégé dans son état, dans son travail; oui, c'est un droit sacré. Mais le droit de se faire employer forcément, le droit d'exiger un salaire! Non. Seulement, on proclame le devoir de l'Etat de venir au secours de ceux qui sont dans le besoin, par tous les moyens qui sont en son pouvoir, et qui sont indiqués dans le reste de l'article, lequel a son complément dans l'article 13.

Dans les limites de ses ressources.] A l'impossible nul n'est tenu. Quand on fait tout ce qu'on peut, on fait tout ce qu'on doit. Donner le droit d'exiger plus, c'est-à-dire d'exiger l'impossible, c'est provoquer l'insurrection, c'est provoquer une attaque à la propriété. Aussi, l'un des socialistes les plus hardis n'a pas craint de dire : « Donnez-» moi *le droit au travail*, je réponds du reste... La pro-» priété y passerait. »

Voyez dans l'*Appendice*, n° XXX, l'excellent discours de M. Dufaure, et celui de M. Marius André, contre la formule : *Droit au travail.*

A défaut de la famille.] Dont le premier devoir est de soutenir ses membres. Devoir absolu entre père, mère, époux, enfants. Code civil, art. 203, 205, 206, 207, 212, 214. Devoir charitable envers les autres citoyens. *Aimez-vous et aidez-vous les uns les autres.*

Secours.] Car on ne leur doit pas un *capital*, ni ce qu'on appelle, dans le langage ténébreux des socialistes, *les instruments de travail.*

Hors d'état.] Soit qu'ils ne le puissent pas pour cause d'infirmités ou par l'interruption momentanée des moyens de travail. Là s'applique la réflexion de Duclos dans ses Considérations sur les mœurs : « Si chacun faisait tout le bien qu'il peut faire sans s'incommoder, il n'y aurait point de malheureux. » Seulement il faut ajouter : « Et si tous les malheureux ne l'étaient pas souvent par leur faute, pour avoir gaspillé dans la débauche l'argent qu'ils gagnent ou ce qu'on leur donne. » L'instruction *morale* est donc aussi un secours qu'il faut savoir procurer aux hommes; car l'homme ne vit pas seulement de pain....

En vue.] Le préambule n'est que *le but* qu'on n'est pas toujours maître d'atteindre, mais vers lequel il faut tendre incessamment.

Garantie.] Les droits non garantis ou imparfaitement garantis sont aisément compromis. On peut même dire avec raison que toute l'existence des constitutions repose sur la solidité des garanties qui y sont stipulées.

CONSTITUTION.

CHAPITRE PREMIER.

DE LA SOUVERAINETÉ.

Constitution.] Ici commence la loi : *Hic incipit liber legis.*

Souveraineté.] On appelle souveraine une puissance qui ne reconnaît pas de supérieur.

ARTICLE PREMIER.

La souveraineté réside dans l'universalité des citoyens français.

Elle est inaliénable et imprescriptible.

Aucun individu, aucune fraction du peuple ne peut s'en attribuer l'exercice.

Souveraineté.] Tout procède d'elle : il faut donc d'abord savoir où elle est.

Universalité.] C'est cette universalité des citoyens qui constitue *le peuple*, comme l'universalité, l'ensemble des pouvoirs constitue *la souveraineté.*

Inaliénable.] Autrement, ce serait *la féodalité.*

Imprescriptible.] Il y a toujours à revenir contre toutes les usurpations : *Præscriptio temporis juri publico non debet obsistere.* Loi 6, au Code, *De operibus publicis.*

Aucun individu.] Rien de plus fréquent, toutefois, que de voir des gens parler, affirmer *au nom du peuple !*

Aucune fraction.] On eût pu dire *aucune faction.*

CHAPITRE II.

DROITS DES CITOYENS GARANTIS PAR LA CONSTITUTION.

Garantis.] Des droits non garantis, ou mal garantis, n'en existent pas moins, mais ils peuvent devenir illusoires.

Par la Constitution.] Les garanties constitutionnelles ont plus de force que si elles résultaient seulement de lois particulières, susceptibles d'être révoquées à chaque instant.

ARTICLE 2.

Nul ne peut être arrêté ou détenu que suivant les prescriptions de la loi.

Arrêté ou détenu.] C'est là le principe de la liberté individuelle, l'*habeas corpus* français. Celui des Anglais consiste dans le droit pour tout prisonnier détenu arbitrairement de demander son élargissement. On l'appelle ainsi, parce que l'ordre ou writ émané du magistrat qui enjoint au geôlier d'élargir le prisonnier commence par ces mots : *Habeas corpus.*

ARTICLE 3.

La demeure de toute personne habitant le territoire français est inviolable; il n'est permis d'y pénétrer que selon les formes et dans les cas prévus par la loi.

La demeure.] Le domicile. — *Domus tutissimum cuique refugium atque receptaculum.* L. 18, ff. *De in jus vocando.* — *Quid enim sanctius, quid omni religione munitius, quam domus uniuscujusque civium.* Cicéron, *pro Domo*, 41. — La loi anglaise dit de la maison de chaque citoyen, que c'est *sa forteresse;* c'est un asile qu'on ne peut jamais violer impunément. Blacstone, chap. XVI, tome VI, pages 30 et 31. — En France, nous exprimons le même droit en disant par manière d'axiome : *Chacun est maître chez soi;* ou par la formule plus démocratique, mais non moins expressive : *Charbonnier est maître dans sa loge.*

Toute personne.] Les étrangers aussi bien que les nationaux. Réciproquement, ils doivent se conformer aux lois de police et de sûreté. *Cod. civ.*, art. 3.

Cas prévus par la loi.] Exception légale, mais qui elle-même est entourée de toutes les garanties prescrites par la loi pour autoriser l'introduction des agents de l'autorité publique dans le domicile d'un citoyen. Voyez Constitution de 1791, titre V, art. 9. — An 3, art. 359. — An 8, art. 76. — Ajoutez que chacun a le choix de son domicile : *Nihil est impedimento quominùs quis quod sibi velit habeat domicilium.* Loi 32, ff. *ad municipalem.* Le propre de la liberté est de vivre où l'on veut et comme on veut. *Libertas, cujus proprium est, sic vivere ut velis* (et ubi velis)... *nonnulli in agris, delectati re suâ familiari...homines severi et graves, qui, nec populi, nec principum mores ferre potuerunt.* Cic. *de Officiis*, I, 69.

ARTICLE 4.

Nul ne sera distrait de ses juges naturels.

Il ne pourra être créé de commissions et de tribunaux extraordinaires, à quelque titre et sous quelque dénomination que ce soit.

Juges naturels.] Les tribunaux ordinaires, permanents.

Commissions.] Dans tous les temps, et sous tous les régimes, les citoyens ont attaché plus de confiance aux juridictions ordinaires et de droit commun qu'à ces juges d'aventure nommés spécialement à l'occasion et en vue d'un procès et d'un accusé déterminés. C'est ce qu'exprimait énergiquement Dumoulin, lorsqu'il disait : « *Erecta sunt et certis sedibus fixa Parlamenta, ut subditi* CERTA ORDINARIA *juridictione securius vivant,* SUB CONFIDENTIA SINCERIORIS JUSTITIÆ, *tueanturque ab injuriis et periculis ignotorum judicum, et* EXTRAORDINARIUM *quas vocant* COMMISSIONUM, QUÆ PERICULOSISSIMÆ SUNT. » (Dumoulin, *Stylus Parlamenti*, part. 3, tit. 1, § 6.) — A un siècle de distance, Pélisson, dans sa *défense de Fouquet* (1er disc.

au roi), s'écriait douloureusement : « Et que peut-il y avoir de plus redoutable à des accusés que des juges, *non pas naturels et ordinaires*, établis contre eux, qu'on n'a jamais vus être pour eux ; qui, à regarder les exemples du passé, sur lesquels on fonde l'usage, ont toujours su condamner, et pas une seule fois absoudre ! — Aussi, quand François Ier, visitant le tombeau de Jean de Montaigu dans le couvent des Célestins de Marcoussy, plaignait ce grand ministre d'avoir été mis à mort *par justice* : « Vous vous trompez, sire, dit le moine qui l'accompagnait, ce fut *par des commissaires !* » — Voyez, au sujet de ces commissions, Œuvres de DAGUESSEAU, tome 8, à la table, V° *Commissions ;* BAYLE, article *Montaigu* (Jean), remarque B, article *Grandier*, remarque F ; *Grotius*, remarque B, note (4) ; et au tome IX de mes *Réquisitoires*, page 184, le procès du duc d'Enghien.

ARTICLE 5.

La peine de mort est abolie en matière politique.

La peine de mort.] Quelques-uns auraient voulu l'abolir entièrement : abolition désirable, en effet, si elle était possible sans exposer la société Du reste c'est à tort qu'on essaierait de contester à la société le droit de vie et de mort. Il est suffisamment justifié dans les trois cas suivants : 1° Droit de guerre, c'est-à-dire défense d'État à État ; 2° Défense individuelle ; 3° Action régulière de la justice pour arrêter les vengeances privées. Voyez, dans le savant ouvrage intitulé : *Maximes du droit public français*, tome 2, p. 27, une dissertation contenant des *réflexions sur le droit de vie et de mort ;* et dans mes *observations sur la justice criminelle* publiées en 1818, chap. IX, § 2, page 226.

En matière politique] On sera obligé de la définir. En effet, vol, meurtre, incendie, pillage, ne peuvent être couverts d'exemption sous couleur politique. Mettra-t-on au rang des délits politiques l'assassinat du général Bréa ? les mutilations exercées sur plusieurs gardes mobiles et autres soldats prisonniers de l'émeute ? Appellera-t-on délit politique le meurtre de Rossi ? Nommera-t-on ainsi l'assassinat qui serait accompli sur le président de la République ? — Même avec la peine de mort, on peut dire : Qui méprise sa vie est maître de la tienne. Mais, lorsqu'on ne court pas le risque d'être condamné à mort, beaucoup de gens ne se feront pas faute de tuer leur ennemi, leur rival, leur chef politique, sûrs d'en être quittes pour une prison dans laquelle ils attendront une grâce, une commutation, ou même qu'une révolution nouvelle vienne les délivrer, les promouvoir et les récompenser ! Qu'on se rappelle le soulèvement de l'Assemblée nationale à la séance du 8 décembre 1848, à l'apparition de ces listes de noms voués à recevoir des *récompenses nationales*, et sur lesquelles figuraient la sœur de Lecomte, assasin du roi ; la famille de Fieschi, celle de Pépin, tous assassins; non compris les voleurs et autres malfaiteurs qualifiés dans les extraits de la geôle ; et la fameuse lettre de Barbès, condamné gracié par 1830 et repris après 1848, lettre dans laquelle il se félicitait de figurer à côté de pareils noms sur une pareille liste ! Voyez le discours prononcé par moi le 16 février 1833 contre ces prétentions à être récompensé pour crime, à la suite de mes *Réquisitoires*, t. III, p. 403 et 412.. — Pour Dieu, en faisant des lois, protégeons l'accusé dans les formes de la poursuite et de sa défense, mais songeons un peu à la société ; et que la sollicitude pour les coupables, *même en matière politique*, ne l'emporte pas sur la protection que réclament aussi la société et les victimes, la morale et la décence publiques !

ARTICLE 6.

L'esclavage ne peut exister sur aucune terre française.

L'esclavage.] Tel est l'ancien et vieux principe français : « Et comme au royaume des Francs, tout homme doit être franc... » Voyez LOYSEL, règle 24, édition de 1846. — Principe violé par l'esclavage : mais la loi civile ne peut pas corrompre la loi naturelle (*Suprà*, page 26) ; et de cette loi naturelle, source éternelle du droit, devait tôt ou tard sortir la cessation de l'esclavage moderne, comme on avait vu la cessation de l'esclavage ancien sortir peu à peu des principes du christianisme. Ainsi l'abolition de l'esclavage n'a été qu'un retour au principe, au droit commun de l'humanité, droit antérieur et supérieur (*Préambule*, art. 3) ; et s'il y a eu indemnité civile, à cause de la tolérance civile de l'esclavage, ce n'est pas une indemnité dans le sens d'expropriation proprement dite, pour une propriété qui eût été de tout point irréprochable. Voyez l'*Histoire de l'esclavage dans l'antiquité,* par M. H. Wallon, professeur à l'École normale, précédée d'une *Introduction sur l'esclavage dans les colonies.*

ARTICLE 7.

Chacun professe librement sa religion, et reçoit de l'État, pour l'exercice de son culte, une égale protection.

Les ministres, soit des cultes actuellement reconnus par la loi, soit de ceux qui seraient reconnus à l'avenir, ont le droit de recevoir un traitement de l'État.

La religion.] Cet article consacre et proclame de nouveau la liberté de conscience. « Que si l'on veult borner la liberté des hommes de si estroites barres que *la religion et l'âme* n'y soient point comprises, c'est pervertir malignement le mot et la chose mesme : car la liberté seule n'est point liberté. » (Œuvres du chancelier de Lhospital.)

Protection.] Police des cultes dans l'intérêt de l'État, des citoyens et des cultes entre eux. Cette protection doit être égale, sans domination d'un culte sur l'autre.

Reconnus.] Il ne suffit de se dire *culte* : l'État a droit de dire à tout ce qui s'annonce ainsi : *Quæ est ista religio ?* et d'examiner.

Recevoir un traitement.] Vrai moyen pour eux d'exister avec indépendance et dignité. Aussi les partisans de la suppression de ce traitement ont été peu nombreux; et le clergé ne s'y est pas laissé prendre.

ARTICLE 8.

Les citoyens ont le droit de s'associer, de s'assembler paisiblement et sans armes, de pétitionner, de manifester leurs pensées par la voie de la presse ou autrement.

L'exercice de ces droits n'a pour limites que les droits ou la liberté d'autrui et la sécurité publique.

La presse ne peut, en aucun cas, être soumise à la censure.

S'associer.] En se conformant aux lois, diverses selon les cas. — Sociétés civiles. Cod. civ., liv. III, tit. IX. — Sociétés commerciales. Code de commerce, liv. I, tit. III. — Sociétés politiques. Loi des clubs actuelle, *loi à refaire*. Le premier projet de la Commission se bornait à ceci : « Les clubs sont interdits. » Voyez dans l'*Appendice*, discours n° V.

S'assembler.] Paisiblement et sans armes, c'est la première condition; — pour un but qui ne soit pas illicite, en est une autre; — enfin garder les limites indiquées dans le paragraphe second.

Pétitionner.] Rédiger des pétitions. Les adresser aux autorités, au gouvernement, à l'Assemblée nationale. Non en troupe, comme au 15 mai. En pareil cas, ce n'est plus l'exercice d'un droit, c'est une sédition, c'est un crime.

Presse.] La liberté de la presse est la sauvegarde de toutes les autres libertés; mais elle a aussi ses règles, ses limites, sa répression en cas de délit.

Limites.] Pas de liberté sans limites. *Sub lege libertas.* Autrement c'est licence, et bientôt après despotisme.

Liberté d'autrui.] C'est ce que les partis comprennent le moins : sous prétexte d'exercer leur liberté, trop souvent il leur arrive de violer celle des autres. Mais ceux-ci ont aussi le droit de résister et de défendre leur liberté propre en repoussant l'invasion des agresseurs.

Sécurité publique.] Est la première de toutes les lois. *Salus populi suprema lex esto.*

ARTICLE 9.

L'enseignement est libre.

La liberté d'enseignement s'exerce selon les conditions de capacité et de moralité déterminées par les lois, et sous la surveillance de l'État.

Cette surveillance s'étend à tous les établissements d'éducation et d'enseignement, sans aucune exception.

L'enseignement est libre.] Mais, comme toutes les libertés, celle-ci a ses limites et ses conditions. Est-ce donc qu'on peut concéder *a priori* le droit indéfini de tout enseigner librement? le droit de prophétiser à quiconque viendrait dire : *Vidi videns visionem?* — Prenons pour exemple les socialistes et leurs théories : pourront-ils ouvrir école et y appeler la jeunesse pour lui enseigner que la propriété est un vol, que le mariage est un abus, que Dieu est auteur de tout mal? Voilà pourquoi j'ai repoussé l'amendement de M. de Montalembert, qui voulait introduire dans l'énumération de l'article 8 le mot *enseigner* seul, et comme consacrant un droit absolu, un droit sans frein, dont la religion et la morale auraient eu à redouter les plus rudes atteintes. Voyez dans l'*Appendice*, discours nº VI.

Capacité et moralité.] Personne ne voudrait sans doute que le droit d'enseigner appartînt à des hommes immoraux et incapables?

Par les lois.] Il faut bien que les lois interviennent pour le règlement de tous les droits.

Surveillance de l'État.] A laquelle aucun habitant du territoire, aucun établissement public ne peut se soustraire.

Sans aucune exception.] Que ces établissements soient ecclésiastiques ou laïques. Le principe de la souveraineté légale est que nul homme et nulle portion du territoire ne puissent se soustraire à l'action du magistrat parlant, agissant et ordonnant au nom de la loi.

ARTICLE 10.

Tous les citoyens sont également admissibles à tous les emplois publics, sans autre motif de préférence que leur mérite, et suivant les conditions qui seront fixées par les lois.

Sont abolis à toujours tout titre nobiliaire, toute distinction de naissance, de classe ou de caste.

Également admissibles.] C'est là surtout un des caractères de l'égalité politique et la plus grande consécration de la démocratie.

Leur mérite.] Sans faveur, intrigue, ni passe-droit. C'est pour cela que l'Assemblée nationale, par son décret du 18 mai, « a formellement interdit à ses membres toute

» recommandation privée. » Mais l'engeance des solliciteurs insiste, elle est intraitable; c'est bien d'elle qu'on pourrait dire avec le poëte : *Audax omnia perpeti... ruit per vetitum et nefas.*

Conditions.] Précautions trop souvent impuissantes contre les mauvais choix.

Sont abolis.] Le projet disait : *La loi ne reconnaît pas ;* et cela devait suffire. On a voulu plus, et par amendement on a dit : *Sont abolis.* Ils l'avaient déjà été avec bien plus de rigueur et de solennité en 1789! mais alors ils couvraient des priviléges.

A toujours.] Les édits qui avaient établi les titres disaient aussi : « Et afin que ce soit chose *ferme et stable à toujours.* »

Tout titre nobiliaire.] La loi peut abolir les titres, les prérogatives, le droit de se parer d'armoiries.

Naissance.] On n'hérite plus par succession d'aucun emploi public. Mais la loi ne peut pas abolir les illustrations ni l'honneur qui s'attachera toujours à la descendance d'hommes illustres qui auraient rendu de grands services à la patrie. De même que la défaveur et la honte s'attacheront toujours aux qualités contraires. Voyez mon Discours de réception de M. le comte Molé à l'Académie française, séance du 30 décembre 1840, à la fin du tome VI de mes *Réquisitoires*, où se trouve le passage suivant :

« La démocratie elle-même, *fût-elle républicaine*, n'a point intérêt à méconnaître les services rendus par les peres : elle ferait trop de tort à leurs enfants. Fils des Généraux, dont les noms demeurent attachés à tant de victoires, fils des rédacteurs des Codes qui régissent notre société, fils des grands Orateurs de nos Assemblées politiques, de nos Savants et de nos grands Artistes, pour vous tous, la plus belle partie de votre héritage, souvent la seule, est la gloire de ceux dont vous descendez! gloire qu'il ne vous sera peut-être pas donné de recommencer ou d'accroître, mais à laquelle vous ne devez pas vous montrer indifférents ou infidèles, et dont la nation aimera toujours, dans la suite des âges, à chercher un reflet sur les noms que vous portez[1]. »

[1] Exemple. Élection du 10 décembre 1848 : — le *Neveu* de l'Empereur!

Classe.] On ne peut plus dire, en y attachant une signification politique quelconque : *le clergé, la noblesse et le tiers-état.*

Caste.] Il n'y a rien en Europe qui ressemble aux castes de l'Inde, où chacun est voué irrévocablement par sa naissance à la condition de ses pères. Depuis 1789, il n'y a même plus de ces distinctions entre gentilshommes et roturiers, nobles et vilains, seigneurs et vassaux.

ARTICLE 11.

Toutes les propriétés sont inviolables. Néanmoins l'État peut exiger le sacrifice d'une propriété pour cause d'utilité publique légalement constatée, et moyennant une juste et préalable indemnité.

Toutes les propriétés.] Toutes sans exception, les *meubles* et les *immeubles*, les *créances* de toute sorte, les *offices ministériels*. On l'a dit formellement dans la discussion.

Néanmoins.] Cette exception n'est pas une violation du principe, c'en est la conséquence. Elle se trouve écrite dans toutes nos Constitutions, et dans le Code civil, art. 545.

Juste] Autrement ce serait une spoliation.

Préalable.] Sans cela le propriétaire serait momentanément privé de la chose et du prix.

Indemnité.] Fixée par le jury. — La propriété depuis la révolution de février a été en butte aux plus violentes et aux plus folles attaques. On a renouvelé les théories insensées et criminelles de Babeuf; on les a généralisées, érigées en système. Les sectateurs de ces théories subversives de l'ordre social ont pris, par dérision apparemment, le nom de *socialistes*. Ils voulaient que la révolution fût non-seulement démocratique, mais *sociale;* c'est-à-dire qu'ils auraient voulu remuer la société jusque dans ses fondements Mais la société s'est alarmée, soulevée : des orateurs courageux, de savants auteurs ont entrepris sa défense. Voyez notamment, les discours de M. Thiers, et son bel ouvrage sur *le Droit de propriété; — De la Propriété d'après le Code civil*, par M. Troplong, conseiller à la Cour de cassation, actuellement premier président de la Cour d'appel de Paris, parmi les petits traités publiés par l'Académie des sciences morales et politiques, à la demande du chef du pouvoir exécutif; — *Du Respect des Romains pour le droit de propriété*, excellente dissertation de M. Benech, professeur à la Faculté de droit de Toulouse, dans la Revue de législation, 1848, septembre et octobre, pages 54 et suivantes — J'ai voulu caractériser le but de ces aggressions contre le bien d'autrui, en disant de tous ces sectaires, que le peuple dans son langage expressif appelle *des partageux*, « qu'ils voudraient effacer dans le Code « civil le *titre de la Propriété*, et dans le Code pénal le « *titre du vol.* » (Séance du 10 avril 1848.) Enfin la comédie s'en est emparée sous ce titre : *la propriété c'est le vol;* et elle en a fait justice à sa manière, qui n'est pas la moins puissante : *Castigat ridendo.*

ARTICLE 12.

La confiscation des biens ne pourra jamais être rétablie.

La confiscation.] La révolution de 1848 a trouvé la confiscation abolie. Elle ne pouvait que consacrer cet état de choses, en prohibant de jamais la rétablir. L'Assemblée a donné un exemple solennel de son respect pour ce principe, en repoussant la proposition de M. Jules Favre, relativement au domaine privé du roi, et en reconnaissant les droits de propriété de la famille d'Orléans, sous la seule condition, de droit aussi, et qui certes n'était pas contestée par les propriétaires, de payer les dettes. Voyez décret du 25 octobre 1848.

ARTICLE 13.

La Constitution garantit aux citoyens la liberté du travail et de l'industrie.

La société favorise et encourage le développement du travail par l'enseignement primaire gratuit, l'éducation professionnelle, l'égalité de rapports entre le patron et l'ouvrier, les institutions de prévoyance et de crédit, les institutions agricoles, les associations volontaires, et l'établissement, par l'État, les départements et les communes, de travaux publics propres à employer les bras inoccupés; elle fournit l'assistance aux enfants abandonnés, aux infirmes et aux vieillards sans ressources, et que leurs familles ne peuvent secourir.

La liberté du travail.] Les droits du travail, c'est-à-dire le droit d'employer librement ses forces matérielles et intellectuelles, d'exercer son état, sa profession, dans les sciences, les lettres, les arts libéraux, ou mécaniques, ou industriels.

L'industrie.] Plus de maîtrises, plus de jurandes. Chacun peut choisir. Voyez *Constitution* de 1791, dans son *Préambule.*

Favorise et encourage.] Non-seulement par les moyens qui vont être indiqués, mais par tous ceux qui pourraient légalement concourir au même but.

Primaire.] Voyez art. 8 du Préambule : « L'instruction indispensable à tous les hommes. » — Constitution de 1791, titre 1er.

Gratuit.] Cela ne devrait être que pour ceux qui n'ont pas de quoi payer. Sans cela c'est surcharger le trésor sans nécessité, lorsqu'il aurait plutôt besoin d'être soulagé.

Professionnelle.] Cela ne veut pas dire que tous les enfants des pauvres seront mis en apprentissage aux frais de l'État; mais qu'il y aura des écoles ayant pour but de favoriser l'entrée dans les diverses professions.

L'égalité de rapports.] La loi *sur les prudhommes* a donné une garantie à l'égalité de ces rapports. On s'est plaint de la disposition des articles du Code pénal sur les coalitions des ouvriers plus punies que celles des maîtres; mais on n'a pas encore réussi à mettre rien de mieux à la place.

De prévoyance.] Par exemple, les caisses d'épargne, de retraite.

Et de crédit.] Il ne s'agit pas de prêter à tout venant, avec la certitude de n'être pas remboursé : aucune caisse ne résisterait à un tel épuisement. Mais seulement d'accorder des facilités raisonnables, avec des garanties modérées, bien que suffisantes.

Agricoles.] Les comices, les fermes-modèles, les écoles d'agriculture, les instituts, tels que le Mettray, Petit-Bourg, etc. Voyez loi Tourret du 3 octobre 1848, sur les trois degrés d'enseignement agricole. Vaste plan!...

Associations volontaires.] On peut citer pour exemple les grandes familles de laboureurs, la *communauté des Jault*, en Nivernais, décrite dans ma lettre du 22 septembre 1840, à mon ami M. Etienne. Voyez à la fin du tome VI des *Réquisitoires*, page 480. C'est cette lettre que M. Victor Considerant accuse plaisamment de *communisme* dans son dernier opuscule, intitulé *le Socialisme devant le vieux monde*, page 79. Je n'ai qu'un mot à lui répondre, c'est que le communisme d'une famille de laboureurs dont tous les divers membres jugent à propos de ne pas partager *leur bien*, est fort différent du système qui soumet à ce régime *le champ du voisin*, ou qui *embrigade dans un phalanstère les champs de toute une commune.*

L'État, les départements et les communes.] Le concours de tous, en reconnaissant que la principale source du travail sera toujours celui des particuliers.

Travaux publics.] Sous une autre forme toutefois que celle des *ateliers nationaux.*

L'assistance.] Ici commence le devoir charitable de l'État, soutenu par le devoir individuel de tous ceux qui trouvent dans leur superflu le moyen de soulager leurs semblables.

Leurs familles.] Voyez la note sur l'art. 8 du *Préambule.* — C'est sur cet article de la Constitution que s'est établie la discussion sur la trop célèbre question de ce qu'on a appelé *le droit au travail.* Théorie fatale, que M. Louis Blanc a professée au *Luxembourg*, qui a engendré la plaie des *ateliers nationaux*, et qui, mise en pratique, eût englouti la propriété et l'État tout entier, sans la vigoureuse résistance que l'Assemblée nationale y a apportée, après avoir mis toutefois une grande patience à écouter les apôtres de cette doctrine, dont les déductions, il faut le dire, en mettant à nu leur but et en révélant le péril social, ont autant contribué à éclairer la société, que les discours des orateurs qui les ont combattus. Voyez dans l'*Appendice* le discours nº XXX de M. Dufaure, qui a produit un si puissant effet; et celui de M. Marius André, à la suite. Voyez aussi au *Moniteur* un très-bon discours de M. Duvergier de Hauranne, qui a été réimprimé in-32, chez Curmer, sous ce titre : *Du droit au travail.*

ARTICLE 14.

La dette publique est garantie.

Toute espèce d'engagement pris par l'État avec ses créanciers est inviolable.

Garantie.] C'est à cette garantie que tient toute la théorie du crédit. Qui voudra vous prêter si vous ne payez pas, et si l'on peut craindre ou supposer que vous ne payerez pas ? Ou bien encore, qui voudra vous prêter si, sans méconnaître la dette, vous diminuez les garanties du créancier, par exemple, en attaquant les impôts nécessaires pour assurer l'acquit des charges? Voyez le discours de M. Passy à la séance du 27 décembre 1848. Il a parlé en véritable ministre *contrôleur général des finances* de l'Etat. Voyez aussi, dans l'*Appendice*, nº X, mon discours du 29 décembre.

ARTICLE 15.

Tout impôt est établi pour l'utilité commune.

Chacun y contribue en proportion de ses facultés et de sa fortune.

Utilité commune.] C'est là ce qui légitime l'impôt. Aussi je me suis élevé contre l'impôt de 25 centimes établi au profit des maîtres de poste; non pas que l'Etat ne doive les payer, puisqu'il les emploie; mais, qu'il les paye en argent pour leurs services, au lieu de faire peser sur le pays un impôt qui offre de graves inconvénients, en ce que : 1º Il est établi, non au profit de l'Etat, mais de la corporation des maîtres de poste. 2º Il est perçu par eux, au lieu de l'être par les agents du trésor public. 3º Il profite le moins à ceux qui, étant sur les routes désertes, auraient cependant plus de droits à une subvention que ceux qui se trouvent sur les routes les plus fréquentées. 4º Il a l'inconvénient immense de rançonner tous ceux qui voyagent par petites voitures. Ces véhicules restent plus chers et plus mal établis, à cause de cet impôt qui interdit l'emploi de tout moyen de suspension. C'est une gêne intolérable pour les voyageurs les plus pauvres; et cela nuit essentiellement à l'établissement de nouvelles voitures sur certaines routes qui en auraient le plus besoin.

En proportion.] Le projet disait *en raison*. On y a substitué les mots *en proportion*, pour exclure positivement toute idée d'impôt *progressif* : genre d'imposition que les socialistes préconisaient avec une grande ardeur, et pour lequel ils ont une prédilection très-marquée.

ARTICLE 16.

Aucun impôt ne peut être établi ni perçu qu'en vertu de la loi.

Qu'en vertu de la loi.] L'impôt, dans les gouvernements absolus, consiste dans les charges, redevances et prestations en argent ou en nature que le prince *impose* sur ses sujets. Tels étaient les *serfs taillables et corvéables à volonté.* — Dans les monarchies tempérées, un des caractères de la liberté des sujets est que l'impôt demandé par le prince doit être *consenti par eux.* C'était une maxime très-ancienne de la monarchie française. Même sous Louis XI, Philippe de Comines écrivait : « Qu'il n'y avait ni roi ni seigneur sur terre qui eût pouvoir, outre son domaine, de mettre un denier sur ses sujets, sans octroi et consentement de ceux qui devaient payer, si ce n'est par tyrannie ou violence..... » (*Mémoires de Comines*, liv. V, ch. XVIII.) — Guy-Coquille de Nivernais dit aussi que : « Durant le règne de Hugues Capet et de ses successeurs rois, a été maintenue *l'honnête et ancienne liberté du peuple*, en ce qu'il n'étoit loisible au roi d'imposer aydes, tailles et subsides nouveaux sur le peuple *sans le consentement et accordance dudit peuple*... assemblé en Etats. » (*Disc. sur les Etats de Fr.*, t. Ier, p. 279.) — « ... Mais depuis, dit-il dans ses *Institutes* (pag. 7, édit. de 1703), les rois se sont avancés à mettre et à croître tous ces subsides selon qu'il leur a plu, et jusqu'à ce que le peuple accablé n'a plus eu moyen de fournir. » — Cela ne s'est pas fait sans résistance... Voyez *Maximes du Dr. publ. fr.*, tom. Ier, pag. 84 et suiv. Mais le mal a été toujours croissant jusqu'à la révolution de 1789. — L'article 14 du titre Ier de la *Constitution* de 1791 porte que : « Tous les citoyens ont le droit de constater par eux-mêmes ou par leurs représentants la *nécessité* de la contribution publique, de la *consentir librement*, d'en suivre l'*emploi* et d'en déterminer la *quotité*, l'*assiette*, le *recouvrement* et la *durée.* » — Toutes les Constitutions subséquentes renferment des dispositions analogues. — Sous un gouvernement républicain, l'impôt a surtout ce caractère d'être une *contribution*, librement consentie par les représentants du peuple, sur les biens des citoyens, dans la proportion de leur fortune, pour subvenir aux charges de l'Etat, dans l'intérêt commun.

ARTICLE 17.

L'impôt direct n'est consenti que pour un an.

Les impositions indirectes peuvent être consenties pour plusieurs années.

Que pour un an.] La principale garantie de la liberté existe dans l'obligation imposée au gouvernement de recourir pour le budget de chaque année à l'autorité de la législature.

Indirectes.] Cette exception est fondée sur la nature plus mobile de ces impôts. Le commerce a besoin d'être informé à l'avance des impôts qui pèsent sur les matières premières, les produits fabriqués et les différentes denrées. Les villes, pour leurs octrois, ont besoin de savoir sur quoi compter pour régler leurs dépenses en conséquence.

CHAPITRE III.

DES POUVOIRS PUBLICS.

Pouvoirs.] En législation, le mot *pouvoir* exprime *le droit* de faire, *le droit* d'agir, *le droit* de commander avec autorité. Un pouvoir qui a pour lui le droit est un pouvoir légitime; il peut appeler à son aide *la force publique*. Ceux qui, de fait, s'attribuent dans l'Etat un pouvoir qui ne leur appartient pas sont des usurpateurs et des factieux : leur force s'appelle *violence*. C'est l'action emportée de ceux dont parle Cicéron dans son oraisan *pro Quintio*, n° 46, *qui tunc et poterant per vim et scelus plurimùm.* C'est ce qui arrive dans les temps d'anarchie, où le pouvoir n'est plus que dans la violence et dans les armes : *Potentia in vi posita est et armis.* (Cic., *in Bruto*, X. 5.)

Dans un État bien réglé, tous les *pouvoirs* doivent être

définis par la loi. La constitution définit les grands *pouvoirs publics;* des lois secondaires définissent les *subdélégations.* — En tête du recueil des *lois de compétence* que j'ai publié en 1825, j'ai placé une dissertation où il est traité *du pouvoir en général* (pouvoir *de droit*, pouvoir *de fait*, pouvoir *moral*), pages 1 à 18; — *de la souveraineté*, page 19; — de la *division des pouvoirs*, page 23; — de la *compétence*, sous le double rapport de la *juridiction* et du *territoire*, page 33.

ARTICLE 18.

Tous les pouvoirs publics, quels qu'ils soient, émanent du peuple.

Ils ne peuvent être délégués héréditairement.

Tous.] Quels qu'ils soient, même ceux qui sont exercés par des fonctionnaires dont le titre n'est pas le résultat direct de l'élection.

Du peuple.] Ainsi, par exemple, la justice se rend *Au nom du peuple*, quoique les juges soient nommés directement par le pouvoir exécutif, a qui la Constitution a délégué ce droit de nomination.

Héréditairement.] Le pouvoir exécutif délégué héréditairement, ce serait la *monarchie.* Les pouvoirs secondaires délégués héréditairement, ce serait l'*aristocratie* et la *féodalité.*

ARTICLE 19.

La séparation des pouvoirs est la première condition d'un gouvernement libre.

La séparation.] La concentration des pouvoirs dans une seule main produit une force accablante, et peut engendrer une tyrannie irrésistible. — Voyez sur ce point MONTESQUIEU, livre XI, chapitre VI; en y joignant ce qu'il dit livre VI, chapitre V, des empereurs qui eurent la fureur de juger: « Nuls règnes n'étonnèrent plus l'univers par leurs injustices! »

Gouvernement libre.] Il en est autrement dans les États despotiques.

Cette séparation des pouvoirs a été admise dès l'origine par nos Assemblées nationales. *Constit. de* 1791, *Droits,*

5

art. 16. Et la Cour de cassation, dès les premiers temps de son institution, a eu grand soin de maintenir l'observation de ce principe. Je puis citer pour exemple l'arrêt suivant en date du 1er fructidor an v : «Sur quoi, le tribunal de cassation, ouï le rapport de Charles Dupin, l'un des juges du tribunal, et les conclusions de Lassaudade, substitut du commissaire du pouvoir exécutif; vu les art. 46 et 262 de l'acte constitutionnel, lesquels sont ainsi conçus : Art. 46. Il (le corps législatif) ne peut exercer par lui-même, ni par des délégués, le pouvoir exécutif, ni le pouvoir judiciaire. Art. 262. Le Directoire exécutif dénonce au tribunal de cassation les actes par lesquels les juges ont excédé leurs pouvoirs ; et l'Art. 263 qui porte que le tribunal de cassation annulle ces actes ;

» Considérant que les juges doivent décider les affaires dans l'état où elles leur sont présentées et d'après les lois existantes; qu'en référant au corps législatif pour obtenir une loi, le tribunal civil du Pas-de-Calais *a mis le corps législatif dans le cas d'exercer le pouvoir judiciaire*; que sous ce rapport son jugement renferme un excès de pouvoir.

» Le tribunal, faisant droit sur le réquisitoire du commissaire du pouvoir exécutif, casse et annulle le jugement rendu par le tribunal civil du Pas-de-Calais, le 4 messidor an v, comme contraire à la loi.»

CHAPITRE IV.

DU POUVOIR LÉGISLATIF.

Législatif.] Ce pouvoir est le premier de tous. Tout doit céder *à la loi*, obéir *au nom de la loi*. La liberté elle-même est subordonnée à la loi, qui la règle et la définit : *Sub lege libertas.*

ARTICLE 20.

Le Peuple français délègue le pouvoir législatif à une Assemblée unique.

Le peuple français.] En qui réside la *souveraineté*, et

par conséquent le droit de *faire la loi*, qui est le principal caractère de la souveraineté.

Délègue le pouvoir.] Car il lui serait assurément bien impossible de l'exercer lui-même. La Constitution de l'an III définit ainsi la loi : « La loi est la volonté générale exprimée » par la majorité des citoyens, *ou de leurs représentants.* »

Assemblée unique.] Et non à deux chambres égales et parallèles. Encore moins à deux chambres dont l'une serait aristocratique. Deux opinions se sont produites : les uns s'appuyaient surtout sur *la théorie;* les autres se sont tenus plus près des circonstances *actuelles*, sauf révision ultérieure. Voyez au *Moniteur* les discours prononcés à la séance du 27 septembre 1848, et dans l'*Appendice* ci-après le discours n° VII.

ARTICLE 21.

Le nombre total des représentants du peuple sera de sept cent cinquante, y compris les représentants de l'Algérie et des colonies françaises.

750.] Un trop grand nombre rend les discussions plus laborieuses, et l'ordre fort difficile à garder.

ARTICLE 22.

Ce nombre s'élèvera à neuf cents pour les assemblées qui seront appelées à réviser la Constitution.

900.] Pour que la Constitution ne soit pas modifiée par un nombre inférieur à celui qui l'a votée; mais, en vérité, je crois que, même pour la révision, 750 auraient pu suffire.

ARTICLE 23.

L'élection a pour base la population.

La population.] Sans fixer ici aucun chiffre, parce que, la population pouvant augmenter ou diminuer, on ne peut rien statuer d'irrévocable à cet égard.

ARTICLE 24.

Le suffrage est direct et universel. Le scrutin est secret.

Direct.] On exclut ainsi les deux degrés.

Universel.] La Constitution de 1791 exigeait qu'on payât l'impôt de trois journées de travail, et certes ce n'est pas beaucoup. L'Assemblée constituante excluait aussi les serviteurs à gages, comme étant placés sous la dépendance de leurs maîtres. — La Constitution de 1848 admet tout, sans autres conditions que celles exprimées en l'article suivant. Ainsi, si la chose venait à aller mal, il n'y aura jamais prétexte à prétendre que c'est parce qu'on n'a pas été assez loin ; car il n'y aurait pas possibilité d'aller *au delà :* on ne pourrait que revenir *en deçà.*

Secret.] Garantie de liberté. De là le scrutin dans les assemblées législatives pour le vote des lois. Dans les derniers temps, on y a substitué *le vote public par division.* L'opposition espérait par là intimider la majorité! mais il s'est trouvé que cette majorité (au moins pour la fraction dont la défection aurait fait tomber le ministère) a eu plus peur du ministère que du public, et l'existence du ministère a été prolongée par le moyen même qu'on avait imaginé en vue de le supplanter. Dans les temps de crise, l'intimidation peut venir, non du pouvoir, mais du dehors, mais des masses : aussi voit-on les minorités réclamer ce mode de votation publique avec insertion *des noms au Moniteur*, quand elle espère que cette publicité influera sur les votes. Pour échapper à ce calcul, la majorité y a quelquefois répondu par la demande du *scrutin secret*, heureusement réservé lorsque quarante membres le réclament. Voyez, au tome IX de mes *Réquisitoires*, page 369, ce que j'ai dit *du scrutin* devant la Chambre des députés.

ARTICLE 25.

Sont électeurs, sans condition de cens, tous les Français âgés de vingt et un ans, et jouissant de leurs droits civils et politiques.

Sont électeurs.] Sans autres conditions que celles exprimées dans cet article.

ARTICLE 26.

Sont éligibles, sans condition de domicile, tous les électeurs âgés de vingt-cinq ans.

Sans condition de domicile.] Tout Français capable est éligible dans tous les colléges électoraux de France.

Tous les électeurs.] Donc l'éligible doit avoir les qualités exigées des électeurs par l'article précédent, et de plus avoir vingt-cinq ans.

ARTICLE 27.

La loi électorale déterminera les causes qui peuvent priver un citoyen français du droit d'élire et d'être élu.

Elle désignera les citoyens qui, exerçant ou ayant exercé des fonctions dans un département ou un ressort territorial, ne pourront y être élus.

La loi électorale.] Il a bien fallu renvoyer aux lois organiques les dispositions de détail qui sont susceptibles de varier, et qui eussent exigé un trop long examen.

Ressort.] Le § 1er est pour les incapacités *absolues*, celui-ci pour les incapacités *relatives*. Car celui qui, en raison de ses fonctions, sera incapable dans son ressort, sera capable dans un autre.

ARTICLE 28.

Toute fonction publique rétribuée est incompatible avec le mandat de représentant du peuple.

Aucun membre de l'Assemblée nationale ne peut, pendant la durée de la législature, être nommé ou promu à des fonctions publiques salariées dont les titulaires sont choisis à volonté par le Pouvoir exécutif.

Les exceptions aux dispositions des deux paragraphes précédents seront déterminées par la loi électorale organique.

Toute.] Cependant il y aura des exceptions, § 3.

Rétribuée.] C'est surtout le traitement qui excite l'envie. Cependant la fonction est le principal. — On avait proposé de dire, rétribuée *par l'Etat :* mais on a retranché ces mots, afin d'exclure même les fonctionnaires payés par les départements et les communes !

De la législature.] On en a conclu que la démission anticipée d'un représentant ne pourrait pas le soustraire à la prohibition On peut citer pour exemple de rigueur dans l'application de cette règle ce qui s'est passé pour M. Bethmont, représentant démissionnaire, nommé ensuite premier président de la cour d'appel de Paris. On a contesté la validité de cette nomination, et l'honorable citoyen a de lui-même renoncé à s'en prévaloir.

Les exceptions.] Ici encore il y aura des exceptions, à peine d'injustice envers ceux qui ont droit à un avancement mérité. Ajoutons qu'il y aura un véritable dommage pour l'Etat, si ces exceptions ne sont pas assez multipliées pour qu'un certain nombre de fonctionnaires, civils et militaires, apportent dans la Chambre le tribut de leurs lumières et de leur expérience en affaires. Je ne voudrais certainement pas d'une assemblée où il n'y aurait que des fonctionnaires; mais, franchement, je voudrais encore moins d'une chambre où il n'y en aurait pas du tout. Là encore évitons les extrêmes : *In medio tutus ibis.*

ARTICLE 29.

Les dispositions de l'article précédent ne sont pas applicables aux assemblées élues pour la révision de la Constitution.

La révision de la Constitution.] Ces exclusions n'ont pas été admises non plus pour l'Assemblée constituante actuelle. On veut, en pareil cas, laisser une plus grande latitude au choix du peuple. Et, en vérité, il n'est pas mal que, pour réviser, comme pour faire une constitution, et même, en général, pour faire des lois, il y ait dans l'assemblée chargée de les rédiger un plus grand nombre de fonctionnaires rompus aux affaires, dont l'expérience serve à ceux qui n'en ont point, ou n'en ont que bien peu. Voyez la note sur l'art. 28.

ARTICLE 30.

L'élection des représentants se fera par département, et au scrutin de liste.

Les électeurs voteront au chef-lieu de canton; néanmoins, en raison des circonstances locales, le canton

pourra être divisé en plusieurs circonscriptions, dans la forme et aux conditions qui seront déterminées par la loi électorale.

Par département.] Pour rompre les intrigues locales.

Au scrutin de liste] Afin de faire prévaloir les noms le plus généralement connus. Et, toutefois, avec le risque de voir les candidats de la minorité se glisser à la queue des listes Pour parer à ce dernier inconvénient, il faudrait, au lieu de se contenter d'un minimum de 2,000 voix, exiger le tiers, ou tout du moins le quart des suffrages exprimés.

Au chef-lieu de canton.] En vue de soustraire les électeurs restés dans leur commune à certaines influences trop immédiates et trop directes. Mais aussi avec la chance désolante de voir l'estimable et paisible classe des agriculteurs rester chez eux pour éviter un déplacement onéreux; ou au risque pour eux, comme on l'a vu en avril 1848, d'éprouver des avanies ou des surprises à l'entrée des villes où ils se rendent pour voter.

Divisé] Cette division a pour but de remédier jusqu'à un certain point à la concentration au canton, s'il y a trop d'éloignement pour quelques communes, et surtout si elles demandent à se grouper entre elles en raison de leur voisinage, de l'intimité de leurs rapports et de la facilité de leurs communications.

Par la loi électorale.] La loi du 28 octobre porte que les circonscriptions seront réglées par le préfet, avec l'avis du conseil général. Voir le texte du décret dans l'*Appendice*, nº XXXVII.

ARTICLE 31.

L'Assemblée nationale est élue pour trois ans, et se renouvelle intégralement.

Quarante-cinq jours au plus tard avant la fin de la législature, une loi détermine l'époque des nouvelles élections.

Si aucune loi n'est intervenue dans le délai fixé par le paragraphe précédent, les électeurs se réunissent de plein droit le trentième jour qui précède la fin de la législature.

La nouvelle Assemblée est convoquée de plein droit pour le lendemain du jour où finit le mandat de l'Assemblée précédente.

3 *ans*.] D'autres chiffres ont été proposés, et n'ont pas été accueillis.

Intégralement.] Pour qu'elle soit animée d'un même esprit.

45 *jours*.] Le reste de l'article a pour objet de prévenir toute interruption dans l'existence de la représentation nationale. Car le pouvoir législatif est *permanent*. Voyez l'article qui suit.

ARTICLE 32.

Elle est permanente.

Néanmoins, elle peut s'ajourner à un terme qu'elle fixe.

Pendant la durée de la prorogation, une commission, composée des membres du bureau et de vingt-cinq représentants nommés par l'Assemblée au scrutin secret et à la majorité absolue, a le droit de la convoquer en cas d'urgence.

Le président de la République a aussi le droit de convoquer l'Assemblée.

L'Assemblée nationale détermine le lieu de ses séances. Elle fixe l'importance des forces militaires établies pour sa sûreté, et elle en dispose.

Permanente.] Cette permanence est une sauvegarde contre les entreprises de l'usurpation. C'est par des *intermittences*, devenues de plus en plus considérables dans la convocation des Etats-Généraux, qu'on avait fini par s'accoutumer à ne plus les réunir.

S'ajourner.] Ces répits sont nécessaires pour les corps et pour les individus. *Otia corpus alunt*, *animus quoque augetur illis*.

Fixe.] Pour que le pouvoir exécutif ne soit pas tenté d'abuser d'une interruption indéfinie.

Commission.] Qui n'a pas d'autres pouvoirs que ceux

strictement définis par ce paragraphe. C'est un *corps de garde*.

Convoquer.] Il était indispensable d'accorder aussi ce droit au président de la République, personne ne pouvant connaître mieux que lui certaines nécessités de l'État.

Le lieu de ses séances.] Cela résultait déjà implicitement de l'art. 63.

Fixe et dispose.] Les décisions de l'Assemblée à cet égard s'exécutent immédiatement et de plein droit, sans être assujetties aux formes spéciales de la promulgation. *Appendice*, n° VIII.

Sa sûreté.] L'Assemblée n'a voulu s'en rapporter qu'à elle-même du soin de sa sûreté. Elle a voulu consacrer par la Constitution le droit déjà établi dans son règlement.

Les articles de ce règlement, votés séparément, en forme de décret spécial, le 11 mai 1848, sont ainsi conçus :

« Le président est chargé de veiller à la sûreté intérieure de l'Assemblée nationale.

» A cet effet, il a le droit de requérir la force armée et toutes les autorités dont il juge le concours nécessaire.

» Les réquisitions peuvent être adressées directement à tous les officiers, commandants ou fonctionnaires, qui sont tenus d'y obtempérer immédiatement sous les peines portées par les lois. » (Voyez art. 83 du règlement.)

ARTICLE 33.

Les représentants sont toujours rééligibles.

Rééligibles.] Personne n'a oublié en France la faute énorme qu'avait faite l'Assemblée constituante en excluant ses membres du droit de réélection. Cette mesure, au lieu de perpétuer aux affaires les hommes qui avaient assis la révolution sur des bases larges et généreuses, forçait la nation de ne s'adresser et de ne se confier qu'à des hommes nouveaux et inexpérimentés, et, il faut le dire aussi, à des hommes de second choix. Il n'y avait pas en France la matière de deux Assemblées composées comme l'était la *Constituante*.

ARTICLE 34.

Les membres de l'Assemblée nationale sont les représentants, non du département qui les nomme, mais de la France entière.

Mais de la France entière.] Cet article caractérise à merveille les droits et les devoirs des représentants. Il leur rappelle qu'ils ne sont ni les agents des solliciteurs particuliers, ni les représentants étroits et exclusifs d'une localité, et qu'ils doivent, même en défendant des intérêts privés dans ce qu'ils ont de légitime, tout subordonner dans leur vote à l'intérêt général de la nation.

ARTICLE 35.

Ils ne peuvent recevoir de mandat impératif.

Mandat impératif.] Autrement, plus de liberté d'examen pour les députés. Aussi, en se constituant, la première de nos Assemblées nationales a-t-elle déclaré comme non avenus tous les mandats particuliers des députés aux Etats-Généraux. Ces mandats s'appelaient alors *cahiers.*

ARTICLE 36.

Les représentants du peuple sont inviolables.

Ils ne pourront être recherchés, accusés, ni jugés, en aucun temps, pour les opinions qu'ils auront émises dans le sein de l'Assemblée nationale.

Inviolables.] Cette garantie est nécessaire pour assurer leur indépendance.

Recherchés.] Sans cela, ils n'auraient pas une entière liberté.

Les opinions.] Les opinions du représentant doivent être respectées comme l'opinion du jury qui ne répond qu'à sa conscience du *oui* ou du *non* de ses verdicts.

Dans le sein.] Mais s'il écrit, imprime ou affiche au dehors, s'il va pérorer dans un club, il devient, comme tout autre citoyen, responsable de ses actes devant la justice et la loi.

ARTICLE 37.

Ils ne peuvent être arrêtés en matière criminelle,

sauf le cas de flagrant délit, ni poursuivis qu'après que l'Assemblée a permis la poursuite.

En cas d'arrestation pour flagrant délit, il en sera immédiatement référé à l'Assemblée, qui autorisera ou refusera la continuation des poursuites. Cette disposition s'applique au cas où un citoyen détenu est nommé représentant.

Arrêtés.] Cette garantie donnée à la liberté individuelle des représentants est du même genre que celle accordée aux membres de l'ordre judiciaire par l'article 479 du Code pénal, et aux fonctionnaires de l'ordre administratif par l'article 75 de la Constitution de l'an VIII.

Sauf le cas de flagrant délit.] C'est celui qui se commet, ou vient de se commettre, et qui est en quelque sorte poursuivi par la clameur publique. — L'article 44 de la Charte le disait pour les députés ; l'article 39 ne le disait pas pour les pairs ; mais pairs et députés étaient compris dans les termes de l'article 121 du Code pénal ; et c'est ce dernier article qu'on avait perdu de vue dans l'affaire Praslin. — L'article que nous annotons ne laisse plus ni doute ni hésitation à cet égard. Voyez *Appendice*, n° IX.

Permis la poursuite.] C'est-à-dire permis de la commencer ou de la continuer.

Référé à l'Assemblée.] Ce référé rend la garantie plus complète. Une loi spéciale, présentée sur la garantie des représentants, achèvera de résoudre les questions relatives aux poursuites de toute nature auxquelles les représentants peuvent être exposés.

Détenu est nommé.] Par exemple, Raspail était détenu à Vincennes quand il a été élu représentant de la ville de Paris ! Il a fallu un decret pour autoriser la *continuation* des poursuites dont il avait été l'objet avant son élection.

ARTICLE 38.

Chaque représentant du peuple reçoit une indemnité à laquelle il ne peut renoncer.

Une indemnité.] N'en pas recevoir eût été certainement plus digne et plus désintéressé : mais on a objecté que ce serait plus aristocratique. Ce serait, a-t-on dit, exclure de la représentation quiconque est sans moyens de fortune pour vivre (par exemple, les simples ouvriers ou les instituteurs primaires). Et, comme l'a dit M. Dufaure, l'indemnité ici est une condition d'éligibilité, comme le cens de l'éligible l'était sous les autres constitutions.

Il ne peut renoncer.] Sans cela, les plus riches renonceraient, et les plus pauvres, ne le pouvant pas, resteraient humiliés. Voilà pourquoi les Corps ont toujours repoussé les propositions de souscriptions en masse rendues forcées par un vote de la majorité : c'est un véritable impôt. Laissées à la volonté de chacun, elles conservent leur caractère de don libre et volontaire, *liberalitas nullo jure cogente facta.*

ARTICLE 39.

Les séances de l'Assemblée sont publiques.

Néanmoins, l'Assemblée peut se former en comité secret, sur la demande du nombre de représentants fixé par le règlement.

Chaque représentant a le droit d'initiative parlementaire; il l'exercera selon les formes déterminées par le règlement.

Publiques.] La publicité forme le caractère essentiel du gouvernement représentatif et des assemblées politiques dans les gouvernements libres.

Comité secret.] Toutes les constitutions ont admis cette restriction, commandée tantôt dans l'intérêt général (par exemple, pour la discussion des traités de paix, ou pour des communications diplomatiques); tantôt par des convenances particulières prises de la nature de quelque question, où la publicité entraînerait du ridicule ou du scandale (par exemple, des questions de régime intérieur, de questure, et, pour ainsi dire, de ménage).

Le droit d'initiative.] De là ce déluge de propositions qui souvent inondent et fatiguent les assemblées! Mais il n'y avait pas de milieu entre tout repousser ou tout admettre : seulement, on a cherché dans le règlement à diminuer les inconvénients attachés à l'éruption de ce trop grand nombre de propositions inconsidérées, dont l'examen eût absorbé toute la durée des séances et entravé les travaux essentiels de l'Assemblée. Les plus calamiteuses de ces propositions sont, à mon avis, celles par lesquelles un grand nombre de représentants, chacun au gré de son caprice et par certaines suggestions dont on ne sait pas assez se défendre, viennent proposer des *dépenses nouvelles*, que l'on vote quelquefois inconsidérément, sans réfléchir qu'on ajoute ainsi, par une foule d'articles détachés, aux charges d'un budget déjà en déficit. Il devrait en tout cas être interdit de jamais voter une dépense sans indiquer avec précision *les fonds sur lesquels elle devra se prendre*, suivant les sages prescriptions de la loi du 18 juillet 1836; sinon, la repousser impitoyablement. Quand aurons-nous un véritable *contrôleur général des finances?*

ARTICLE 4 .

La présence de la moitié plus un des membres de l'Assemblée est nécessaire pour la validité du vote des lois.

La moitié plus un.] Le droit de résoudre appartient à la majorité et devient loi. Pourquoi? Pascal nous le dit : « Ce » n'est pas parce qu'il y a plus de raison dans le plus » grand nombre, mais il y a plus de force, » — pour lier, pour faire la loi, pour en assurer l'exécution.

La validité.] Si, par le fait, une proposition était votée par une minorité et promulguée, ce ne serait pas une loi, et on ne devrait pas y obéir.

ARTICLE 41.

Aucun projet de loi, sauf les cas d'urgence, ne sera voté définitivement qu'après trois délibérations, à des intervalles qui ne peuvent pas être moindres de cinq jours.

Sauf les cas d'urgence.] L'urgence est l'*exception*, et il importe bien que les exceptions de ce genre soient *rares*, surtout avec une assemblée *unique*. Elle a certainement plus de force que deux; mais aussi elle pourrait être surprise ou céder à des entraînements qui ne lui laisseraient pour ressource que de se rétracter. C'est malheureusement ce qui est arrivé pour l'*impôt du sel*, qu'on a supprimé tout à coup par un simple amendement, au moment où l'excès reconnu et déjà voté des dépenses sur les recettes faisait à l'Assemblée une étroite obligation de ne pas refuser au gouvernement la continuation, pour l'année, d'un impôt qui lui devenait indispensable pour acquitter les dettes de l'Etat. C'était élargir à plaisir, et par un fait exprès, un déficit, hélas ! déjà trop considérable, et rendre nécessaire l'établissement de nouveaux impôts qu'on trouvera certainement plus onéreux et plus gênants : c'est ce qui faisait dire à M. le ministre des finances, dans l'amertume de son cœur : « Voulez-vous donc que l'on continue l'impôt des 45 centimes? » — Assurément, s'il fallait choisir, il n'est pas un laboureur qui ne dît : « Rendez-nous plutôt l'impôt du sel ! »

Trois délibérations à des intervalles.] On a remplacé la diversité d'examen dans deux chambres par la réitération d'examen dans la même. — Et c'est pour n'avoir pas exécuté cet article que la suppression d'impôt dont nous venons de parler est restée sans remède. Mais c'est aussi pour que de pareilles surprises devinssent impossibles à l'avenir que, dans les séances des 29 décembre 1848 et 2 janvier 1749, j'ai insisté pour que l'exécution de cet article ne fût pas différée davantage : et en effet on y a pourvu par le règlement. Voyez, dans l'*Appendice*, n° X.

ARTICLE 42.

Toute proposition ayant pour objet de déclarer l'urgence est précédée d'un exposé des motifs.

Si l'Assemblée est d'avis de donner suite à la proposition d'urgence, elle en ordonne le renvoi dans les bureaux et fixe le moment où le rapport sur l'urgence lui sera présenté.

Sur ce rapport, si l'Assemblée reconnaît l'urgence, elle le déclare, et fixe le moment de la discussion.

Si elle décide qu'il n'y a pas urgence, le projet suit le cours des propositions ordinaires.

L'urgence.] Cet article a pour but de réglementer l'urgence elle-même, afin de préserver, autant que possible, l'Assemblée contre les dangers et les surprises d'une trop grande précipitation. Cela est d'autant plus nécessaire, que chaque représentant, usant de son droit d'initiative, pénétré qu'il est de l'excellence de sa proposition, ne manque guère de la présenter et de la recommander *comme urgente*, *très-urgente*, *la plus urgente de toutes*, à l'examen et au vote de ses collègues.

CHAPITRE V.

DU POUVOIR EXÉCUTIF.

Exécutif.] Le pouvoir exécutif ne vient qu'après le pouvoir *législatif*, parce qu'il est seulement chargé « de surveiller et d'assurer l'*exécution des lois.* » Art. 49. En 1791, la gradation était marquée par ces mots : la *nation*, la *loi* et le *roi*. Mais le pouvoir exécutif n'est pas pour cela subordonné à l'Assemblée législative. Il a une existence propre, une existence indépendante ; il procède, comme elle, du suffrage universel et direct ; il agit avec liberté et autorité dans la sphère de ses attributions, sous la responsabilité de droit, qui n'est encore que l'effet de la loi.

ARTICLE 43.

Le Peuple français délègue le pouvoir exécutif à un citoyen qui reçoit le titre de président de la République.

Le peuple français délègue.] La délégation est directe du peuple au président, sans intermédiaire.

Président de la République.] Et non le simple titre de *chef du pouvoir exécutif*, président d'un conseil de ministres.

ARTICLE 44.

Le président doit être né Français, âgé de trente ans au moins, et n'avoir jamais perdu la qualité de Français.

Né Francais.] La naturalisation ne suffirait pas. Il en

était ainsi autrefois même pour être ministre (*ordonnance* de 1642) ou évêque (*Libertés gallicanes*, art. XXXIX. — *Loi de germinal* an X, art 16).

Trente ans.] On eût pu mettre vingt-cinq sans danger. Pour être nommé si jeune, il faudrait, ou de bien grands talents, ou de bien grands services. Et alors, tant mieux. Les Scipions et les Pitts sont rares !

Jamais perdu.] L'avoir perdue par sa volonté prouverait le peu de prix qu'on attache à la qualité de Français. L'avoir perdue malgré soi pourrait être une cause d'indignité.

ARTICLE 45.

Le président de la République est élu pour quatre ans, et n'est rééligible qu'après un intervalle de quatre années.

Ne peuvent, non plus, être élus après lui, dans le même intervalle, ni le vice-président, ni aucun des parents ou alliés du président jusqu'au sixième degré inclusivement.

Quatre ans.] Il faut bien *un peu* de durée pour concevoir et exécuter avec *un peu* de suite quelque chose de bien.

Un intervalle.] Ceci tient à la peur naturelle qu'ont les républiques (crainte souvent réalisée par l'événement) de voir des pouvoirs temporaires se perpétuer et devenir ensuite ou *à vie* ou *héréditaires* : ce qui détruit alors dans son essence même le gouvernement républicain. A Rome il y avait deux consuls, et leur puissance ne durait qu'un an : *ne potestas vel morâ vel solitudine corrumperetur.* TITE-LIVE, IV. 2. Mais il y avait un sénat permanent, et quel sénat !

Parents ou alliés.] Cette prohibition a pour but d'empêcher que le Président en exercice n'use de l'autorité dont il est revêtu pour perpétuer le pouvoir dans sa famille. Voyez art. 70, § 3. C'est l'appréhension perpétuelle des républiques. La jalousie, la peur de l'usurpation, l'ostracisme y préoccupent et y agitent sans cesse les esprits.

ARTICLE 46.

L'élection a lieu de plein droit le deuxième dimanche du mois de mai.

Dans le cas où, par suite de décès, de démission ou de toute autre cause, le président serait élu à une autre époque, ses pouvoirs expireront le deuxième dimanche du mois de mai de la quatrième année qui suivra son élection.

Le président est nommé, au scrutin secret et à la majorité absolue des votants, par le suffrage direct de tous les électeurs des départements français et de l'Algérie.

Scrutin secret.] Comme garantie de l'indépendance des votes.

Majorité des votants.] Des votants seulement; on n'exige pas la majorité des électeurs.

Suffrage direct.] J'en ai dit la raison dans la première note sur l'article 43.

Et de l'Algérie.] On n'a pas voulu comprendre les colonies, dont le trop grand éloignement aurait retardé le dépouillement définitif du scrutin d'une manière préjudiciable à l'État, et sans utilité appréciable pour le résultat.

ARTICLE 47.

Les procès-verbaux des opérations électorales sont transmis immédiatement à l'Assemblée nationale, qui statue sans délai sur la validité de l'élection et proclame le président de la République.

Si aucun candidat n'a obtenu plus de la moitié des suffrages exprimés, et au moins deux millions de voix, ou si les conditions exigées par l'article 44 ne sont pas remplies, l'Assemblée nationale élit le président de la République, à la majorité absolue et au scrutin secret, parmi les cinq candidats éligibles qui ont obtenu le plus de voix.

Validité.] Toute élection peut être régulière ou irrégulière, valable ou nulle, et il faut une autorité pour la

6.

juger. Nulle autre autorité que l'Assemblée nationale ne pouvait être investie de ce droit suprême, surtout à cause de la disposition du paragraphe suivant.

Au moins 2,000,000.] Il faut bien un minimum pour que l'élection ait un caractère suffisamment respectable On exige un minimum de 2,000 suffrages par département pour les représentants; on a exigé 2,000,000 pour le président de la République. C'est environ le cinquième des voix : on ne pouvait exiger moins.

Conditions exigées par l'article 44.] L'omission ou la violation de ces conditions emporterait de droit nullité de l'élection.

L'Assemblée nationale élit.] Dans l'hypothèse de cet article, il pourrait arriver que, tous les candidats n'étant élus que par des minorités ou des fractions d'une majorité rompue et divisée, il y eût à démêler parmi les candidats celui qui répond le mieux au véritable vœu de l'opinion publique et aux besoins du pays.

— L'immense majorité qui s'est prononcée le 10 décembre dernier a sauvé l'Assemblée de cet embarras, et préparé une grande force au pouvoir exécutif.

ARTICLE 48.

Avant d'entrer en fonctions, le président de la République prête au sein de l'Assemblée nationale le serment dont la teneur suit :

EN PRÉSENCE DE DIEU ET DEVANT LE PEUPLE FRANÇAIS, REPRÉSENTÉ PAR L'ASSEMBLÉE NATIONALE, JE JURE DE RESTER FIDÈLE A LA RÉPUBLIQUE DÉMOCRATIQUE, UNE ET INDIVISIBLE, ET DE REMPLIR TOUS LES DEVOIRS QUE M'IMPOSE LA CONSTITUTION.

Serment.] Le gouvernement provisoire établi en février a *supprimé le serment politique*. C'était un moyen d'éviter toute résistance de la part de ceux qui auraient été appelés à le prêter : on a mieux aimé le *Qui ne dit mot consent*. Mais si c'est une commodité, est-ce bien un acte réfléchi de supprimer ainsi cette forme d'engagement solennel, qui, chez tous les peuples de la terre, anciens et modernes, a toujours été exigée de la part de ceux à qui la loi confie l'exercice de la puissance publique? La Constitution assujettit le président de la République à un serment spécial, dont elle a elle-même déterminé la formule : elle considère donc ce serment comme un frein : et, dès lors, pourquoi ne pas l'imposer à tous les fonctionnaires?

ARTICLE 49.

Il a le droit de faire présenter des projets de lois à l'Assemblée nationale par les ministres.

Il surveille et assure l'exécution des lois.

Faire présenter.] A d'autres époques on avait contesté aux députés le droit d'initiative, mais jamais on n'a pu penser sérieusement à l'ôter au gouvernement, qui par sa position connaît le mieux, au moins sur certaines matières, les besoins du pays.

ARTICLE 50.

Il dispose de la force armée, sans pouvoir jamais la commander en personne.

Il dispose.] C'est là le droit du pouvoir exécutif.

En personne.] Cela n'empêche pas de nommer pour président un général; mais cela empêche un général devenu président de viser, par des entreprises militaires ou des conquêtes, à se créer sur l'armée un empire qui lui donne l'envie et lui fournisse les moyens d'usurper la souveraineté. On retrouve encore ici la défiance inhérente aux républiques.

ARTICLE 51.

Il ne peut céder aucune portion du territoire, ni dissoudre ni proroger l'Assemblée nationale, ni suspendre, en aucune manière, l'empire de la Constitution et des lois.

Céder aucune portion.] Cela était déjà vrai même sous les monarchies constitutionnelles de 1814 et de 1830.

Ni dissoudre ni proroger.] On n'a pas voulu que le président eût aucune prise sur l'Assemblée nationale.

Ni suspendre.] C'est dire qu'il ne peut en aucune manière s'attribuer la *dictature*. S'il y avait lieu de déclarer quelque partie du territoire *en état de siége*, ce serait par une loi, et avec les précautions que cette loi jugerait à propos de prendre. Voyez *art.* 106.

ARTICLE 52.

Il présente, chaque année, par un message, à l'Assemblée nationale, l'Exposé de l'état général des affaires de la République.

État général.] On se rappelle les *Exposés* de la situation générale de l'Empire. Le gouvernement des États-Unis présente aussi chaque année au congrès un état de la situation des affaires de l'Union.

ARTICLE 53.

Il négocie et ratifie les traités.

Aucun traité n'est définitif qu'après avoir été approuvé par l'Assemblée nationale.

Négocie.] Le président fait là ce qu'évidemment une assemblée ne pourrait pas faire.

Approuvé.] Cela est nécessaire pour la défense du droit général de l'État, et afin que, tout à la fois, les traités soient obligatoires d'État à État, et qu'ils prennent place comme lois dans nos actes publics.

ARTICLE 54.

Il veille à la défense de l'État, mais il ne peut entreprendre aucune guerre sans le consentement de l'Assemblée nationale.

Il veille.] Au dedans et au dehors.

Défense.] Il a tout pouvoir de repousser de vive force, et sans autorisation préalable, toute agression sur notre territoire.

Entreprendre.] Autrement, un président trop entreprenant jetterait malgré elle la nation dans des guerres sans motif légitime. D'ailleurs toute guerre rendant forcés des subsides d'hommes et d'argent, qui ne peuvent être votés que par l'Assemblée nationale, il faut son consentement préalable. — Au mois de novembre 1848, le pape Pie IX ayant été forcé de quitter ses États, le pouvoir exécutif s'empressa de lui offrir un asile en France. L'Assemblée nationale s'associa pleinement à tout l'intérêt qu'inspirait cette situation du Saint-Père. Mais comme une expédition maritime avec embarquement de troupes avait été ordonnée à cette occasion, plusieurs voix dans le sein de l'Assemblée nationale s'élevèrent pour blâmer le gouvernement de n'avoir pas, comme il le pouvait, consulté l'Assemblée avant de faire une démonstration dont les suites auraient pu engager la politique de la France vis-a-vis des gouvernements italiens. — Du reste, la mesure était bonne.

ARTICLE 55.

Il a le droit de faire grâce, mais il ne peut exercer ce droit qu'après avoir pris l'avis du conseil d'État.

Les amnisties ne peuvent être accordées que par une loi.

Le président de la République, les ministres, ainsi que toutes les autres personnes condamnées par la haute Cour de justice, ne peuvent être graciés que par l'Assemblée nationale.

Faire grâce.] Il était de l'intérêt de l'humanité de maintenir, sous la république comme sous la monarchie, le droit de *préférer miséricorde à justice*. C'est le plus beau des droits régaliens : *Etenim nullâ re propriùs homines accedunt ad Deos quàm salutem hominibus dando*. Je ne comprends pas pourquoi le décret du 28 octobre sur l'élection du président a suspendu l'exercice de cette prérogative. — Eh quoi ! si un homme en ce moment était condamné à mort, il serait donc nécessairement voué à l'exécution ! Voyez dans l'*Appendice*, nº XXXVII, l'article 6 de ce décret. — S'il le peut, sans avis du Conseil, c'est l'inverse d'une restriction ; et alors, on n'en voit pas le motif.

Avis du conseil d'État.] Même sous l'ancienne monarchie, le roi scellait ses lettres *en conseil*. (Voyez les *Œuvres de Talon*.) Le S. C. du 7 thermidor an X, en rétablissant *le droit de grâce*, avait ajouté que le Premier Consul ne l'exercerait « qu'après avoir entendu, dans un conseil privé, le grand-juge, deux ministres, deux sénateurs, deux conseillers d'État et deux juges du tribunal de cassation. » Dans le système de la Constitution actuelle, l'*avis du conseil d'État*, précédé d'une instruction faite par le ministre de la justice en la maniere accoutumée, sera, selon les divers cas, une force contre certaines colères, ou une défense contre les entraînements de la faiblesse.

Une loi.] La différence entre la *grâce* et l'*amnistie* est que la grâce vient après justice faite, tandis que l'amnistie, quand elle intervient avant toutes poursuites, ou pendant leur cours, prévient ou arrête l'action des lois et de la justice. Voyez le discours que j'ai prononcé à la séance du 18 mars 1835, au tome III des *Réquisitoires*, page 421, et ci-après dans l'*Appendice*, discours n° XI.

Haute Cour.] Les crimes dont cette Cour est appelée à connaître étant des crimes d'État ou qui s'attachent aux personnages les plus élevés du gouvernement, l'Assemblée, qui seule peut en saisir la haute Cour, s'est aussi réservé à elle seule le droit de grâce pour les condamnations qui seraient prononcées par ce tribunal.

ARTICLE 56.

Le président de la République promulgue les lois au nom du Peuple français.

Promulgue.] La promulgation ne donne pas force à la loi; elle n'est pas le complément de la loi; la loi n'est pas exécutoire *en vertu* de la promulgation. Mais cependant, dans l'intérêt des citoyens, les lois ne peuvent être exécutées *qu'après* qu'elles ont été promulguées : *Non obligat lex, nisi promulgata.* Ne faut-il pas en effet les connaître avant de pouvoir être mis en demeure de s'y conformer? Surtout dans les lois d'impôt ou les lois pénales, chacun peut dire au législateur : « Avertis avant de frapper.» *Lex moneat priusquam feriat.* (Bacon.)

ARTICLE 57.

Les lois d'urgence sont promulguées dans le délai de

trois jours, et les autres lois dans le délai d'un mois, à partir du jour où elles auront été adoptées par l'Assemblée nationale.

Trois jours.] On ne pouvait mettre moins.

Un mois.] Il y aurait eu de l'inconvénient à accorder plus; mais ce délai était nécessaire à cause du droit réservé au président par l'article 58, lequel, pour être convenablement exercé, demande qu'un délai raisonnable s'écoule entre l'émission de la loi et le recours qui appelle la même Assemblée à revenir sur ses propres actes; c'est l'appel à *Philippe à jeun.* Du reste, quoique la promulgation puisse être retardée d'un mois, si le président le veut; rien ne l'empêche aussi, s'il le préfère, de promulguer une loi dès le lendemain de sa date. Voyez, dans l'*Appendice*, les nos XII et XIII.

ARTICLE 58.

Dans le délai fixé pour la promulgation, le président de la République peut, par un message motivé, demander une nouvelle délibération.

L'Assemblée délibère : sa résolution devient définitive; elle est transmise au président de la République.

En ce cas, la promulgation a lieu dans le délai fixé pour les lois d'urgence.

Dans le délai fixé.] Voyez l'article précédent, — et, dans l'*Appendice*, le discours no XIV.

Délibère.] Un amendement avait proposé d'exiger en ce cas le vote des deux tiers des voix. On a objecté avec raison que ce serait ouvrir à un Président, qui s'entendrait avec une minorité d'un tiers, le moyen de paralyser les votes les plus importants de la majorité.

Définitive.] C'est-à-dire que le même moyen ne peut pas être employé une seconde fois.

Lois d'urgence.] Trois jours, art. 57.

ARTICLE 59.

A défaut de promulgation par le président de la République, dans les délais déterminés par les articles précédents, il y serait pourvu par le président de l'Assemblée nationale.

Il y serait pourvu.] Soit par une promulgation au nom de l'Assemblée nationale, soit par des interpellations au ministre de la justice, soit même par une accusation, selon la gravité des cas.

ARTICLE 60.

Les envoyés et les ambassadeurs des puissances étrangères sont accrédités auprès du président de la République.

Auprès du président.] A Rome, les ambassadeurs étaient reçus par le sénat. C'est ce grand corps qui conservait la pensée publique. On conçoit la diplomatie concentrée dans un corps aristocratique. Elle n'est pas de mise en plein *forum.* Une assemblée de sept cent cinquante personnes, souvent en tumulte, n'offrirait pas le spectacle dont Cynéas émerveillé rendait compte à Pyrrhus. C'est le président qui négocie : c'est lui qui recevra et entendra les ambassadeurs.

Nota. Cependant, le 15 mai, l'Assemblée nationale, envahie par une masse de factieux de la plus redoutable espèce, a montré, pendant trois heures consécutives, le calme le plus profond et le plus stoïque en présence du danger le plus imminent.

ARTICLE 61.

Il préside aux solennités nationales.

Il préside.] Jusqu'à l'élection et installation du *président de la République*, la préséance dans les cérémonies publiques a toujours appartenu au *président de l'Assemblée nationale*, parce que le *chef du pouvoir exécutif* n'était que le délégué de l'Assemblée, et par conséquent le subdélégué du peuple. Mais le président de la République étant élu directement par tout le peuple, il devient son représentant naturel; il est, pour ainsi dire, sa personnification.

ARTICLE 62.

Il est logé aux frais de la République, et reçoit un traitement de six cent mille francs par an.

Aux frais de la République.] Dans un édifice national.

Traitement.] Fixe. Mais les circonstances pourront comporter des suppléments pour frais extraordinaires de représentation et autres. Tant de mesquinerie n'est pas dans le caractère français ni dans l'intérêt du commerce et des industries de luxe. Je l'ai déjà dit dans les premiers temps de la Révolution de 1830 : « Quand Fabricius mangeait ses » légumes dans une écuelle de bois, il n'y avait pas de » manufactures de porcelaine. »

ARTICLE 63.

Il réside au lieu où siége l'Assemblée nationale, et ne peut sortir du territoîre continental de la République sans y être autorisé par une loi.

Où siége l'Assemblée.] Et l'Assemblée elle-même fixe le lieu de sa résidence, art. 32, § 5, soit à Paris, soit dans toute autre ville que les circonstances l'obligeraient de désigner.

Sortir du territoire.] Cette loi existe en Angleterre et chez d'autres Etats constitutionnels de l'Europe.

ARTICLE 64.

Le président de la République nomme et révoque les ministres.

Il nomme et révoque, en conseil des ministres, les agents diplomatiques, les commandants en chef des armées de terre et de mer, les préfets, le commandant supérieur des gardes nationales de la Seine, les gouverneurs de l'Algérie et des colonies, les procureurs généraux et autres fonctionnaires d'un ordre supérieur.

Il nomme et révoque, sur la proposition du ministre compétent, dans les conditions réglementaires déterminées par la loi, les agents secondaires du Gouvernement.

Il nomme et révoque.] Sans cela, il ne serait pas responsable.

Il nomme.] On n'a pas mis, comme dans les chartes de 1814 et de 1830, *il nomme à tous les emplois publics*. On a énuméré seulement les principaux, par forme d'*énonciation*, et non par forme de *limitation*. Les lois de détail pourront renfermer des règles spéciales d'élection, de nomination ou de candidature, appropriées à la nature de certaines fonctions. C'est ce qu'exprime sommairement le paragraphe final du présent article.

ARTICLE 65.

Il a le droit de suspendre, pour un terme qui ne pourra excéder trois mois, les agents du pouvoir exécutif élus par les citoyens.

Il ne peut les révoquer que de l'avis du conseil d'État.

La loi détermine les cas où les agents révoqués peuvent être déclarés inéligibles aux mêmes fonctions.

Cette déclaration d'inéligibilité ne pourra être prononcée que par un jugement.

Droit de suspendre.] Ces agents, quoique élus par les citoyens, étant en même temps, à certains égards, délégataires d'une portion de la puissance publique, beaucoup de services tenant à l'intérêt général de l'Etat seraient compromis par la résistance, la négligence ou l'impéritie de ces agents, s'il n'était pas permis de les suspendre.

Trois mois.] Jusqu'à décision définitive.

De l'avis du conseil d'Etat.] Comme garantie contre l'arbitraire qui, sans cela, pourrait présider aux suspensions. C'est pour satisfaire à ce besoin que l'Assemblée nationale, dans sa séance du 8 décembre 1848, a nommé une commission provisoire de 30 membres pris dans son sein, pour exercer cette attribution, en attendant la loi sur l'organisation définitive du conseil d'Etat.

Inéligibles.] Autrement, les localités pourraient établir

contre l'administration supérieure une lutte qui serait sans issue, et non sans scandale, avec dommage pour la chose publique.

Par un jugement.] Alors tout devient légal ; c'est la loi et la juridiction qui ont le dernier mot : *Forum et jus.*

ARTICLE 66.

Le nombre des ministres et leurs attributions sont fixés par le pouvoir législatif.

Par le pouvoir législatif.] L'Assemblée constituante de 1791 a, la première, porté une loi *sur l'organisation du ministère.* (Loi du 25 mai 1791). — Cette loi fait le partage des pouvoirs et, par suite, assigne les hiérarchies. Les lois secondaires s'y conforment en confiant à tel ou tel ministre l'exécution des mesures qu'elles prescrivent. Il ne faut pas qu'un simple acte du pouvoir exécutif puisse changer cet ordre de gouvernement. La loi seule peut y apporter des modifications.

ARTICLE 67.

Les actes du président de la République, autres que ceux par lesquels il nomme et révoque les ministres, n'ont d'effet que s'ils sont contre-signés par un ministre.

Contre-signés par un ministre.] Responsable, mais sans préjudice, en certains cas, de la responsabilité personnelle du président ; car il gouverne, précisément parce qu'il ne règne pas. — Voyez l'art. 68.

ARTICLE 68.

Le président de la République, les ministres, les agents et dépositaires de l'autorité publique, sont responsables, chacun en ce qui le concerne, de tous les actes du gouvernement et de l'administration.

Toute mesure par laquelle le président de la République dissout l'Assemblée nationale, la proroge ou met obstacle à l'exercice de son mandat, est un crime de haute trahison.

Par ce seul fait, le président est déchu de ses fonctions; les citoyens sont tenus de lui refuser obéissance; le pouvoir exécutif passe de plein droit à l'Assemblée nationale. Les juges de la haute Cour de justice se réunissent immédiatement, à peine de forfaiture : ils convoquent les jurés dans le lieu qu'ils désignent, pour procéder au jugement du président et de ses complices; ils nomment eux-mêmes les magistrats chargés de remplir les fonctions du ministère public.

Une loi déterminera les autres cas de responsabilité, ainsi que les formes et les conditions de la poursuite.

Responsables.] La Constitution ne peut poser que le principe général de la responsabilité : une loi l'organisera.

Haute trahison.] Ce serait un attentat à la souveraineté du peuple dans la personne de ses représentants.

Par ce seul fait.] Ceci devient très-sérieux. Suivent une série de dispositions que la commission n'avait point proposées : elles ont été introduites *par amendement*. Leur exécution, le cas arrivant, pourrait présenter de graves complications.

ARTICLE 69.

Les ministres ont entrée dans le sein de l'Assemblée nationale; ils sont entendus toutes les fois qu'ils le demandent, et peuvent se faire assister par des commissaires nommés par un décret du président de la République.

Entrée.] Lors même qu'ils ne seraient pas représentants.

Entendus] et doivent être *écoutés*. C'est un droit péremptoire qu'aucun règlement parlementaire ne peut enlever aux ministres. Seulement on a réciproquement le droit de leur répondre. Je ne sais pas pourquoi on en a fait une nécessité.

Commissaires] Le gouvernement peut éprouver le besoin de faire assister les ministres par des hommes spéciaux.

ARTICLE 70.

Il y a un vice-président de la République nommé

par l'Assemblée nationale, sur la présentation de trois candidats faite par le président dans le mois qui suit son élection.

Le vice-président prête le même serment que le président.

Le vice-président ne pourra être choisi parmi les parents et alliés du président jusqu'au sixième degré inclusivement.

En cas d'empêchement du président, le vice-président le remplace.

Si la présidence devient vacante par décès, démission du président, ou autrement, il est procédé, dans le mois, à l'élection d'un président.

Vice-président.] Destiné, en cas de besoin, à remplacer le président. *Uno avulso, non deficit alter.*

Trois candidats.] Pour laisser quelque latitude au choix de l'Assemblée. Pourrait-elle refuser toute la liste?...

Parents et alliés.] 1° Afin que le vice-président soit plus indépendant; 2° de peur que, le vice-président s'efforçant de devenir un candidat à la présidence, on ne trouvât par là un moyen de concentrer le pouvoir dans une même famille, et de l'y perpétuer. Voyez note sur l'art. 45.

Le remplace.] *Vice ejus* : comme *vicaire* de l'empire.

Dans le mois.] Pour que le vice-président ne soit pas tenté de prolonger son intérim.

Pour quatre ans.] Et non pour ce qui resterait de la période pour laquelle le titulaire décédé avait été élu.

CHAPITRE VI.

DU CONSEIL D'ÉTAT.

Conseil d'Etat.] Ce conseil d'Etat ne sera ni le conseil d'Etat ancien, ni le conseil d'Etat de l'Empire, ni le conseil d'Etat actuel. Ce n'est pas, comme quelques personnes ont paru le croire, une *seconde* chambre déguisée : si tel a été le désir de ceux qui en ont eu la première idée, ils ne l'ont pas révélé. Le fait, en tout cas, répondrait peu à cette intention. Les attributions du conseil d'Etat les plus naturelles, les plus solides, les plus réelles, seront celles qu'il a actuellement. Quant au droit de préparer certains projets de loi, ce n'est point un partage de l'autorité législative, pas plus que la nécessité imposée au président de prendre, en certains cas, l'avis de ce conseil, ne donne à ce conseil part au gouvernement. La seule attribution qui, réellement, sorte de ligne et ait un caractère de nouveauté, est ce qui concerne les règlements d'administration publique. Voyez art. 75. Quand on révisera la Constitution, si l'état des esprits et la situation des choses permettent d'introduire, comme aux Etats-Unis, un *seconde* chambre, sous le nom de *Sénat*, on fera à ce Sénat une position mieux dessinée, en lui donnant une intervention plus nette et plus efficace dans les affaires.

ARTICLE 71.

Il y aura un conseil d'État, dont le vice-président de la République sera de plein droit président.

Il y aura un conseil d'Etat.] On fait du conseil d'Etat un *corps constitué*, tandis que, pendant longtemps, il n'existait que par ordonnances sans cesse faites ou remaniées par le pouvoir.

Vice-président.] Pour lui créer une situation et des attributions.

ARTICLE 72.

Les membres de ce conseil sont nommés pour six ans par l'Assemblée nationale. Ils sont renouvelés par moitié, dans les deux premiers mois de chaque législature, au scrutin secret et à la majorité absolue.

Ils sont indéfiniment rééligibles.

Pour six ans.] Leur situation est rendue précaire, parce qu'elle devient politique.

Par l'Assemblée nationale.] C'est ce choix par l'Assemblée nationale qui donne au nouveau conseil d'État son caractère politique.

Rééligibles.] Et il importe que la plupart soient réélus, pour créer dans le conseil des doctrines réfléchies, assurer les traditions, et donner quelque fixité à l'institution.

ARTICLE 73.

Ceux des membres du conseil d'État qui auront été pris dans le sein de l'Assemblée nationale seront immédiatement remplacés comme représentants du peuple.

Remplacés comme représentants.] Le conseil d'Etat doit être un corps absolument distinct de l'Assemblée. Ils sont destinés a fonctionner a côté l'un de l'autre; — mais cela ne peut avoir lieu que lorsque la loi organique du conseil d'Etat aura été portée. En attendant, on y a pourvu par une commission *provisoire*, dont les membres, au contraire, ont été pris dans le sein de l'Assemblée, sans qu'ils cessent pour cela d'en faire partie.

ARTICLE 74.

Les membres du conseil d'État ne peuvent être révoqués que par l'Assemblée, et sur la proposition du président de la République.

Révoqués.] Cette forme de révocation tres-dure, et qui deviendrait accablante pour ceux qui en seraient l'objet, n'était peut-être pas nécessaire. Il suffisait que la nomination fût temporaire; et l'on aurait pu accorder au président le droit de *suspension provisoire.* Qu'arrivera-t-il d'ailleurs, si un conseiller d'Etat devient sourd, aveugle, s'il compromet la dignité de son caractère? Est-ce qu'il n'y aura pas pour le conseil d'Etat, comme pour les cours de justice, des règles disciplinaires, et, parmi les moyens de répression pour certaines fautes, le droit accordé au corps entier de sévir dans une certaine mesure contre ses membres? Faudra-t-il donc ou tout souffrir, ou n'avoir pour remède que la ressource extrême de venir avec éclat demander à l'Assemblée nationale une loi pour destituer un homme?

ARTICLE 75.

Le conseil d'État est consulté sur les projets de lois

du Gouvernement qui, d'après la loi, devront être soumis à son examen préalable, et sur les projets d'initiative parlementaire que l'Assemblée lui aura renvoyés.

Il prépare les règlements d'administration publique; il fait seul ceux de ces règlements à l'égard desquels l'Assemblée nationale lui a donné une délégation spéciale.

Il exerce, à l'égard des administrations publiques, tous les pouvoirs de contrôle et de surveillance qui lui sont déférés par la loi.

La loi règlera ses autres attributions.

Consulté.] Le conseil d'État n'a pas d'initiative propre pour la présentation des lois; mais il peut être *employé* à une meilleure *préparation* des *projets*, soit par le gouvernement, soit par l'Assemblée nationale elle-même.

Renvoyés.] A le même effet que le mot *consulté.*

Seul.] Ainsi, pour les valider, il ne sera pas besoin d'un acte du pouvoir exécutif. C'est une grande innovation. Ici le conseil d'Etat conquiert véritablement le droit de *législation réglementaire*, mais d'une manière limitée, et seulement en vertu de la *délégation* de l'Assemblée qui lui communique ses pouvoirs, et qui conserve le droit de changer ou révoquer seule ces règlements dès qu'elle le voudra.

CHAPITRE VII.

DE L'ADMINISTRATION INTÉRIEURE.

Il y a (dit M. Henrion de Pansey dans son livre du *Pouvoir municipal*, livre Ier, chap. XIII), il y a deux sortes d'administrations : l'une générale, l'autre particulière; l'une qui délibère, l'autre qui exécute.

La première, que l'on appelle la haute administration, l'administration supérieure, ou, en d'autres termes, le pouvoir exécutif, le gouvernement, établit et entretient les relations extérieures, surveille et dirige dans l'intérieur tous les mouvements du corps politique, pourvoit à tous les besoins généraux de la société, prévient les attentats à la sûreté publique, maintient l'harmonie entre les différents pouvoirs et fait les règlements nécessaires pour l'exécution des lois. — Telles sont les attributions du président de la République, aidé du conseil des ministres; et de chaque ministre dans sa hiérarchie; en certains cas aussi, avec le concours du conseil d'État.

Au-dessous de cette haute administration et dans un degré fort inférieur, figure l'administration proprement dite, l'administration ordinaire qui, placée sous la direction du gouvernement, est, sous plusieurs rapports, à cette grande autorité ce que le pouvoir exécutif est à la puissance législative. Dans ce degré figurent les préfets, sous-préfets, maires, et les innombrables agents du pouvoir administratif dans les différentes hiérarchies.

ARTICLE 76.

La division du territoire en départements, arrondissements, cantons et communes, est maintenue. Les circonscriptions actuelles ne pourront être changées que par la loi.

La division du territoire.] Une des plus grandes résolutions de l'Assemblée constituante, celle qui a le plus contribué à l'*assimilation* de toutes les parties du territoire et à fonder l'*unité*, l'*indivisibilité* de la France, est la *loi sur la division du territoire* du 22 décembre 1789. Cette première division politique du sol a eu lieu en départements, districts, cantons et municipalités; — par la Constitution de l'an III, division en départements, cantons et communes; — enfin, par la Constitution de l'an VIII, division en départements et arrondissements communaux, au-dessous desquels sont restés les cantons et communes. Il faut rapprocher de la loi de 1789, qui a supprimé la division par provinces pour y substituer la division par départements, celle du 11 août 1789, qui a abrogé les *priviléges* de ces provinces pour y substituer un *droit commun* : nous en avons donné le texte dans une des notes de l'article 11 du Préambule. Ces premiers efforts, pour constituer l'*unité française* ont été sanctionnés par de nouvelles institutions :

1° La centralisation administrative, dont M. Cormenin a dit avec raison : « Chez nous, la centralisation a résolu le grand problème de l'*unité* dans le territoire, la législation et le gouvernement. La centralisation explique la France administrative. » (*Introduction au droit administratif*, page 1, édition de 1840.)

2° Une Cour de cassation, superposée au-dessus de toutes les juridictions, et qui a pour but de ramener la jurisprudence à l'*unité*.

3° Un tribunal supérieur des conflits pour maintenir la séparation des pouvoirs entre l'administration et la justice.

4° « La Légion-d'Honneur, qui n'a que le même ruban pour tous les serviteurs de l'Etat, civils ou militaires, sans distinction de naissance, de rang ou de culte, est aussi *une grande pensée de centralisation.* » (Cormenin, *loco citato*, page 12.)

ARTICLE 77.

Il y a, 1° dans chaque département, une administration composée d'un préfet, d'un conseil général, d'un conseil de préfecture;

2° Dans chaque arrondissement, un sous-préfet;

3° Dans chaque canton, un conseil cantonal; néanmoins, un seul conseil cantonal sera établi dans les villes divisées en plusieurs cantons;

4° Dans chaque commune, une administration composée d'un maire, d'adjoints et d'un conseil municipal.

Dans chaque département.[Ainsi l'administration offre partout les mêmes cadres.

Un préfet.] L'administration est *personnelle* ; elle n'est pas *collective*, comme elle l'était en 1791 et en l'an III.

Conseil général.] Ayant avec raison une grande influence sur les affaires du département, mais sans que, pour cela, ses membres soient des administrateurs.

Conseil de préfecture.] Ce conseil a un double caractère : 1° de conseil quand le préfet prend ses avis; 2° de tribunal quand il juge les questions contentieuses dont la connaissance lui est dévolue, sauf recours au conseil d'Etat.

Un sous-préfet.] C'est à dessein qu'on a omis les conseils d'arrondissement, dont on signalait de toutes parts l'inutilité. Ces conseils, du reste, n'offraient aucun inconvénient; ils avaient l'avantage d'utiliser quelques ambitions locales (il y en a tant!), et peut-être aussi, en mettant quelques hommes de plus en évidence, de les initier un peu à la connaissance des affaires. Je n'ai pas approuvé cette suppression.

Un conseil cantonal.] Ceci est une innovation, *l'objet des plus cheres espérances d'un certain nombre de publicistes!* On verra à l'œuvre les conseils cantonaux quand une loi aura réglé leur organisation et leurs attributions. On fera bien de ne pas les trop étendre d'abord, jusqu'à ce qu'on les ait vus fonctionner.

Un seul conseil cantonal.] Sans cela, au lieu de voir, comme on se le propose, plusieurs communes groupées sous le patronage d'un conseil cantonal, on aurait pu voir une même commune morcelée en plusieurs conseils cantonaux.

Administration] municipale. Voyez l'ouvrage de M. Henrion de Pansey sur *l'Administration municipale*, 1 vol. in-8°.

ARTICLE 78.

Une loi déterminera la composition et les attributions des conseils généraux, des conseils cantonaux, des conseils municipaux, et le mode de nomination des maires et des adjoints.

Une loi.] Lors de laquelle tous ceux qui veulent diminuer la centralisation donneront leurs motifs Quand on en sera, comme on dit, au faire et au prendre, à discuter chaque matière, on pourra mieux toucher au doigt la valeur des arguments; et l'on verra que, dans beaucoup de cas, cette centralisation, qu'il ne faut pas outrer, mais contre laquelle il ne faut pas non plus se récrier outre mesure, est souvent plus favorable que contraire à la liberté, et a fréquemment pour effet de soustraire la décision des affaires aux passions locales, à l'ignorance ou à la partialité des administrateurs inférieurs. Voyez la dissertation de M. de Cormenin, en tête de son livre intitulé : *Droit administratif*, 5e édit. 1840 ; cette dissertation renferme un brillant et solide exposé des avantages de la *centralisation administrative.*

ARTICLE 79.

Les conseils généraux et les conseils municipaux sont élus par le suffrage direct de tous les citoyens domiciliés dans le département ou dans la commune. Chaque canton élit un membre du conseil général.

Une loi spéciale règlera le mode d'élection dans le département de la Seine, dans la ville de Paris et dans les villes de plus de vingt mille âmes.

Suffrage direct.] On n'a pas répété universel, mais cela est évidemment dans l'intention de l'article.

Domiciliés.] De droit, lors même qu'il n'y aurait pas résidence de fait.

Chaque canton.] On a voulu formellement que chaque canton eût son représentant distinct dans le conseil général.

Paris.] A cause de l'immense agglomération de ses habitants qui exigera toujours des lois spéciales. Les autres grandes villes, quoique à un degré moindre, exigent aussi un règlement particulier.

ARTICLE 80.

Les conseils généraux, les conseils cantonaux et les conseils municipaux peuvent être dissous par le président de la République, de l'avis du conseil d'État. La loi fixera le délai dans lequel il sera procédé à la réélection.

Dissous.] Sans cela ils pourraient, par une résistance systématique et obstinée, entraver l'administration et arrêter la marche des affaires.

De l'avis du conseil d'État.] Cet avis est exigé comme

garantie contre l'arbitraire. Cet avis sera certainement motivé, mais les motifs devront-ils être rendus publics? L'Assemblée a refusé d'en faire une obligation. Le gouvernement examinera les cas où cette publicité serait convenable ou sujette à inconvénients.

Le délai.] Il en faut un pour empêcher l'intérim de se prolonger indéfiniment.

CHAPITRE VIII.

DU POUVOIR JUDICIAIRE.

Pouvoir judiciaire.] Le pouvoir *judiciaire* est un pouvoir distinct du pouvoir *législatif* et du pouvoir *exécutif*. Cette séparation a été prononcée en termes catégoriques par l'Assemblée constituante, lorsque, dans son décret du 1er octobre 1789, art. 19, cette illustre Assemblée a dit : « Le pouvoir judiciaire ne pourra, en aucun cas, être exercé ni par le roi (pouvoir exécutif), ni par le corps législatif. » — Ce pouvoir est exercé par des juges délégués : qu'ils soient élus par le peuple, ou nommés par le pouvoir exécutif, cela ne change rien à leur caractère. Une fois nommés et installés, ils sont *indépendants*; et c'est pour assurer leur indépendance qu'ils sont *inamovibles*. Cette séparation du pouvoir judiciaire, cette indépendance des tribunaux qui l'exercent, est marquée surtout dans la Constitution actuelle par cette disposition de l'art. 81, suivant laquelle la justice est rendue désormais, non plus au nom du chef de l'Etat, suivant les anciennes traditions monarchiques, mais directement *au nom du peuple français*. Les magistrats sont responsables, sans doute, s'ils manquent à leurs devoirs dans l'exercice de leurs saintes fonctions; mais ils ne sont responsables que *devant la loi*, dans les cas et dans les formes qu'elle a prévus. Voyez Code pénal, art. 121, 126, 127, 166, 167, 168, 177 et suiv., 183, 184 et suivants. Voyez, dans l'*Appendice*, le discours n° XIX.

ARTICLE 81.

La justice est rendue gratuitement au nom du Peuple français.

Les débats sont publics, à moins que la publicité ne soit dangereuse pour l'ordre ou les mœurs; et, dans ce cas, le tribunal le déclare par un jugement.

Gratuitement.] Cela ne veut pas dire que les juges n'auront pas de traitement, mais bien qu'ils ne pourront rien exiger ni recevoir des parties. Voyez *Code pénal*, art. 174, 177 et suivants.

Au nom du peuple français.] Sous les monarchies, on dit que toute justice *émane du roi*. Sous une république, toute justice *émane du peuple souverain.*

Sont publics.] La publicité des débats en matière criminelle est une des plus précieuses conquêtes de 1789. Cette condition d'une bonne justice est une puissante garantie au profit des accusés : elle a été stipulée et maintenue dans toutes nos Constitutions. Celle-ci ne fait que continuer la même tradition.

A moins que.] Cette exception a toujours été placée à côté du principe.

ARTICLE 82.

Le jury continuera d'être appliqué en matière criminelle.

En matière criminelle.] Mais non en matière correctionnelle, encore moins en matière civile. Les amendements qui avaient textuellement pour objet ces extensions du jury ont été rejetés. Cela ne veut pas dire que l'on ne pourra pas, pour telle ou telle matière spéciale, en renvoyer la connaissance au jury : la cour d'assises s'enrichira de ces nouvelles attributions, qui seront sans doute très-limitées. Mais cela ne fera pas que le jury descende en police correctionnelle, ni qu'il s'étende inconsidérément dans les tribunaux civils. Voyez, dans l'*Appendice,* discours nº XV.

ARTICLE 83.

La connaissance de tous les délits politiques et de tous les délits commis par la voie de la presse appartient exclusivement au jury.

Les lois organiques détermineront la compétence en matière de délits d'injures et de diffamation contre les particuliers.

De tous les délits politiques.] Ce point était déjà décidé par la loi du 8 octobre 1830.

De tous les délits de la presse.] A l'exception de la *diffamation privée :* pour ces délits, la compétence actuelle des tribunaux correctionnels est maintenue, et ne pourrait être modifiée que par une loi spéciale. Voyez le paragraphe final de l'art. 83.

ARTICLE 84.

Le jury statue seul sur les dommages-intérêts réclamés pour faits ou délits de presse.

Dommages-intérêts.] Comme conséquence du délit, et ne pouvant être bien appréciés que par les juges mêmes du délit, appréciateurs naturels du fait et de l'intention.

ARTICLE 85.

Les juges de paix et leurs suppléants, les juges de première instance et d'appel, les membres de la Cour de cassation et de la Cour des comptes, sont nommés par le président de la République, d'après un ordre de candidature ou d'après des conditions qui seront réglés par les lois organiques.

Les juges de paix.] On voulait d'abord les faire élire par leurs justiciables; mais de justes réclamations se sont élevées de toutes parts contre ce mode de nomination, qui eût tenu les juges sous la dépendance de leurs *justiciables électeurs*.

Cour de cassation.] On proposait de faire élire les membres de cette Cour par l'Assemblée nationale. Je m'y suis vivement opposé. Voyez, dans l'*Appendice*, le discours n° XVI.

Cour des comptes.] Voyez, au sujet de cette Cour et sur cette question, dans l'*Appendice*, discours n° XVII.

Candidature ou conditions.] C'est une loi à faire. En attendant, les anciennes règles continuent de subsister.

ARTICLE 86.

Les magistrats du ministère public sont nommés par le président de la République.

Les magistrats du ministère public.] On voulait que le choix de ces magistrats fût assujetti à un ordre de candidature, comme celui des juges. Il a été répondu que, ces magistrats exerçant l'*action publique* au nom du pouvoir exécutif, chargé par la Constitution (art. 49) du soin de surveiller et d'assurer l'exécution des lois, il fallait que le gouvernement restât plus libre dans le choix de ces fonctionnaires. Cela n'empêche pas du reste que leur aptitude ne doive être garantie comme elle l'est déjà par les lois, qui ont fixé l'âge, le grade attestant les études en droit, le stage, etc. Voyez, dans l'*Appendice*, discours n° XVIII.

ARTICLE 87.

Les juges de première instance et d'appel, les membres de la Cour de cassation et de la Cour des comptes, sont nommés à vie.

Ils ne peuvent être révoqués ou suspendus que par un jugement, ni mis à la retraite que pour les causes et dans les formes déterminées par les lois.

Les juges de première instance et d'appel.] On voulait aussi l'inamovibilité pour les juges de paix. Mais on en a bien vite reconnu les inconvénients :

1° Juge seul. Quid, si corruptible? Voilà tout un canton voué à l'iniquité pendant toute la vie de ce juge.

2° Quid, si ignorant? Fréquence des mal jugés, tant et si longuement que le juge vivra.

3° Et s'il est brutal? Que devient la conciliation?

Et puis, les juges de paix ne sont-ils pas :

1° Officiers de police judiciaire, auxiliaires dont le concours est souvent nécessaire et toujours utile, délégataires de la poursuite, au moins dans les premiers temps, dans les cas de flagrants délits, où les premiers actes d'instruction sont les plus essentiels ;

2° Chargés de fonctions politiques : présidents des colléges électoraux ; bientôt peut-être présidents des conseils cantonaux.

C'est une magistrature *mixte*.

ARTICLE 88.

Les conseils de guerre et de révision des armées de terre et de mer, les tribunaux maritimes, les tribunaux de commerce, les prud'hommes et autres tribunaux spéciaux, conservent leur organisation et leurs attributions actuelles jusqu'à ce qu'il y ait été dérogé par une loi.

Les conseils de guerre.] Tribunaux *permanents*, juridiction *ordinaire* de l'armée, institués par la loi du 13 brumaire an v. Ils n'ont rien de commun avec les anciennes *commissions militaires*. Voyez la note sous l'article 4.

ARTICLE 89.

Les conflits d'attribution entre l'autorité administrative et l'autorité judiciaire seront réglés par un tribunal spécial de membres de la Cour de cassation et de conseillers d'Etat, désignés tous les trois ans en nombre égal par leur corps respectif.

Ce tribunal sera présidé par le ministre de la justice.

Les conflits d'attribution.] M. Dahirel voulait qu'on supprimât la juridiction administrative : alors plus de conflits ! Parlant au nom de la commission de constitution, je lui ai répondu qu'il était sans doute désirable qu'il n'y eût pas de conflits, mais que cela était inévitable ; quand il y en a, il faut donc un moyen de les faire cesser. Voyez, dans l'*Appendice*, disc. n° XX.

Tribunal spécial.] C'est une nouvelle création.

Désignés.] Probablement au scrutin secret, comme dans l'article 92.

Par le ministre de la justice.] On a essayé, mais en vain, de contester la convenance de cette présidence. Voyez, dans l'*Appendice*, discours n° XXI.

ARTICLE 90.

Les recours pour incompétence et excès de pouvoirs contre les arrêts de la Cour des comptes seront portés devant la juridiction des conflits.

Les recours.] Ces recours étaient portés auparavant devant le conseil d'État, suivant l'article 17 de la loi du 16 septembre 1807.

ARTICLE 91.

Une haute Cour de justice juge, sans appel ni recours en cassation, les accusations portées par l'Assemblée nationale contre le président de la République ou les ministres.

Elle juge également toutes personnes prévenues de crimes, attentats ou complots contre la sûreté intérieure ou extérieure de l'Etat, que l'Assemblée nationale aura renvoyées devant elle.

Sauf le cas prévu par l'article 68, elle ne peut être saisie qu'en vertu d'un décret de l'Assemblée nationale, qui désigne la ville où la Cour tiendra ses séances.

Une haute Cour.] La première haute Cour a été instituée par la Constitution de 1791, titre III, article 23; maintenue sous les Constitutions de l'an III, article 63, et de l'an VIII, art. 73; remplacée par la Cour des pairs dans la Charte de 1814, article 33, et dans la Charte de 1830, article 28.

Sans appel.] C'est une Cour souveraine.

Ni recours en cassation.] Il eût peut-être été bon de le réserver, en exigeant qu'il fût porté devant toutes les *chambres réunies* de la Cour de cassation.

Les accusations.] Ces accusations sont limitées par trois conditions : 1° la qualité des accusés; 2° la qualité de l'accusateur; 3° la nature des délits,

Qu'en vertu d'un décret.] Ainsi la haute Cour ne peut pas se saisir elle-même, sauf le cas de l'article 68.

Désigne la ville]. La haute Cour n'a pas de territoire ni de résidence fixe.

Nota. La haute Cour établie par la Constitution est compétente pour juger même les crimes commis avant la promulgation de la Constitution. Voyez, dans l'*Appendice*, discours n° XXII.

ARTICLE 92.

La haute Cour est composée de cinq juges et de trente-six jurés.

Chaque année, dans les quinze premiers jours du mois de novembre, la Cour de cassation nomme, parmi ses membres, au scrutin secret et à la majorité absolue, les juges de la haute Cour, au nombre de cinq, et deux suppléants. Les cinq juges appelés à siéger feront choix de leur président.

Les magistrats remplissant les fonctions du ministère public seront désignés par le président de la République, et, en cas d'accusation du président ou des ministres, par l'Assemblée nationale.

Les jurés, au nombre de trente-six, et quatre jurés suppléants, sont pris parmi les membres des conseils généraux des départements.

Les représentants du peuple n'en peuvent faire partie.

Nommés au scrutin.] On voulait qu'ils fussent désignés par le sort : on ne réfléchissait pas que le sort est aveugle, et qu'ici un choix éclairé était nécessaire. Voyez, dans l'*Appendice*, discours n° XXI, et, à la suite de ce numéro, le procès-verbal de la première désignation faite par la Cour en exécution de cet article.

Ministère public.] Il n'y a d'exception que dans le cas de l'article 68.

Conseils généraux.] Pour avoir un choix d'hommes plus éclairés, dans une situation plus indépendante.

Les représentants.] Ils sont accusateurs, article 91 : Ils ne peuvent être juges. Il ne faut pas qu'un avocat puisse dire aux membres de la haute Cour : « Je cherche ici des juges, et je ne vois que des accusateurs. »

ARTICLE 93.

Lorsqu'un décret de l'Assemblée nationale a ordonné la formation de la haute Cour de justice, et, dans le cas prévu par l'article 68, sur la réquisition du président ou de l'un des juges, le président de la Cour d'appel, et, à défaut de Cour d'appel, le président du tribunal de première instance du chef-lieu judiciaire du département, tire au sort, en audience publique, le nom d'un membre du conseil général.

Tire au sort] A l'imitation de ce qui se pratique pour le jury ordinaire. Code d'instr., art 399.

En audience publique.] Pour plus de garantie. Voyez Code d'instruction criminelle, art. 388 et 393.

ARTICLE 94.

Au jour indiqué pour le jugement, s'il y a moins de soixante jurés présents, ce nombre sera complété par des jurés supplémentaires tirés au sort, par le président de la haute Cour, parmi les membres du conseil général du département où siégera la Cour.

Jurés supplémentaires.] Voyez Code d'instruction criminelle, art. 393.

ARTICLE 95.

Les jurés qui n'auront pas produit d'excuse valable seront condamnés à une amende de mille à dix mille francs, et à la privation des droits politiques pendant cinq ans au plus.

Condamnés.] Les peines sont ici plus sévères : 1° parce que les jurés sont moins nombreux; 2° parce qu'ils sont plus riches ; 3° parce que c'est une haute mission spéciale pour laquelle la loi a droit de leur dire : *Et si n'y faites faute.*

ARTICLE 96.

L'accusé et le ministère public exercent le droit de récusation comme en matière ordinaire.

Comme en matière ordinaire.] Tout est dans ces derniers mots : On a voulu d'ailleurs transporter devant la haute Cour toutes les garanties que le *droit commun* accorde aux accusés en *matière ordinaire.* Voyez, dans l'*Appendice*, discours n° XXIII.

ARTICLE 97.

La déclaration du jury portant que l'accusé est coupable ne peut être rendue qu'à la majorité des deux tiers des voix.

Deux tiers des voix.] Cette majorité est aussi exigée en matière ordinaire. Loi du..... juillet 1848.

ARTICLE 98.

Dans tous les cas de responsabilité des ministres, l'Assemblée nationale peut, selon les circonstances, renvoyer le ministre inculpé, soit devant la haute Cour de justice, soit devant les tribunaux ordinaires, pour les réparations civiles.

Pour les réparations civiles.] C'est la première fois que la législation constitutionnelle ouvre nettement une action civile contre les fonctionnaires qui par fraude ou par faute auront porté un préjudice à l'État. — Bien entendu que la même action, et dans les mêmes formes, peut être aussi donnée aux particuliers.

ARTICLE 99.

L'Assemblée nationale et le président de la République peuvent, dans tous les cas, déférer l'examen des actes de tout fonctionnaire, autre que le président de

la République, au conseil d'Etat, dont le rapport est rendu public.

Déférer l'examen des actes.] Ici tout est avantage, et il n'en peut résulter que de bons effets. Tout se borne à un *examen* et à un *rapport*. Il n'en était pas de même du *tribunal administratif* de *censure* érigé au sein du conseil d'État par les articles... du *projet*. Cette innovation ouvrait une forme *d'ostracisme* très-périlleuse pour les hommes publics. Aussi ces articles, combattus déjà au sein de la Commission par une forte minorité, ont été rejetés par l'Assemblée. Voyez, dans l'*Appendice*, nº XXIV.

ARTICLE 100.

Le président de la République n'est justiciable que de la haute Cour de justice.

Il ne peut, à l'exception du cas prévu par l'article 68, être poursuivi que sur l'accusation portée par l'Assemblée nationale, et pour crimes et délits qui seront déterminés par la loi.

Justiciable.] Il est de l'essence de la royauté que le roi soit *inviolable*. Il est de l'essence de la république que son premier magistrat soit *responsable*. La sanction de cette responsabilité est dans l'*accusation* dont il peut être l'objet. Sa *garantie* est : 1° de ne pouvoir être accusé que par l'Assemblée nationale ; 2° d'être traduit devant le tribunal le plus élevé ; 3° de ne l'être que pour certains crimes et délits. La Constitution renvoie à une loi la désignation de ces crimes et du mode de procéder.

CHAPITRE IX.

DE LA FORCE PUBLIQUE.

Force publique.] On appelle *force publique* « la réunion de toutes les forces individuelles, organisées par la Constitution, pour maintenir les droits de tous, et assurer l'exécution de la volonté générale. » (Loi du 15 juin 1791, titre VIII, article 1er.) Voyez, dans *le Code pénal* de 1810, les dispositions concernant l'emploi illégal de la *force armée*, articles 91 et suivants, 188 et suivants; et celles relatives aux outrages et violences contre les officiers ou agents dépositaires de la *force publique*, articles 224 et suivants.

ARTICLE 101.

La force publique est instituée pour défendre l'État contre les ennemis du dehors, et pour assurer au dedans le maintien de l'ordre et l'exécution des lois.

Elle se compose de la garde nationale et de l'armée de terre et de mer.

Contre les ennemis.] C'est la guerre.

Le maintien de l'ordre.] C'est la police de l'État. Voyez l'article 1er de la loi du 22 mars 1831.

L'exécution des lois.] Et des mandements de justice.

Garde nationale.] Composée de tous les citoyens, art. 2 de la loi du 22 mars 1831.

Et de l'armée.] Composée des contingents annuels et des enrôlements volontaires.

ARTICLE 102.

Tout Français, sauf les exceptions fixées par la loi, doit le service militaire et celui de la garde nationale.

La faculté pour chaque citoyen de se libérer du service militaire personnel sera réglée par la loi du recrutement.

Tout Français.] C'est la règle, c'est le devoir du citoyen. Voyez *Préambule*, VII.

Exceptions.] Voyez loi du recrutement du 21 mars 1832. Il y a d'abord les *incapacités*, résultant du défaut de taille, d'une mauvaise conformation, ou d'une constitution reconnue trop faible pour soutenir les fatigues du service militaire. Il y a aussi certaines *exemptions*, par exemple, les fils de femmes veuves, etc. Il y a enfin la *faculté* ouverte par le paragraphe suivant.

La faculté.] Ceci est l'équivalent du *remplacement*, que le gouvernement voulait interdire, et que la Constitution a voulu *maintenir*, en le dégageant des abus reconnus par tout le monde, et auxquels la loi du recrutement pourvoira. Voyez mon discours en faveur du remplacement, *Appendice* nº XXV. Il faut voir aussi le discours si remarquable prononcé a ce sujet par M. Thiers dans la discussion de cette question, à la séance du 21 octobre 1848.

ARTICLE 103.

L'organisation de la garde nationale et la constitution de l'armée seront réglées par la loi.

Constitution de l'armée.] Cela comprend évidemment la loi sur l'*état des officiers* en date du 19 mai 1834. En attendant une nouvelle loi sur l'organisation de la garde nationale, celle du 22 mars 1831 reste en vigueur.

ARTICLE 104.

La force publique est essentiellement obéissante.

Nul corps armé ne peut délibérer.

Essentiellement obéissante.] Ce principe fondamental, et sans lequel il n'y a pas de discipline militaire, a été proclamé par la Constitution de 1791, et n'a pas cessé depuis d'être une des maximes de notre droit public. Voyez la fin de la note sur l'article 110.

Délibère.] En fait d'obéissance, *Qui deliberant desciverunt.*

ARTICLE 105.

La force publique, employée pour maintenir l'ordre à l'intérieur, n'agit que sur la réquisition des autorités constituées, suivant les règles déterminées par le pouvoir législatif.

Réquisition des autorités.] C'est la force à l'appui du droit, dans les plus nobles conditions de son exercice. De là ces formules: *Force à la loi*, — *Force à justice*, — *Obéissance à la loi*. (Code pénal du 25 septembre 1791, article 2, titre I, sect. 4, article 1).

Par le pouvoir législatif.] Par la loi, celle qui existe ou celle qui existera.

ARTICLE 106.

Une loi déterminera les cas dans lesquels l'état de siége pourra être déclaré, et réglera les formes et les effets de cette mesure.

L'état de siége.] Quant à présent, l'état de siége est réglé par les lois du 8 juillet 1791, art. 10; du 10 fructidor an V, art. 2; et le décret du 24 décembre 1811, art. 53, 101 et 103. — Voyez, au tome IX de mes *Réquisitoires*, pages 103 et suivantes, le réquisitoire et l'arrêt du 12 octobre 1848, sur la compétence des conseils de guerre en exécution des décrets des 24 et 27 juin précédents.

Et règlera les formes et les effets] Chaque loi d'état de siége devra être appropriée aux *circonstances* qui l'auront rendue nécessaire : 1° soit l'état de guerre contre une armée étrangère; 2° soit une révolte dans quelque commune de la République ; 3° soit des troubles dans le lieu où siége le gouvernement; 4° et selon encore que ces révoltes ont un caractère politique ou une cause ordinaire; par exemple, la circulation des grains ou toute autre cause locale de rébellion. — L'état de siége décrété le 24 juin 1848, quoiqu'il ne fût pas une dictature absolue, puisque l'Assemblée nationale conservait tous ses pouvoirs, s'est étendu de fait, non-seulement au droit de vaincre l'insurrection à main armée, mais au droit de fermer les clubs et de supprimer quelques journaux. Ce décret, renforcé par celui du 27 juin, a consacré la juridiction des conseils de guerre et leur compétence pour juger les *auteurs* et *fauteurs* de l'insurrection du 23 juin, et le droit de prononcer la transportation, par mesure de sûreté publique, contre les prisonniers qui seraient reconnus avoir *pris part* à cette insurrection. Lorsqu'on a voulu, plus tard et à diverses reprises, critiquer quelqu'une des mesures prises en exécution de ces décrets, l'Assemblée y a constamment répondu en passant purement et simplement à l'ordre du jour. A l'avenir, toute loi qui établira l'état de siége devra en régler les formes et les effets, c'est-à-dire l'étendue des pouvoirs exceptionnels qui seront ainsi conférés. A Rome, où la *dictature*, lorsqu'il était nécessaire de l'établir, comportait des pouvoirs beaucoup plus étendus que ceux qui résultent parmi nous de la simple mise en état de siége, il y avait cela de singulier, qu'il n'était point permis au dictateur de monter à cheval, soit en ville, soit même à l'armée, à moins qu'il n'y eût été autorisé par un plébiscite. *Latoque, ut solet, ad populum, ut equum ascendere liceret,* dit *Tite-Live*, livre XXXIII, chap. XIV, sans, du reste, en donner le motif.

ARTICLE 107.

Aucune troupe étrangère ne peut être introduite sur le territoire français sans le consentement préalable de l'Assemblée nationale.

Aucune troupe étrangère.] Ni aucun drapeau étranger.

Sans le consentement.] Par exemple, s'il s'agit de laisser entrer un corps de troupes alliées.

Préalable.] Toute la force de l'article est dans ce mot. —La *légion étrangère* actuellement au service de la France n'a jamais été employée qu'*en Algérie*.

CHAPITRE X.

DISPOSITIONS PARTICULIÈRES.

ARTICLE 108.

La Légion-d'Honneur est maintenue; ses statuts seront révisés et mis en harmonie avec la Constitution.

La Légion-d'Honneur.] Noblement vengée d'imprudentes attaques par les acclamations de l'Assemblée nationale.

Maintenue.] Ce n'est pas une nouvelle création.

Mis en harmonie.] Un arrêté du chef du pouvoir exécutif a substitué à l'effigie de *Henri IV, roi*, celle de *Bonaparte, premier consul*, fondateur de l'Ordre.

ARTICLE 109.

Le territoire de l'Algérie et des colonies est déclaré territoire français, et sera régi par des lois particulières jusqu'à ce qu'une loi spéciale les place sous le régime de la présente Constitution.

Jusqu'à ce qu'une loi spéciale.] MM. Didier, de Rancé, etc., avaient demandé, par amendement, que l'Algérie fût immédiatement placée sous le régime constitutionnel de la France, sauf à y faire des *exceptions*. Cet amendement a été combattu au nom de la commission, et repoussé par l'Assemblée. Voyez, dans l'*Appendice*, le discours nº XXVI.

ARTICLE 110.

L'Assemblée nationale confie le dépôt de la présente Constitution, et des droits qu'elle consacre, à la garde et au patriotisme de tous les Français.

De tous les Français.] L'article 66 de la Charte de 1830 disait : «.... Au patriotisme et au courage des gardes nationales et de tous les citoyens français. » Et l'article 1er de la loi du 22 mars 1832 définit la mission de la garde nationale en ces termes : « La garde nationale est instituée pour défendre la monarchie constitutionnelle, la Charte et les droits qu'elle a consacrés ; pour maintenir l'obéissance aux lois, conserver ou rétablir l'ordre et la paix publique, seconder l'armée de ligne dans la défense des frontières et des côtes, assurer l'indépendance de la France et l'intégrité de son territoire. — Toute délibération prise par la garde nationale sur les affaires de l'État, du département et de la commune, est une atteinte à la liberté publique, et un délit contre la chose publique et la Constitution. » — Voyez ci-dessus, article 104.

CHAPITRE XI.

DE LA RÉVISION DE LA CONSTITUTION.

Révision.] Rien de ce que fait l'homme n'est parfait ni perpétuel. Dieu seul a pu dicter des lois *immuables.* — Personne n'est plus convaincu de la possibilité d'améliorer la Constitution que ceux qui l'ont faite.

ARTICLE 111.

Lorsque, dans la dernière année d'une législature, l'Assemblée nationale aura émis le vœu que la Constitution soit modifiée en tout ou en partie, il sera procédé à cette révision de la manière suivante :

Le vœu exprimé par l'Assemblée ne sera converti en résolution définitive qu'après trois délibérations consécutives, prises chacune à un mois d'intervalle et aux trois quarts des suffrages exprimés. Le nombre des votants devra être de cinq cents au moins.

L'Assemblée de révision ne sera nommée que pour trois mois.

Elle ne devra s'occuper que de la révision pour laquelle elle aura été convoquée.

Néanmoins, elle pourra, en cas d'urgence, pourvoir aux nécessités législatives.

Dans la dernière année.] Afin que l'Assemblée qui sera élue l'année d'après procède immédiatement à la révision.

Trois délibérations.] Pour que ce soit un vœu persévérant.

Un mois d'intervalle.] Pour appeler les réflexions. Cette manière pacifique de réformer la Constitution vaut mieux que la *Balia* de Florence, sorte de dictature déférée par l'effervescence populaire à un seul ou à plusieurs pour réformer le gouvernement. (*Machiavel*, *Histoire de Florence*, livre III.)

Aux trois quarts.] Un amendement proposait d'exiger les deux tiers. Voyez en quels termes il a été combattu, dans l'*Appendice*, discours nº XXXIII.

Cinq cents au moins.] Ainsi, il faudra au moins les trois quarts des 500, c'est-à-dire 376 voix pour la révision.

Que pour trois mois.] Afin que l'état de crise inséparable d'une révision du pacte fondamental ne se prolonge pas.

Que de la révision pour laquelle.] Son mandat sera fixé par la législature qui aura émis le vœu de la révision et qui en aura indiqué l'objet.

En cas d'urgence.] Comme il n'y a pas d'autre Assemblée législative, il faut bien que celle-là expédie les affaires.

Question. Une Assemblée pourrait-elle, au lieu de proposer quelques articles à la révision d'une autre Assemblée, proposer directement cette révision à la sanction du peuple souverain (article 1er de la Constitution); — du peuple, de qui tous les pouvoirs émanent (art. 18), et dont l'Assemblée nationale elle-même n'est qu'une délégation (article 20)? — Si cela arrivait, qui pourrait s'en plaindre, puisque le peuple entier serait appelé à prononcer dans les comices du suffrage universel? (Art. 24.)

CHAPITRE XII.

DISPOSITIONS TRANSITOIRES.

ARTICLE 112.

Les dispositions des codes, lois et règlements existants, qui ne sont pas contraires à la présente Constitution, restent en vigueur jusqu'à ce qu'il y soit légalement dérogé.

Lois et règlements.] M. Stourm a demandé ce qui arriverait des dispositions comprises dans les précédentes constitutions, et non rappelées dans celle-ci; s'il faudrait les considérer toutes comme abrogées, ou s'il y avait quelques articles qu'on pût encore considérer *comme lois?* On lui a répondu affirmativement, dans ce dernier sens. Voyez dans l'*Appendice*, discours nº XXIX.

ARTICLE 113.

Toutes les autorités constituées par les lois actuelles demeurent en exercice jusqu'à la promulgation des lois organiques qui les concernent.

Demeurent en exercice.] Cet article a pour objet d'empêcher qu'il y ait aucune lacune dans les services publics.

ARTICLE 114.

La loi d'organisation judiciaire déterminera le mode spécial de nominations pour la première composition des nouveaux tribunaux.

Organisation judiciaire.] J'avais demandé la suppression de cet article. Dans mon opinion, il eût été plus généreux et certainement plus sage de faire comme en 1830, de confirmer toute la magistrature et de ne point ébranler cette partie de l'édifice social. Mais l'Assemblée nationale n'était pas d'avis de ce tempérament. Il y aura *Institution nouvelle.* Seulement il est à désirer, et il faut attendre de la sagesse de l'Assemblée, qu'elle ne se prêtera pas légèrement à d'imprudentes innovations qui n'auraient en réalité pour effet que d'altérer l'institution judiciaire : et que, pour le personnel, le Gouvernement voudra respecter le principe, devenu encore une fois constitutionnel, de l'inamovibilité des juges, en conservant sur leurs siéges les magistrats en exercice, se reposant sur leur loyauté et leur expérience du soin de continuer le grand œuvre de la justice, qu'ils n'ont pas cessé d'accomplir au profit de la société dans les plus mauvais jours que nous venons de traverser.

ARTICLE 115.

Après le vote de la Constitution, il sera procédé, par l'Assemblée nationale constituante, à la rédaction des lois organiques dont l'énumération sera déterminée par une loi spéciale.

Des lois organiques.] Après avoir voté la Constitution, l'Assemblée nationale a pensé qu'elle n'avait pas encore consommé sa mission; et cette réserve, insérée dans la Constitution même, consacre ses droits et maintient son pouvoir. Mais ce même article laisse en dehors le *nombre* et le *titre* des lois que l'Assemblée s'est ainsi réservé de voter. Et le renvoi à un décret spécial, dans la pensée de la commission de Constitution, a eu précisément pour objet, très-nettement exprimé dans son sein, *de faire dépendre des circonstances l'exécution plus ou moins étendue que cet article pourrait recevoir*.

Loi spéciale.] Cette loi, portée le 15 décembre 1848, a indiqué *dix lois organiques*, dont la confection, la discussion et le vote exigeraient certainement plus d'une année de travail calme et réfléchi! (Voyez *Appendice*, nº XL.) Mais il est évident qu'en traçant ce programme, l'Assemblée s'est taillé plus de besogne qu'elle n'en pourra faire. Après avoir voté *la loi électorale*, qui sera son véritable testament, et peut-être encore une ou deux lois des plus urgentes, elle devra se séparer. Elle n'est pas enchaînée par sa propre loi (celle qu'on vient de citer), car elle reste toujours maîtresse de la modifier; et c'est le cas de rappeler l'adage que *nemo potest sibi dicere legem a quâ discedere non possit.*

ARTICLE 116.

Il sera procédé à la première élection du président de la République conformément à la loi spéciale rendue par l'Assemblée nationale le 28 octobre 1848.

A la première élection.] Cette élection a eu lieu les 10 et 11 décembre 1848. Elle a donné le résultat suivant, constaté par le rapport de M. Waldeck-Rousseau dans la séance du 20 décembre :

Suffrages exprimés.	7,426,252
Louis-Napoléon Bonaparte en a obtenu.	5,534,520 *.
Le général Cavaignac.	1,448,302
Ledru-Rollin.	371,431
Raspail.	36,964
Lamartine.	17,914
Changarnier.	4,687
Voix perdues.	12,434
Bulletins blancs ou inconstitutionnels. .	23,219

En conséquence, Louis-Napoléon Bonaparte a été proclamé *Président de la République.* (Voyez le procès-verbal de la séance d'installation dans l'*Appendice.*)

* Ce chiffre énorme de suffrages mérite, en tenant compte toutefois de l'accroissement de la population, d'être rapproché de ceux qui ont été obtenus par *Napoléon* dans les trois grandes circonstances où *le peuple* a été consulté à son égard :

Vote sur le Consulat. (An VIII.)

Votants	3,012,569
Acceptants.	3,011,007
Refusants	1,562

Consulat à vie. (An IX.)

Votants.	3,577,259
Acceptants.	3,568,888
Refusants.	8,374

Empire héréditaire. (1804.)

Votants.	3,524,244
Acceptants.	3,521,675
Refusants	2,579

Napoléon s'est toujours enorgueilli de ces suffrages; et c'est en s'appuyant sur ce souvenir qu'il a prononcé les paroles recueillies en 1814 par Benjamin Constant, qui les rapporte : « Je ne suis pas seulement l'empereur des soldats, je suis l'empereur des paysans, des plébéiens, de la France..... Aussi, malgré le passé, voyez le peuple revenir à moi ! Ce n'est pas comme avec les privilégiés : la noblesse m'a servi; elle s'est lancée en foule dans mes antichambres; il n'y a pas de places qu'elle n'ait acceptées, demandées, sollicitées. J'ai eu des Montmorency, des Noailles, des Rohan, des Beauveau, des Mortemart. Mais il n'y a jamais eu analogie; le cheval faisait des courbettes; il était bien dressé; mais je le sentais frémir. Avec le peuple, c'est autre chose : *la fibre populaire répond à la mienne.* Je suis sorti des rangs du peuple; ma voix agit sur lui. Voyez ces conscrits, ces fils de paysans; je ne les flattais pas, je les traitais durement; ils ne m'entouraient pas moins, ils n'en criaient pas moins : *Vive l'Empereur!* C'est qu'entre eux et moi il y a même nature : ils me regardent comme *leur soutien.*

Loi spéciale.... du 28 *octobre.*] L'article 6 de ce décret est ainsi conçu : « Aussitôt après qu'il aura été proclamé par l'Assemblée nationale, le président de la République exercera les pouvoirs qui lui sont conférés par la Constitution, à l'exception toutefois des droits qui lui sont attribués par les articles 55, 56, 57 et 58, le droit de promulgation étant réservé au président de l'Assemblée nationale. — L'Assemblée nationale constituante conservera, jusqu'à l'installation de la prochaine Assemblée législative, tous les pouvoirs dont elle est saisie aujourd'hui, sauf le pouvoir exécutif, confié au président, qu'elle ne pourrait en aucun cas révoquer. — La durée des fonctions du président de la République sera, pour cette fois seulement, diminuée du nombre de mois nécessaire pour que l'élection subséquente ait lieu le deuxième dimanche de mai. »

APPENDICE.

SECTION PREMIÈRE

CONTENANT LES DISCOURS PRONONCÉS PAR M. DUPIN DANS LA DISCUSSION DE LA CONSTITUTION AU NOM DE LA COMMISSION, — ET LES DEUX DISCOURS SUR LA QUESTION DU DROIT AU TRAVAIL, PRONONCÉS PAR M. DUFAURE ET M. MARIUS ANDRÉ.

I.

SÉANCE DU 7 SEPTEMBRE 1848.

Réponse à M. le marquis de Larochejaquelein, qui avait demandé ce qu'on entendait par le mot démocratique *dans l'art. 2 du préambule de la Constitution.*

M. Dupin. S'il y a un mot qui depuis longtemps n'ait pas besoin de définition en France, c'est le mot *démocratie;* et, s'il pouvait être entendu de deux façons ailleurs, il n'est pas entendu de deux façons ni dans cette enceinte, ni dans la Constitution. (Approbation.)

Nous avons connu la monarchie, nous avons la République; nous avons connu l'aristocratie qui, pendant plusieurs siècles, avait pesé sur la nation (très-bien! très-bien!), qui l'a renversée par la révolution de 1789, qui lui a fait comprendre, ou du moins qui a essayé de lui faire comprendre, ce que c'était que la démocratie. (Très-bien! très-bien!)

Dans le moment de la lutte, la démocratie s'appelait le *tiers-état;* mais un de ces hommes qu'on accusait naguère de n'avoir pas la science du gouvernement[1], et qui en avait du moins l'instinct, expliqua que le *tiers-état* c'était la *nation*. De ce moment-là, le peuple français fut constitué; il n'y eut plus d'aristocratie, plus de privilégiés; ils eurent seulement le droit de se faire et de rester citoyens à la même condition que les autres.

Eh bien, ce droit a été proclamé de nouveau; il y a un

[1] Ce reproche avait été adressé à Syeyès par le citoyen Pierre Leroux.

gouvernement démocratique, c'est-à-dire qu'il n'y a plus dans ce gouvernement ni aristocratie ni privilége. Ce n'est plus un gouvernement où la noblesse aurait, ou par des titres ou par des prérogatives quelconques, un ascendant, une prééminence sur les autres citoyens; c'est le gouvernement du droit commun ; et enfin, ce qui interprète suffisamment, et sans autre commentaire, le sens du mot démocratique dans la Constitution de la République, c'est le suffrage direct et universel. (Vif mouvement d'approbation.)

II.

SÉANCE DU 7 SEPTEMBRE 1848.

Lois primitives et lois secondaires. — Réponse à ceux qui repoussaient l'article comme inutile et même comme dangereux. **(Préambule de la Constitution.)**

M. Dupin. Le principe qu'il y a des droits et des devoirs antérieurs aux lois positives est un des plus moraux et des plus dignes d'être proclamés par le législateur humain; c'est surtout au moment où il fait acte de sa plus grande puissance qu'il lui convient de sentir cependant quelque chose de son infirmité, de reconnaître et de proclamer qu'il y a un droit supérieur et antérieur aux lois qu'il est appelé à faire. (Très-bien!)

Oui, il est bon que le législateur ne s'infatue pas de son pouvoir au point de croire qu'il a le droit de tout faire et de tout défaire (très-bien! très-bien!); car, en faisant tout, il pourrait faire un mal extrême, et, en défaisant tout, il pourrait enlever des biens qui appartiennent à l'humanité et qui lui ont été concédés par son auteur. (Vive approbation.)

Il n'y a pas de pays, il n'y a pas de jurisconsultes, ni de magistrats, ni d'hommes d'Etat, qui n'aient reconnu en tout temps et en tous lieux qu'il y a deux sortes de lois, de principes : les premiers, qui tiennent à l'essence même de l'humanité, dont l'origine est divine, qui sont inscrits dans la conscience, non pas d'une assemblée, non pas d'un peuple, mais de tous les peuples de la terre. (Approbation.) C'est ce droit qui est le lien de la fraternité entre tous les peuples. (Nouvelle approbation.)

C'est ce qui faisait dire à l'orateur romain : « Il y a une

loi qui n'est pas écrite, mais qui est née en nous: *Est non scripta, sed nata lex;* » et il ajoutait : « Elle n'est pas autre à Athènes, elle n'est pas autre à Rome, elle est la même partout. » Ce sont ces principes généraux que le Créateur a gravés dans le cœur de tous les hommes, et que chacun trouve dans sa conscience en l'interrogeant; ce sont ces principes généraux qui sont la règle de toutes les législations. Il faut que le législateur les ait sans cesse sous les yeux, pour ne pas les violer; et si, par malheur, il les viole ou les altère, il faut, tout en obéissant aux lois qu'il a faites, qu'il y ait lieu à réclamation, et qu'on puisse lui dire plus tard : Vous avez violé le droit, il faut y revenir. (Très-bien! — Aux voix! aux voix!)

Les mêmes principes avaient déjà été proclamés par M. Dupin dans son discours du 28 février 1837 sur *la loi de disjonction*, rapporté au tome IX des *Réquisit.*, p. 233.

« . . . . . On parle d'affermir l'ordre social par le seul empire des lois! Il s'agit de savoir par quelles lois? Sera-ce par le projet actuel, ou par la loi dont j'ai parlé, loi qui a été respectée dans tous les siècles, qui a résisté à toutes les époques, même les plus mauvaises, et qui a été même une force pour elles?

» En législation, il ne faut pas changer légèrement les choses utiles, à plus forte raison ne doit-on pas changer les choses nécessaires. Eh quoi! messieurs, je ne crains pas de le dire à vous, à moi-même : nous sommes législateurs, est-ce à dire pour cela que nous avons *le droit de tout faire?* Et si on avait l'audace de le dire et de l'affirmer, serait-ce une raison pour nous de le croire? Dieu lui-même, malgré sa toute-puissance, ne pourrait pas faire qu'un triangle n'eût pas trois côtés, parce que Dieu lui-même ayant donné des lois à l'Univers, ne peut pas les changer. (Mouvement.) Il a donné sa charte à l'univers, il ne peut pas la changer, il se l'est interdit, *et sibi constat*. Eh bien! il y a pour les législateurs humains des choses qui ne peuvent pas changer non plus, des choses qui ne sont pas leur ouvrage. Est-ce que vous pouvez changer les lois de la morale? Est-ce que vous pouvez changer ce qui est dans la nature, dans l'essence des choses? L'indivisibilité de la procédure est de ce nombre. Si vous le tentiez, vos efforts seraient impuissants : car vous seriez arrêtés à chaque instant dans l'exécution, comme on le verra. (Sensation.)..... »

III.

Lettre sur la formule : Chacun chez soi, chacun son droit, *appliquée à l'intervention étrangère.* (Préambule, art. V.)

Paris, ce 22 mars 1848.

MONSIEUR LE RÉDACTEUR,

Hier encore le journal *la Réforme* me signalait comme « auteur de ce qu'il appelle la fameuse maxime : *Chacun* » *chez soi*, CHACUN POUR SOI! » — Je vous prie de vouloir bien m'aider à rétablir la vérité historique qu'il m'importe de ne pas laisser altérer à mon préjudice.

A la séance de la chambre des députés du 6 décembre 1830, à une époque où la sainte-alliance existait encore, et où l'on pouvait craindre son intervention dans les affaires intérieures de la France, on discutait la loi sur une levée de 80,000 hommes. J'appuyai la mesure; et mon discours se terminait par la phrase suivante : « La France n'est » hostile envers personne; elle ignore d'où pourront lui » venir des ennemis. A tout événement, elle sera en me- » sure de les repousser. Sa maxime forte, à laquelle elle » doit invariablement tenir, est celle-ci : *Chacun chez soi,* » *chacun son droit!* Je vote pour la loi. »

Cependant, qu'ont imaginé les partis? Ils ont essayé de travestir mes paroles; et au lieu de ces mots : *Chacun chez soi*, *chacun son droit*, dans le sens où je les ai dits, c'est-à-dire appliqués à l'intervention étrangère, ils me font dire aujourd'hui *chacun pour soi*, appliqué d'une manière absolue, même à la vie intérieure de la cité!

Chacun pour soi est une formule égoïste, impie, odieuse, que je n'ai jamais employée, et contre laquelle j'ai toujours protesté et proteste de toutes mes forces, comme destructive de tous les droits de l'homme envers ses semblables.

Au contraire, je maintiens comme vérité politique ce que j'ai dit : *Chacun chez soi, chacun son droit.* Cette maxime, vraie pour nous en 1830, est devenue aujourd'hui la devise de tous les peuples. Ainsi, la Lombardie dit aux Autrichiens : *Chacun chez soi;* la Pologne n'a cessé de dire à ses oppresseurs : *Chacun chez soi;* la Suisse libérale a dit à ses puissants voisins : *Chacun chez soi;* la Sicile l'a dit aux soldats napolitains; et si nous voulions ressaisir l'esprit de conquête, l'Allemagne entière nous dirait : *Chacun chez soi!* — C'est le cri européen ! — Eh! pourquoi? Parce que chaque peuple, si petit qu'il soit, a le droit naturel, incontestable, d'établir chez lui le gouvernement qui lui convient, et de dire à tous les oppresseurs : *Chacun chez soi, chacun son droit.*

Recevez d'avance, Monsieur, mes remercîments avec l'assurance de ma considération très-distinguée.

DUPIN,
Ex-député de la Nièvre.

IV.

SÉANCE DU 7 SEPTEMBRE 1848.

Devoir d'aimer la patrie. (Préambule de la Constitution, article VII.)

M. de Lasteyrie avait demandé qu'on ne mît pas aux voix le devoir d'*aimer sa patrie,* parce qu'il y a des sentiments de cœur qu'on ne met pas aux voix...

M. DUPIN. C'est là une susceptibilité que je ne comprends pas.

De ce qu'une chose doit être acceptée universellement, de ce qu'elle est dans tous les cœurs, de ce qu'elle est par conséquent ce qui est le plus acceptable et accepté, ce n'est pas une raison pour ne pas la proclamer! Comment! dans tous les États qui ont le sentiment naturel des devoirs du citoyen, est-ce que la première chose qu'on se plait à redire et à proclamer, ce n'est pas l'amour de la patrie? (Oui! oui!) C'est un appel incessant; ce n'est pas seulement un devoir et un sentiment, c'est un dogme. C'est un sentiment qui ferait lacune s'il n'était pas inscrit en tête des devoirs du citoyen. (Vive adhésion.)

V.

SÉANCE DU 13 JUILLET 1848.

Projet de loi sur les clubs. — Droit de s'assembler et de se réunir. (Art. 8 de la Constitution.)

(Discussion dans le 15e bureau.)

M. Dupin. Faut-il supprimer les clubs? N'y a-t-il pas un droit de réunion pour certains objets scientifiques ou politiques? Le droit de réunion sous certaines formes et à certaines conditions réglées par la loi, je le conçois. Mais le droit de tenir un club, je ne reconnais cela ni pour un droit, ni pour une liberté à priori. C'est seulement une des manières les plus dangereuses de former des réunions.

La société n'est forte que parce qu'elle est organisée, qu'elle forme un corps. Si vous permettez aux citoyens d'employer les mêmes moyens pour organiser une résistance ou préparer une révolte, vous livrez l'État; et c'est ce qu'on ferait en reconnaissant d'une manière indéfinie la faculté de former des clubs, c'est-à-dire des corps qui se constitueraient à l'imitation des assemblées délibérantes; avec une tribune, prenant des arrêtés, admettant un public, échauffant les passions des auditeurs; ayant pour organes au dehors un journal incendiaire, et pour moyens d'exécution des sociétés secrètes et des affiliations.

M. Dupin fait l'historique des réunions autorisées dans la République romaine pour discuter les affaires publiques, et qui avaient toujours lieu sous la surveillance d'un magistrat; et des sociétés secrètes, sévèrement défendues soit dans la ville, soit dans l'armée; il parle des sociétés ultra-libérales et des congrégations religieuses sous l'empire; des divers clubs de 1793: il en conclut qu'un grand péril s'attache à l'établissement des clubs.

Le droit de réunion en club n'est pas un droit simple comme la liberté individuelle, la liberté de la presse; c'est un mode d'organisation de gouvernement, contraire au gouvernement établi. Il rappelle ce qu'ont produit les clubs, le 15 mai et dans les dernières luttes. Est-ce là l'exercice d'un droit politique? Non, c'est l'exagération de la liberté individuelle qui veut se substituer à la volonté générale.

M. Dupin reconnaît du reste le droit de réunion pour des pétitions ou pour un objet déterminé; et le droit d'associations, mais avec des conditions déterminées par la loi, et qui peuvent varier selon la diverse nature des associations.

VI.

SÉANCE DU 20 SEPTEMBRE 1848.

Liberté de l'enseignement. — Droit de l'État. (Art. 8 et 9.)

M. DUPIN. Messieurs, je ne viens pas ici étendre ou ranimer le débat. Dans d'autres temps, j'ai montré sur cette question même, quand la question était réellement agitée, que je ne redoutais ni la lutte ni la discussion avec mes adversaires quels qu'ils fussent. Mais la question ne se présente pas en ce moment dans les mêmes termes; je la présente uniquement au point de vue de la Constitution, c'est-à-dire de l'organisation des pouvoirs publics, et non pas au point de vue de l'organisation de l'enseignement.

Cela pourra revenir plus tard, et alors chacun pourra reprendre la discussion. Elle s'agitera entre ceux qui voudront revendiquer une plus grande part pour l'enseignement philosophique et pour l'enseignement religieux; pour l'enseignement moral, scientifique et littéraire; entre ceux aussi qui voudront réclamer une plus grande part pour la liberté, et d'autres une plus grande part pour les garanties sociales.

Ce n'est pas là le but actuel de la commission de Constitution. La preuve qu'elle avait bien posé la question, c'est qu'après de longues discussions on revient aux termes mêmes dans lesquels nous l'avions formulée. Si l'on avait insisté pour l'amendement, c'est-à-dire pour l'introduction du mot *enseigner* seul dans l'article 8, la commission s'y serait opposée résolument. Pourquoi? Parce que, dans le préambule de la Constitution, comme dans les articles qui ont pour but la garantie des droits, nous n'avons pas, autant qu'il a dépendu de nous, voulu permettre l'introduction de ces mots vagues et isolés, qui, ne recevant pas la définition dont ils ont besoin et dont ils sont susceptibles, ou la limitation que nous jugeons nécessaire d'y apporter, ne seraient que des mots de guerre donnés à tous ceux qui voudraient en abuser et les inscrire sur un drapeau.

Nous n'avons pas voulu admettre le mot *enseigner* dans l'article 8, comme supposant un droit naturel, abstrait et absolu, parce que ce mot *enseigner*, mis tout seul dans l'article 8, eût été comme les mots *droit au travail* si on les eût mis seuls dans la Constitution; chacun aurait voulu en faire sortir l'absolu dans le sens de ses prétentions; nous n'aurions rien réglé, rien décidé : nous n'aurions fait que fournir un texte aux exigences, à la dispute, à la controverse et à toutes les divisions qu'elles entraînent après elles. (Oui! oui!)

Ainsi, nous repoussons le mot *enseigner* de l'article 8.

On le retire, dit-on; nous en prenons acte : on ne l'eût pas retiré que nous l'aurions combattu; mais évidemment on ne le retire que par l'impossibilité de le faire accepter, par l'impossibilité de le faire admettre seul et d'une manière absolue.

M. de Larochejaquelein. Si on l'a retiré, c'est fini!

M. Dupin. Quoi! on en serait quitte pour risquer un amendement, le développer en faisant toutes les excursions possibles dans le domaine des idées religieuses ou philosophiques; puis on viendrait dire qu'on le retire : et cela sans laisser à ceux qui ont conçu le projet et qui en sollicitent le vote le droit de répondre à leur tour qu'ils n'acceptent rien de ce qu'on a voulu tenter comme effort pour dénaturer leur idée et modifier leur projet! Non, messieurs; de même que nous n'admettons pas le cortége de raisonnements sur lesquels on a voulu appuyer l'amendement, quelque brillante qu'en ait été la déduction; de même aussi nous venons dire que, si l'on avait maintenu l'amendement, nous l'aurions combattu.

Mais il n'en est plus question; il ne reste que la rédaction et le point de vue de la commission.

Ce point de vue est à la fois celui de la liberté et celui de la société, c'est-à-dire du pouvoir, qui aujourd'hui ne s'appelle plus prérogative, en quelque sorte privilége, partage du pouvoir avec d'autres; c'est le pouvoir de l'État, la souveraineté nationale que nous défendons. (Très-bien! très-bien!) Et, comme l'a dit un honorable orateur, nous ne voulons pas de liberté illusoire, car ce serait la servitude, et nous voulons la liberté (Très-bien !) Mais nous ne voulons pas non plus d'une liberté illimitée, parce que ce serait constituer la domination en d'autres mains et que, la domination, nous entendons la réserver pour l'État dans de justes limites (Très-bien !)

C'est donc le droit de la société, le droit du peuple français, de la raison gouvernementale que nous consacrons dans l'article 9, dont nous maintenons la rédaction; elle consacre le principe de *liberté de l'enseignement*, mais cette liberté ne s'exercera que *sous la garantie des lois*, qui seront faites par le pouvoir législatif représentant la souveraineté du peuple, et *sous la surveillance de l'État*, qui est le gardien des lois et qui devra à chaque instant les faire exécuter, et surveiller leur exécution.

Enfin, le dernier paragraphe a une utilité qui est comprise par tout le monde, et que nous maintenons également. (Très-bien ! très-bien !)

M. LE PRÉSIDENT. L'amendement de MM. de Montalembert et Roux-Lavergne étant retiré, je mets aux voix le 1er paragraphe de l'article 8 de la commission.

Le 1er paragraphe est adopté.

Texte de l'article 9 : « L'enseignement est libre. — La » liberté d'enseignement s'exerce selon les conditions de » capacité et de moralité déterminées par les lois, et sous » la surveillance de l'État. »

Le journal le *Droit* du 21 septembre caractérise ce débat de la manière suivante : « La commission n'a pas voulu accepter ce désistement pur et simple, et elle l'a combattu brièvement par l'organe de M. Dupin. — Sans suivre le terrain sur lequel on avait placé la question, l'honorable orateur a fait justice, avec cette netteté de parole qui lui est si habituelle, des conséquences fâcheuses qu'entraînait l'amendement. Il a démontré que l'inscription pure et simple du *droit d'enseignement* aurait les mêmes dangers que l'inscription du *droit au travail*, et que le premier, proclamé sans commentaire, pourrait être aussi mal interprété que le second aurait pu l'être. Ces explications ont coupé court au débat.... »

Le *Constitutionnel* dit également : « M. Dupin aurait » mieux aimé une victoire que cette retraite.... La parole

» énergique de M. Dupin a clos cette importante discus-
» sion. »

Le *Journal des Débats* porte le même jugement.

VII.

SÉANCE DU 27 SEPTEMBRE 1848.

Y aura-t-il deux chambres législatives, ou une seule assemblée nationale ? — Le président doit être élu par le peuple. (Art. 20 et 46.)

M. DUPIN. Messieurs, la question qui s'agite devant vous est si grave, qu'il ne faut pas s'étonner qu'elle ait partagé les meilleurs esprits. Les orateurs que vous avez entendus ont prouvé que le pour et le contre ont pu être soutenus avec un très-grand talent. En particulier, j'ai écouté avec un vif plaisir l'éloquent discours de mon très-honorable ami M. Odilon Barrot. Il y a dans ce discours de nobles parties, de beaux sentiments, de grandes vérités auxquelles, pour mon compte, je m'associe de grand cœur.

Mais nous sommes en dissidence sur un point capital, celui qui est en discussion, la question d'une seule chambre ou de deux chambres.

M. Odilon Barrot a exposé l'opinion de la minorité de la commission, et cela a créé pour la majorité l'obligation de faire entendre aussi l'exposé de son système, non dans un discours longuement étudié, car je n'étais pas le rapporteur prédestiné de cette question, et c'est instantanément que je m'en charge, mais en vous donnant les motifs de la commission, d'après ce que j'ai entendu en participant à ses travaux. En exposant cette opinion, qui a été celle de la très-grande majorité de votre commission, majorité dont je faisais partie, je rappellerai que cette opinion a été aussi partagée par la majorité de vos bureaux, puisque quatorze commissaires contre un seul ont appuyé la disposition de l'article 20 du projet de la commission.

Messieurs, au point de vue de la théorie, de ce qu'on a appelé la science politique, personne ne niera l'avantage qui peut se trouver dans un double examen, dans un examen successif par deux corps différents, animés d'intentions également louables, mais qui cependant ont des données et des aperçus différents.

Oui, en beaucoup de cas, il peut en résulter un grand avantage pour l'examen; en certains cas, quelques fautes peuvent être aussi évitées : car la précipitation n'en est pas exempte.

Personne aussi ne méconnaîtra l'avantage de ce que j'appellerai l'esprit sénatorial, c'est-à-dire un esprit moins mobile et moins vif que celui d'une assemblée qui a un caractère essentiellement populaire. C'est là que peuvent se trouver des idées de suite et de tradition, quand, à côté d'un corps qui conserve le caractère que je viens de lui assigner, il y en a un autre doué probablement de qualités différentes, et dont on attend aussi ces résultats de maturité qu'on invoque comme étant le caractère d'un pouvoir modérateur.

Ici, je ne me jette pas dans la spéculation, pour suivre un orateur que vous avez entendu vous parler de changements qui seraient possibles dans l'avenir! — Sans doute, ce qui est définitif, c'est la proclamation de la République; mais ses conditions d'existence peuvent être susceptibles de modifications dans l'avenir. Mais ce n'est pas de cet avenir-là que vous avez à vous préoccuper; c'est de l'état actuel des choses et des esprits; c'est des besoins de votre société, non telle qu'elle était il y a quelques mois, avant la commotion qu'elle a reçue; non telle qu'elle sera dans je ne sais combien de temps, après qu'elle se sera complétement rassurée et raffermie; mais de votre société telle qu'elle est aujourd'hui et telle qu'elle sera pendant quelque temps encore.

Je sais que les constitutions, en général, paraissent se faire pour l'avenir; mais j'affirme qu'elles se font surtout pour le présent, car c'est là le plus pressé. (Rires approbatifs.) Et on n'arrive pas à un avenir où l'on puisse se reposer dans la quiétude de la doctrine et de la théorie, sans passer d'abord par une redoutable pratique; on peut entrevoir un port plus assuré, mais il faut d'abord lutter et ramer vigoureusement sur l'océan qui vous sépare de ce lieu de repos.

Messieurs, si vous considérez la forme de votre établissement politique, oui! le changement, sous ce point de vue, a été grand, il a été immense, il est radical! Vous n'avez plus une monarchie, une royauté; vous avez une République, et, qui plus est, une République démocratique. Ce n'est pas seulement un fait, c'est un droit, car vous l'avez déjà sanctionné par un vote, et ce droit tire surtout sa puissance précisément de ce qu'il n'est que l'expression d'un grand fait qu'il est impossible de méconnaître. Cette institution, cette forme est garantie par le suffrage universel et direct. Il est impossible d'aller au delà. Je ne sais si des révolutions sont encore destinées à ce pays; mais, à coup sûr, quand vous avez porté jusqu'à ce point les limites de la démocratie, s'il y a un retour possible, ce serait en deçà, ce ne serait jamais au delà. (Très-bien! très-bien!)

Mais, à côté de cette forme qui vous est acquise, avec laquelle vous devez fonctionner, cette forme qui est l'instrument de votre politique, il y a l'état actuel des choses. Et ici, faites-y bien attention, ce n'est pas une révolution de palais, ce n'est pas un simple changement de dynastie, une branche cadette mise à la place d'une branche aînée, une famille à la place d'une autre, n'impressionnant vivement que ceux qui tenaient de plus près à ces établissements; c'est un changement profond, c'est un changement qui a menacé jusque dans ses bases l'état de la société.

Vous le savez bien, beaucoup d'hommes de parti ne se sont pas contentés de la limite que nous avons voulu poser dès les premiers jours. Après avoir dit : république *démocratique*, ils auraient voulu qu'on ajoutât : *et sociale*. Pourquoi? Parce qu'ils ne se tiendraient pas satisfaits de la meilleure forme de gouvernement, de celle qui appelle tous les citoyens à la gestion de l'intérêt général, mais qu'ils auraient voulu de tous les changements qu'ils cachaient sous ce mot *sociale*.

Nous avons résisté. Pourquoi? — Nous avons accepté le mot *démocratique*, parce que c'est étendre le gouvernement en surface, lui donner de plus larges bases, et, par conséquent, plus de solidité; mais nous n'avons pas voulu du mot *sociale* dans le sens où on l'entendait, parce que c'eût été un bouleversement, et que nous n'en voulons pas. (Très-bien! très-bien!)

Mais n'oubliez pas que la question a été posée en ces termes par des partis puissants qu'on a vus armés, qu'il a fallu combattre, qu'on a désarmés, car ils ne se sont pas désarmés eux-mêmes, et qui pourraient se réarmer encore. (Sensation.) N'oubliez pas qu'on a excité tous les appétits matériels lorsqu'on manquait absolument des moyens de les satisfaire; qu'il y a nombre de gens à qui on a promis impudemment le bien d'autrui, et à qui on ne peut pas le livrer (on rit); des gens cependant qui sont toujours prêts à le prendre, et qui ont adressé plus d'une fois à la société une formule équivalente à celle-ci : La bourse ou la vie. (Mouvement.)

Dans cette situation, Messieurs, vous n'êtes pas comme sous les monarchies telles que vous les avez connues, soit dans les temps anciens, soit dans les temps plus rapprochés. Dans une monarchie despotique et féodale, il suffit d'un seul seigneur, d'un seul homme puissant, pour lever l'étendard de la révolte et engager la guerre contre le gouvernement établi; saisissez l'homme, qu'il soit mis à mort, et la sédition est apaisée, tout rentre dans l'ordre.

Vous n'êtes pas non plus comme sous ces gouvernements où il y a une aristocratie puissante, et, en pareil cas, toujours turbulente, toujours ambitieuse, toujours en lutte contre le monarque pour lui disputer le pouvoir, et contre les citoyens sur lesquels elle fait trop souvent peser l'oppression. On connaît alors les conspirations; ces conspirations du petit nombre, dès qu'elles sont éventées, sont résolues, elles sont vaincues et la tranquillité renaît encore dans l'État.

Mais, dans la position actuelle des choses, car c'est à ce point que j'appelle toujours l'attention de l'Assemblée, à la vérité des faits, à la vérité des situations auxquelles il ne serait pas possible, il ne serait pas prudent, il ne serait pas politique de nous soustraire; dans la situation actuelle des choses, vous avez des factions plus nombreuses et plus puissantes, qui ont appris depuis longtemps le secret de vouloir des choses différentes, et de s'accorder cependant dans une seule qu'elles regardent comme la condition de leur succès, c'est-à-dire le renversement de ce qui est pour arriver à l'accomplissement de leurs désirs particuliers. (C'est vrai!)

Chacune de ces factions a des moyens de nuire au pouvoir qu'on n'a pas sous d'autres formes de gouvernement. Ainsi, chaque parti n'a pas seulement ses doctrines, ses plans, ses projets, mais il a, pour les faire valoir, ses clubs qui sont une parodie fâcheuse et le plus souvent factieuse des formes du gouvernement; chaque parti a dans ses journaux des organes puissants sur l'opinion, qui répandent dans le public ce qui se dit dans ces clubs. Et, enfin, il y a des sociétés secrètes qui forment le contingent fédéral de tous ces partis et de toutes ces factions. (Sensation.)

Voilà la situation de votre société. C'est ce qui fait qu'après le 24 février, lorsque ces partis ont éclaté et que cette situation sociale s'est révélée, on a reconnu qu'il n'y avait plus de monarchie possible. Et ceux *qui s'honorent d'y avoir été fidèles jusqu'au dernier jour*, ont cru qu'il était de leur devoir social, de leur devoir de citoyens de se rallier franchement à la seule forme qui désormais pût conjurer les malheurs publics. (Très-bien !)

Ce n'est pas un roi, ce ne sont pas huit ministres, ce n'est pas une famille qui pourraient remporter la victoire sur des factions ainsi organisées ; c'est la République, c'est la nation, c'est la société : c'est à elle qu'elles ont déclaré la guerre ! c'est elle qui doit les vaincre, on ne peut trop le lui répéter. (Vive approbation.)

Ainsi, le suffrage universel, soit ! mais à condition que l'universalité y prendra part ; car si elle est assez lâche ou assez malavisée pour rester chez elle, pour ne pas comprendre et ne pas accomplir son devoir, si elle est vaincue, il faudra qu'elle ne s'en prenne qu'à elle-même. (Vive approbation.)

Ainsi donc, l'universalité dans le suffrage universel, l'universalité dans la garde nationale : à ces conditions, je ne crains rien d'un pareil état, quelque démocratique qu'il soit, et précisément parce qu'il est démocratique ; parce que, il faut le dire à l'honneur de l'espèce humaine, les hommes, pour le plus grand nombre, sont bons ; mais il ne suffit pas que les hommes soient bons, il faut qu'ils soient forts, et ils ne le sont que par le nombre quand ils se manifestent. La Republique, c'est l'effort commun, c'est l'effort de tous au profit de tous : voilà ce qu'il ne faut jamais perdre de vue

Contre ces diverses factions, dans leurs tendances, quelle a été la résistance ? Ç'a été la résistance du pays, ç'a été, je ne dis pas la condition, mais l'inspiration de notre mandat, et nous avons eu l'assentiment du pays toutes les fois que nous avons résisté. Quand on a cru que nous étions capables de céder, nous ne cédions pas, nous agissions en hommes politiques, nous agissions avec les ménagements nécessaires après de si grandes commotions, avec les ménagements que les assemblées politiques comprennent, que les masses ne comprennent pas, parce qu'elles vont vite au fait et au résultat. Le gouvernement lui-même n'a eu et n'aura de succès qu'en marchant dans cette voie de résistance. (Oui! oui!)

Eh bien! j'en appelle à ces quatre terribles mois que nous venons de passer : je vous demande si deux chambres auraient fait mieux que nous? (On rit.) Je vous demande si, avec un patriotisme égal sur tous les bancs de cette chambre, quoique guidés par des vues différentes, on avait partagé cette Assemblée en deux, si on avait mis six cents représentants d'un côté et trois cents de l'autre, si l'on avait été obligé d'aller chercher de l'un à l'autre les expédients, les votes, les moyens de gouvernement, les mesures, pensez-vous que deux chambres auraient mieux fait que nous? — D'un autre côté, pensez-vous que si les talents qui sont assis sur ces bancs étaient partagés, répartis entre deux chambres, ils auraient eu plus de force que réunis en faisceau dans une seule? En effet, Messieurs, un des caractères de notre époque, que nous ne devons pas méconnaître, c'est la position que les révolutions ont faite aux hommes politiques des divers partis. Quelque féconde que soit une nation en talents divers, elle n'est pas inépuisable; et quand, par malheur, des hommes, au lieu de se rallier dans l'intérêt du pays, ont la fatale pensée de se partager en catégories; quand un gouvernement, soit par prévention, soit par suite d'ambitions cachées, a le tort de repousser les uns et de les déclarer en quelque sorte incapables ou suspects; je dis que c'est une grande cause d'affaiblissement pour une nation.

Notre nation a fourni à toutes les gloires de l'empire les hommes que la restauration a ensuite repoussés; on a tiré de son sein les hommes d'État et les administrateurs capables que la restauration a employés, et qu'un gouvernement nouveau a aussi écartés en partie; elle a fourni pendant dix-huit ans les hommes qui ont servi, les uns la liberté, les autres le pouvoir, d'autres le pouvoir et la liberté tout ensemble, le pays sans personnalité et l'intérêt général dans toutes les situations.

Dans un tel état de choses, où trouver des hommes de

rechange pour gouverner l'État, si, uniquement par les époques, on se divise, si on se repousse mutuellement? Comment suffire à une telle consommation d'hommes d'État, si à chaque révolution on exclut à la fois et systématiquement des hommes de talent et d'expérience capables de faire aller les affaires du pays? Cela n'est pas possible, cela n'est point patriotique ; voilà précisément pourquoi il faut qu'on se fusionne et qu'on se rallie ; voilà pourquoi il est important d'avoir une seule chambre pour travailler ensemble à dissiper ces nuages, non par des moyens détournés et secrets, mais au grand jour, à la tribune, là où l'on peut servir le pays par ses idées, par ses conseils, et accomplir l'office de bon citoyen. (Mouvement d'approbation.)

Je crois donc que la situation se prête moins que jamais à la séparation du pouvoir législatif en deux chambres. Si vous avez deux chambres, à l'instant même chaque homme se verra recherché dans son passé, pour savoir si ce n'est pas l'analogie de son passé qui le fait aller à une chambre plutôt qu'à une autre; on chercherait des parallèles entre les élus qui affaibliraient l'un aux dépens de l'autre. (Très-bien ! très-bien !)

Vous cherchez un parti modérateur en coupant en deux et séparant en fractions inégales des individus qui procéderaient de la même élection, qui auraient les mêmes conditions d'éligibilité, qui seraient censés avoir la même opinion, puisque tous seraient l'expression du suffrage universel. Ce serait une modération d'une moitié par l'autre moitié... j'aime bien mieux la modération du tout par lui-même.

Comme l'a dit avec vérité l'honorable M. Odilon Barrot, la divinité a placé dans nos âmes, à côté des passions qui nous excitent et nous entraînent, ce mouvement de la conscience qui nous éclaire et qui régularise nos actes. Eh bien, il en est de même quand chacun de nous est appelé ici, non à des explosions, mais à des votes réfléchis; chacun consulte son devoir et l'intérêt du pays, sans qu'il soit besoin d'en appeler de la conscience d'une assemblée, à la conscience des membres d'une assemblée différente.

Dans notre situation (et c'est à cela que je m'attache), je ne vois pas la possibilité de séparer utilement en deux chambres le pouvoir législatif. Je n'y trouverais pas ce contre-poids que l'on cherche, j'y verrais seulement un principe d'antagonisme.

Je comprends très-bien que sous la restauration la chambre des pairs fût modératrice à l'égard de la chambre des députés; je le comprends encore sous un gouvernement qui, comme le dernier, était pourtant bien près de la démocratie, entouré, cerné par elle, car il vivait dans ce milieu-là; je le conçois surtout dans un pays où une chambre aristocratique a pour support et correspondants des intérêts aristocratiques subordonnés et placés hiérarchiquement derrière elle. Là, les intérêts sont divers, et l'un peut être contenu par l'autre. Mais je ne conçois pas aussi bien ce mécanisme de contre-poids modérateur avec des représentants homogènes élus tous par le suffrage direct et universel, et par conséquent avec un même esprit. Ce ne serait donc plus que la contrariété, à moins de supposer que toutes les lumières seraient réunies dans une chambre qui serait comme un phare rayonnant sur l'autre (on rit); et, dans ce cas, je craindrais encore que le défaut contraire fît fermer les yeux à la moins éclairée.

Voici plutôt ce qui arriverait nécessairement. Les deux chambres ne pourraient pas être également populaires : l'une pourrait être populaire, et l'autre non; l'une pourrait être plus populaire que l'autre; celle-ci désirerait le devenir davantage, et alors, au lieu de servir le peuple et ses vrais intérêts, même en contrariant quelquefois ses goûts, ses instincts (car ceux qui aiment véritablement le peuple ne craignent pas par instants de lui déplaire, de résister à ses entraînements, comme on le disait si noblement naguère à cette tribune en parlant du désir de conserver la paix), on chercherait à le flatter pour l'attirer à soi, et l'on compromettrait ainsi les intérêts du peuple, du pays. Où serait donc alors le parti modérateur? — Au contraire, avec une seule assemblée, je ne doute pas que cette assemblée unique, élue par le suffrage universel, ne représente les intérêts généraux; non-seulement les intérêts de la richesse nationale, mais surtout les intérêts de la justice nationale; qu'elle ne veuille être équitable pour toutes les classes de citoyens; jugeant avec d'autant plus d'équité, qu'elle jugera avec ensemble, qu'elle jugera sans appréhension d'être devancée par une autre dans telle ou telle voie, et avec la liberté de résister si bon lui semble.

Avec deux chambres, l'une recherchera la popularité, à l'envi de l'autre; avec une seule, vous êtes obligés d'être une chambre de résistance contre les mauvaises suggestions, à peine de ne plus exister; vous êtes obligés de résister aux mauvais entraînements, à peine de succomber dans la lutte, non-seulement parce que la bonne opinion ne vous soutiendrait pas, mais parce que la mauvaise vous envahirait pour récompense de lui avoir cédé. (Très-bien!)

On a parlé du conseil d'État; je crois que la question est venue inopportunément. Nous n'avons pas entendu faire du conseil d'État une façon de seconde chambre, un pouvoir modérateur..... Qu'il soit modéré, ce sera dans sa nature (rires approbatifs), cela ne peut pas être autrement. Dans certains cas, le gouvernement recourra à ses lumières pour lui demander, non pas d'exercer une portion quelconque du pouvoir à son détriment ou en concurrence avec lui, mais de l'aider de ses lumières et de son expérience pour la rédaction des lois.

Si c'est là participer au pouvoir législatif, ce serait y participer de bien loin et fort indirectement, car ce devra toujours être sur la provocation du pouvoir exécutif ou sur le renvoi de l'Assemblée législative.

Il n'y a point de droit propre d'initiative accordé au conseil d'État; et quand il s'agira de règlements d'administration publique qui seraient impossibles dans cette chambre, car il n'y a guère de règlements d'administration publique qui n'aient cinquante ou soixante articles, ce qui appellerait ici au moins deux cents amendements avec deux cents développements... (rires) on renverra au conseil d'État, qui rédigera, comme il le fait maintenant, avec toute la maturité de son expérience, les règlements d'administration publique. Du reste, loin de gagner en attributions, il aura peut-être perdu d'un autre côté, puisqu'on établit un tribunal administratif indépendant

Ainsi le conseil d'État sera un pouvoir auxiliaire et non un pouvoir modérateur, un pouvoir qui aidera le gouvernement quand le gouvernement voudra s'en aider, et qui pourra aussi aider l'Assemblée quand elle jugera convenable de l'employer. Mais ce ne sera ni une seconde chambre, ni un pouvoir modérateur, ni, en façon quelconque, une partie du pouvoir législatif.

Ce que nous avons voulu, c'est le pouvoir législatif un dans les mains d'une assemblée unique, et ici je vous signale ce que j'appelle une fausse idée.

On confond la séparation de pouvoirs distincts avec la division d'un même pouvoir ; ce n'est pas la même chose. La séparation des pouvoirs est une des conditions de la liberté, parce que, lorsqu'on réunit trop de pouvoirs dans une même main, elle devient accablante, et que les résistances partielles ne suffisent pas pour se défendre contre l'oppression

Aussi la constitution crée des pouvoirs distincts : un pouvoir exécutif d'un côté, et de l'autre un pouvoir législatif; ou, pour mieux dire, le pouvoir législatif d'abord, parce que c'est la loi qui commande au pouvoir exécutif. Le pouvoir exécutif n'est pas souverain, car il n'a que la puissance de la loi, et il en aura assez quand il saura en user. Voilà ce que j'appelle des pouvoirs distincts : le pouvoir exécutif d'un côté, le pouvoir législatif de l'autre.

Mais de même que le pouvoir exécutif sera confié à un seul homme, de même nous voulons que le pouvoir législatif soit un. Or, si vous faites deux chambres, vous ne séparerez pas deux pouvoirs, mais vous séparerez le pouvoir législatif en deux parties. Vous le voyez donc, le morcellement d'un même pouvoir n'est pas la séparation des pouvoirs. C'est donc une idée fausse sur laquelle on a bâti l'objection. (Très-bien !)

M. de Lamartine vous a dit qu'il voulait une chambre unique, afin d'avoir la dictature d'une assemblée dans de grandes occasions. Ce n'est point là l'opinion de la commission de constitution.

Si c'était l'opinion de la majorité de la commission, je n'en serais pas. Je le répète, jamais je ne me serais associé à une telle idée. (Sensation. — Interruption prolongée.)

Une assemblée unique réunissant tous les pouvoirs, le pouvoir exécutif, le pouvoir judiciaire, le pouvoir législatif, le pouvoir administratif, car voilà ce qu'est une assemblée dictatoriale ; ce dictateur multiple, on l'a vu dans la Convention, et c'est ce qu'on ne veut pas revoir, c'est ce que la Constitution ne veut pas rétablir et ramener. On entend quelquefois invoquer les hommes de ce temps ! ils se partageront toujours en deux catégories : ceux qui ont servi l'État dans les armées ou dans la législation par des actes louables, et qui dans tous les temps s'appelleraient services rendus à l'État; et ceux qui, au contraire, ont pris part à des proscriptions et à des spoliations; ceux-là ont attaché à leurs noms la réputation qu'on acquiert quand on est à la fois banqueroutier et meurtrier. (Très-bien!)

La République qui prend pour livrée la couleur du sang, non! nous n'en voulons point; la République qui fait banqueroute, nous n'en voulons pas. Ce que nous voulons, c'est la République honnête, et pour qu'elle le soit, elle doit être une République modérée, où les pouvoirs sont en effet divisés. Est-ce que, dans le temps de la Convention, il y avait un pouvoir exécutif comme celui qu'organise votre Constitution?

Est-ce que le président de la République n'aura pas un pouvoir propre? Est-ce qu'il ne sera pas aussi l'*élu du pays?* — (Très-bien!) Est ce qu'il ne trouvera pas dans les suffrages qui l'auront nommé le droit et le pouvoir de se défendre contre les exigences d'une assemblée?

Ces pouvoirs seront obligés de se respecter, et ils n'auront pas beaucoup d'efforts à faire pour se concilier dans les points essentiels, émanant d'une même origine, la souveraineté du peuple.

Certainement la valeur des hommes qui feront marcher la Constitution influera beaucoup sur son avenir. Pour moi, j'espère plus en ces hommes s'ils se trouvent et se montrent, que dans tous les articles de lois. Une constitution aussi artistement rédigée que vous voudrez, si elle est mal conduite; si ceux qui s'en servent ne sont pas animés de l'amour du bien public, cette constitution ne marchera pas faute de serviteurs. Si, au contraire, vous avez à la fois des hommes patriotes, honnêtes, capables, votre constitution marchera, et, pour mon compte, je n'ai pas peur du génie; plaise à Dieu qu'il se rencontrât! (Bravos!)

Je conviens, cependant, que le pouvoir exécutif aura beaucoup plus d'embarras avec une seule chambre qu'avec deux. (Mouvement.) Avec deux, un président adroit pourrait se servir de l'une contre l'autre, aller de celle-ci à celle-là, et avec une majorité qu'il s'efforcerait de rendre un peu systématique, paralyser dans l'une ce qui se préparerait ou se ferait dans l'autre. Est-ce là de la vérité?

n'est-ce pas le moyen plutôt d'opérer du mécontentement? (Très-bien!)

Et si cela se produisait, et si, deux ou trois ans plus tard, on imputait à ce rouage de deux chambres et à la manière dont on s'en serait servi, quelque mécompte politique, ne préparerait-on pas encore un nouveau mouvement révolutionnaire, sous prétexte qu'on s'était trop rapproché de ce qui existait auparavant?

Je crois que lorsque la Constitution sera votée, lorsqu'il y aura un président *élu par la nation*, avec des pouvoirs qui seront limités, puisqu'ils seront fixés par la loi, mais avec des prérogatives assez étendues pour lui permettre de ne pas rester dans l'isolement, ce magistrat aura une grande force. Certainement, s'il gouvernait dans un esprit de coterie, si c'était un homme qui ne voulût que caser sa famille pendant qu'il serait aux affaires; si c'était un homme qui, au lieu de donner des hommes aux places, voulût donner des places à des affidés incapables, ce président, dans son individualité, serait alors très-faible, pourquoi? parce que l'opinion qui l'aurait nommé ne le soutiendrait pas. (Très-bien!) Mais qu'il sache bien choisir ses agents et ses conseillers, il sera fortement secondé. Qu'il se place à la tête des intérêts généraux, qu'il résiste aux mauvaises passions, qu'il étudie ce qui fait le fondement de la société, dans la justice, dans l'armée, dans l'administration, dans les finances, il y trouvera toutes les conditions d'un bon gouvernement. Mais il faudra maintenir ces institutions secondaires et les fortifier bien loin de les affaiblir; car, comme je l'ai dit ailleurs, si *vous augmentez la voilure du vaisseau de l'Etat, ne diminuez pas le lest, c'est le gage de la stabilité :* vous ne trouvez point là la dictature d'une assemblée, mais un gouvernement régulier.

Je le répète donc, même en présence d'une assemblée unique, un président qui se placerait ainsi à la tête des intérêts généraux du pays, à qui l'on ne pourra faire aucun reproche d'égoïsme, celui-là aura de la force, je ne dis pas contre l'Assemblée, mais avec elle; il l'entraînera, elle marchera d'accord avec lui. Si nous devons espérer un bon résultat, il sera dans une chambre ainsi constituée, dans un pouvoir exécutif ainsi constitué, et non dans un dualisme qui ne vivrait que de réminiscences et de rivalités. (Marques nombreuses d'assentiment.)

Nota. **La proposition de deux chambres a été rejetée à la majorité de 520 voix contre 289. — Il n'y aura qu'une Assemblée nationale.**

VIII.

SÉANCE DU 12 OCTOBRE 1848.

Sur la proposition de M. Mortimer-Ternaux relative à l'exécution des mesures prises par l'Assemblée nationale pour sa propre sûreté sans promulgation préalable. (Art. 32.)

M. Dupin. Au lieu de venir au secours de l'article additionnel, je crois qu'on le compromet, car on suppose qu'il est sujet à une promulgation (comme les lois ordinaires).

Cela est bien pour les lois qui obligent les tiers; mais, quand l'Assemblée prendra une de ces mesures indiquées par l'article 32, c'est une mesure d'ordre public, une mesure de sûreté, une mesure analogue à celles que vous avez inscrites dans votre règlement et dont elle peut exiger l'exécution immédiate. Il ne faut pas assimiler une mesure de ce genre à une loi générale. C'est, je le répète, une mesure de règlement pour l'Assemblée, une mesure de délibération intérieure; c'est un des droits de l'Assemblée de prendre des mesures de ce genre dans son intérêt, mesures dont l'exécution peut être remise au pouvoir exécutif, mais dont elle peut se réserver aussi l'exécution à elle-même; car vous n'abdiquez pas, je pense, même en présence de la Constitution, le droit qui est dans votre règlement.

Un membre. Il y aura toujours une promulgation et un délai nécessaire.

M Dupin. Au contraire, je soutiens qu'aussitôt après la délibération prise, elle est exécutoire. L'amendement de M. Mortimer-Ternaux est donc inutile. (Aux voix! aux voix!)

Plusieurs membres. — Le commentaire suffit.

M. Mortimer-Ternaux. Le commentaire que vient de donner l'honorable M. Dupin me suffit.

La question élevée par M. Ternaux se rapporte aux articles 83 et 84 du reglement de l'Assemblée nationale, qui sont ainsi conçus :

Art. 83. Le président est chargé de veiller à la sûreté intérieure et extérieure de l'Assemblée nationale.

A cet effet, il a droit de requérir la force armée et toutes les autorités dont il juge le concours nécessaire.

Les réquisitions peuvent être adressées directement à tous officiers, commandants ou fonctionnaires, qui sont tenus d'y obtempérer immédiatement, sous les peines portées par les lois.

Art. 84. Le président peut déléguer son droit de réquisition aux questeurs ou à l'un d'eux.

IX.

SÉANCE DU 4 OCTOBRE 1848.

De l'arrestation des députés en cas de flagrant délit.
(Art. 37 de la Constitution)

M Dupin. Messieurs, l'ancienne Charte n'était pas complète. L'article 44 s'exprimait en ces termes : « Aucun membre de la chambre ne peut, pendant la durée des sessions, être poursuivi ni arrêté en matière criminelle, sauf le cas de flagrant délit, qu'après que la chambre a permis la poursuite. » Telle était la disposition pour la chambre des députés; mais l'article 39 était muet sur le flagrant délit commis par les membres de l'autre chambre. Ici, nous avons distingué le cas de simple arrestation d'avec le cas de poursuite, et c'est immédiatement après le mot arrestation que nous avons ajouté le cas de flagrant délit. Ainsi les représentants ne peuvent être arrêtés, en matière criminelle, sauf le cas de flagrant délit, ni poursuivis qu'après que l'Assemblée aura permis la poursuite.

Par conséquent, il faudra qu'on vienne, immédiatement après l'arrestation, demander à l'Assemblée la permission d'instituer des poursuites, et c'est alors que vous aurez à examiner la validité de l'arrestation ; car, sans cela, on ne pourrait pas continuer.

D'ailleurs, il y a un projet de décret spécial pour organiser dans tous ses détails la poursuite contre les représentants, soit qu'il s'agisse de poursuites nouvelles, soit qu'il s'agisse de poursuites déjà commencées qu'il faudra continuer. C'est dans cette loi que se trouveront les développements qu'il ne conviendrait pas d'insérer dans un article de la Constitution. (Très-bien!)

Nota. Cependant, pour rendre la chose plus évidente, on a ajouté à l'article de la commission le paragraphe suivant : « Le » flagrant délit sera immédiatement déféré à l'Assemblée natio- » nale qui maintiendra ou annulera l'arrestation. »

X.

SÉANCE DU 29 DÉCEMBRE 1848.

Sur la nécessité de mettre à exécution l'art. 41 de la Constitution, qui, pour le vote des lois, exige plusieurs lectures. (Incident élevé à l'occasion de la loi rendue la veille, qui, sur un *amendement* brusquement adopté, avait réduit des deux tiers l'impôt du sel, et fait perdre au Trésor 46 millions le jour même où le ministre venait d'accuser un déficit de 600 millions! — Art. 41 de la Constitution.)

Maintenant M. Dupin a la parole sur le règlement.

M. Dupin. Messieurs, je demande à parler sur les dispositions constitutionnelles et réglementaires qui ont pour objet la confection des lois.

Vous savez quelle a été la lutte pour savoir s'il y aurait deux chambres ou une chambre unique.... (Interruption.)

Voix diverses. Silence donc!

M. Dupin. Oui, je demande le silence; car si le gouvernement est difficile même avec deux chambres qui écoutent, il serait impossible avec une chambre unique qui n'écouterait pas... (Rires d'approbation à droite.)

Je rappelle à l'Assemblée la lutte de la part de ceux qui précisément n'auraient pas voulu qu'il y eût une Assemblée unique, parce qu'ils relevaient avec vivacité l'inconvénient qui peut s'attacher en effet à l'unité, c'est-à-dire à un vote brusque qui n'appellerait pas une seconde délibération et qui pourrait laisser des regrets.

L'Assemblée l'a si bien senti, et ceux qui ont fait la Constitution l'ont si bien compris, que, même résolus à n'avoir qu'une Assemblée, ils ont reconnu la nécessité de trouver, au sein même de cette Assemblée, et par son mode de délibération, un moyen de remplacer ce qu'offrait, dans une autre combinaison politique, le recours d'une chambre à une autre. Voilà pourquoi on a inséré dans la Constitution, par les articles 41 et 48, deux dispositions qui ont pour objet de parer aux inconvénients de la précipitation. Ainsi, par l'article 48, vous avez accordé au futur président de la République le droit de provoquer une nouvelle délibération. (Réclamations à gauche. — Assentiment sur plusieurs bancs de la droite.) Et si un décret spécial, celui du 28 octobre 1848, n'avait pas déclaré que ce droit du président demeurerait suspendu, en présence de cette Assemblée, je ne fais pas de doute qu'il l'exercerait; et, s'il l'exerçait, vous seriez appelés à examiner, vous qui avez rendu une loi, s'il n'y a pas lieu de la rapporter ou de la modifier : c'est la Constitution.(Agitation en sens divers.) Ce droit-là est un droit constitutionnel; il est ajourné, mais dans quelle pensée a-t-il été écarté?...

Une voix. L'ordre du jour! (Exclamations.)

Plusieurs membres. A l'ordre l'interrupteur!

M. Dupin. L'ordre du jour; je m'y conforme, puisque j'agite une question de règlement sur la manière de procéder au vote des lois avec l'exécution de l'article 41 de la Constitution auquel j'arrive maintenant. (Parlez! parlez!)

Plusieurs voix à l'extrême gauche. L'ordre du jour! l'ordre du jour!

M. le Président. Veuillez donc ne pas interrompre. M. Dupin, dans ce moment, a la parole sur le règlement; cette question-là est toujours à l'ordre du jour.

M Dupin. Il y a, vous disais-je, l'article 41, dont l'exécution n'est suspendue par aucun décret; et puisqu'on a parlé, avec raison, de l'exécution de la Constitution, et fait tant de menaces pour ceux qui n'obéiraient pas à la Constitution tout entière, permettez-moi de la citer, même dans les points où elle peut vous contrarier, et de vous adjurer de ne pas la violer vous-mêmes · veuillez, au moins, en entendre la lecture, sauf à la discuter. (Très bien!)

« Art. 41. Aucun projet de loi, sauf les cas d'urgence, ne sera voté définitivement qu'après trois délibérations, à des intervalles qui ne peuvent être moindres de cinq jours. »

Plusieurs voix à l'extrême gauche. C'est pour la Législative! — Ça ne regarde pas la Constituante!

M. Dupin. En présence de ces dispositions, il est évident que la Constitution n'admet une Assemblée unique qu'avec des remèdes contre la précipitation et contre les regrets. (Interruptions diverses.)

M. Deslongrais. Je demande la parole.

M. Dupin. Le premier droit est ajourné, celui qui est accordé au président de la République, et il en aurait probablement usé pour venir vous expliquer...

Voix à gauche. Qu'en savez-vous ?

M. Dupin. Je le suppose.

M. Laussedat. Vous n'avez pas le droit de dire cela; vous ne le savez pas, vous ne devez pas le savoir.

Un membre. Vous ne devez pas engager le président!

M. Dupin. Il aurait eu le droit incontestable d'en user. Mais si ce remède est interdit, puisqu'un décret formel en a ajourné l'exercice, je demande pourquoi l'article 41 n'est pas exécutoire, puisqu'il n'est pas du nombre des quatre articles auxquels on a fait exception dans le décret du 28 novembre.

Un membre. Si! Lisez le paragraphe suivant.

M. Dupin. On vient de me dire : « Oh ! c'est pour une assemblée législative. » C'est-à-dire pour une assemblée législative qui ne fera plus que des lois secondaires, des lois courantes. Celle-là sera obligée de prendre des précautions contre les cas de surprise. Mais une assemblée constituante est dispensée de toutes ces précautions. Ainsi, non-seulement un projet de loi pourra être voté par vous avec précipitation, mais un simple amendement arrivera à l'improviste, qui pourra culbuter les finances de l'Etat... (Violents murmures et dénégations à gauche. — Vive approbation sur d'autres bancs.)

M. Dupont (de Bussac). La Constitution a été votée comme cela!

M. Dupin... Et vous n'aurez aucun recours?

A gauche. L'ordre du jour! l'ordre du jour!

Autres voix nombreuses. Non! non! — Parlez! parlez! (Bruit prolongé.)

Plusieurs membres à l'orateur. Attendez le silence!

M. le Président. Je répète à l'Assemblée qu'il est impossible de discuter, de délibérer, si elle continue ainsi à se livrer à des manifestations aussi bruyantes. Le droit de l'orateur est un droit sacré; que chacun en use, mais qu'il le respecte dans les autres. (Très-bien! très-bien!)

M. Dupin. Je répète donc qu'on a voulu des précautions contre la précipitation; et l'Assemblée, qui est appelée à faire les lois les plus importantes, les plus graves, serait seule privée du droit de réfléchir avec maturité sur ce qu'elle fait ! (Rumeurs à gauche. — Assentiment sur plusieurs bancs.)

Pour le vote de la Constitution, dont on me parlait tout à l'heure, vous avez voulu deux lectures. Il en est résulté plusieurs corrections utiles à la seconde lecture, qui auraient laissé des regrets si l'on n'avait pas employé cette forme. (Interruption. — C'est vrai ! — Bruit à l'extrême gauche.)

Quelques membres à droite. Imposez donc silence à M. Deville, monsieur le président !

(M. Deville se lève et répond quelques mots au milieu du bruit. — A l'ordre ! à l'ordre !)

M. Dupin. Pourquoi ne pas faire de même en cette occasion ? Je réponds à ceux qui m'interrompent en alléguant les pouvoirs souverains de l'Assemblée : Eh ! puisqu'elle est souveraine, elle peut donc, si elle le veut, ordonner un nouvel examen ! J'ai le droit, au moins, de faire appel à cette souveraineté...

Un membre. Elle a jugé.

M. Dupin. Elle a jugé en première instance. Or, même dans les monarchies absolues, on appelle de Philippe ivre à Philippe à jeun. (Bruyantes exclamations. — Agitation prolongée.)

X *bis.*

SÉANCE DU 2 JANVIER 1849.

Pour la mise à exécution de l'art. 41 *de la Constitution qui soumet à trois lectures l'adoption des projets de loi.*

(La commission du règlement avait proposé un article à ce sujet au milieu de plusieurs autres dispositions qui auraient pu entraîner de longues discussions. On voulait, par exemple, remettre en question la composition des *comités*... Les uns voulaient tout ajourner ; d'autres soutenaient que l'art. 41 était inapplicable à *la Constituante !* etc.)

M. Dupin. Messieurs, s'il était question de refaire tout le règlement, je conçois, en effet, qu'à l'époque où nous en sommes de nos travaux, on pourrait regretter le temps assez considérable qu'il faudrait y consacrer. Ainsi, si l'on voulait remettre en question la séparation de l'Assemblée en comités et en bureaux, et procéder à la nouvelle organisation de ces instruments de travail pour fonctionner et examiner les différentes propositions, cela nous reporterait presque aux premiers jours de notre réunion. Je demande, au contraire, qu'en laissant de côté les autres propositions qui sont relatives au règlement, on accorde la priorité à l'art. 54 du projet de votre commission, parce que cet article a un caractère tout particulier d'urgence et de nécessité; il est destiné à faire fonctionner l'art. 41 de la Constitution, qui déclare qu'aucun projet de loi, sauf en cas d'urgence, ne sera voté définitivement qu'après trois délibérations.

Cet article est d'autant plus nécessaire qu'il a été la condition de l'Assemblée unique; il est d'autant plus nécessaire que l'art. 58, qui donnait au président de la République le moyen de former un temps d'arrêt, est, quant à présent, suspendu (je ne sais pas trop pourquoi; on pourra l'examiner plus tard)... (Bruits divers.)

Quelques voix. C'est la loi!

M. Dupin. Oui, la loi; mais une loi réformable. En effet, quant a présent, ce droit est suspendu par un simple décret; or ce décret, comme tous les autres décrets qui ne sont pas constitutionnels, peut être examiné, et sera susceptible d'être modifié ou rapporté; vous ne le nierez pas.

On répond, à l'art. 41, que cet article ne serait pas applicable, parce que vous êtes Assemblée constituante. Assemblée constituante, et pourquoi serait-elle dispensée d'exécuter la Constitution? Pourquoi, quand les autres pouvoirs l'exécuteraient, l'Assemblée serait-elle la seule qui ne voudrait pas l'exécuter en un point qui règle précisément sa manière de fonctionner et de faire les lois qui lui restent à faire?

Au surplus, je ne dispute pas sur le mot *Assemblée constituante*, je dis seulement que la Constitution est faite; j'ajoute que vous n'avez pas le droit de faire ou de défaire un article de la Constitution. Vous garderez le nom que vous voudrez; mais, sachez-le bien, vous ne pouvez plus faire que des lois révocables par vous, ou révocables par vos prochains successeurs.

Voilà notre position; je ne dispute pas sur le mot, j'en donne la définition : vous ne pouvez, je le répète à dessein, faire ni défaire la Constitution; vous ne pouvez faire que des lois révocables par vous ou révocables par vos successeurs (c'est évident!); c'est le pouvoir législatif; je n'en connais plus d'autre en présence du pouvoir exécutif qui, aujourd'hui, n'est plus une délégation de l'Assemblée, mais un pouvoir propre, un pouvoir délégué directement par le peuple; un pouvoir qui se tient en face du pouvoir législatif pour fonctionner conformément à la Constitution. (Approbation.)

Eh bien, dans cette situation toute nouvelle, quand le pouvoir exécutif est obligé de respecter vos prérogatives d'une part, de se renfermer dans ses pouvoirs de l'autre, mais de fonctionner cependant sous l'empire de cette Constitution (il en a juré devant vous l'exécution, et, en acceptant ce serment, il allait sans dire que, réciproquement, vous contractiez vous-mêmes l'engagement d'être fidèles à votre œuvre), je demande pourquoi cette résistance à exécuter l'article 41, quand déjà vous vous êtes dispensés de l'exécution de l'article 58 qui donnait un droit correspondant au président de la République, celui d'appeler de nouvelles réflexions sur vos votes?

Quelles raisons vient-on alléguer? On nous dit que c'est au bout de six mois qu'on vient vous proposer une modification si grave à notre règlement.

Mais il y a six mois, quand on a créé une commission de règlement dont j'étais membre avec MM. Dufaure et Vivien, nous n'avons pas eu à réglementer l'article 41 de la Constitution, qui n'était pas encore fait.

La proposition est née il y a un mois, et c'est ce mois-là que la nouvelle commission a employé à préparer le projet qu'elle vous apporte aujourd'hui.

Ainsi le délai n'est pas une fin de non-recevoir contre l'exécution de la Constitution.

Ce n'est pas une raison pour ajourner indéfiniment; au contraire, la nécessité s'en fait plus vivement sentir après ce qui s'est passé: car l'expérience est toujours une leçon. Je dis qu'il y a lieu de venir promptement à l'exécution de cet article 41, vis-à-vis duquel nous n'avons qu'un regret, c'est qu'on ne l'ait pas fait fonctionner plus tôt. (Très-bien!)

Sans doute, il est bon qu'il y ait un règlement qui développe la manière dont cet article 41 devra être exécuté. Mais, avant même qu'il y ait un article de règlement, l'Assemblée était maîtresse de dire que telle proposition serait soumise à plusieurs lectures dont elle aurait fixé les intervalles. Voilà ce que vous auriez pu et dû faire, même en l'absence du règlement.

Et je m'autorise de l'exemple le plus solennel qui ait été donné, je veux dire la manière dont la Constitution a été votée. Si je reviens là-dessus, c'est qu'il est de l'intérêt public de montrer que la Constitution n'a pas été votée légèrement, mais qu'on a employé pour elle plus de solennité même que l'article 41 n'en comporte pour l'examen des autres lois. (C'est vrai!)

Ainsi, non-seulement vous avez nommé une commission spéciale par toute l'Assemblée et à la majorité absolue des voix, mais, après que son projet a été élaboré, vous l'avez renvoyé devant les bureaux. Vous savez que les bureaux ont consacré un mois entier à discuter tous les articles du projet de constitution. Vous savez encore que, par un moyen vraiment extraordinaire, qui n'avait été jamais employé jusque-là dans aucune assemblée, chaque bureau a nommé un commissaire pour venir apporter les observations du bureau et les discuter en présence de la commission de constitution. La commission a employé quinze jours à entendre ces commissaires, dans des séances dont la durée a été de cinq et six heures.

La commission a ensuite mis à profit ces observations, et elle est revenue devant vous avec un second projet. Et, Dieu merci, quoiqu'on ait dit qu'il n'y avait pas assez de liberté à cette époque, la discussion a été grandement libre. Si l'émeute et la révolte, avec tous les désordres qui s'ensuivent, avaient obligé à décréter l'état de siége, ce n'a pas été pour diminuer la liberté, mais pour nous procurer la paix et le silence et faire que l'Assemblée pût délibérer et remplir ses fonctions. (Vive approbation à droite. — Murmures à gauche.)

Nous avons discuté trois cents amendements : n'est-ce donc point là une discussion sérieuse? Et pourtant l'Assemblée, non contente de cela, a ordonné une seconde lecture et une nouvelle discussion; ainsi, en résumé, il y a eu : projet, discussion dans les bureaux, commissaires, second travail de la commission, grande discussion devant l'Assemblée; puis une révision, une seconde lecture à laquelle tous les amendements ont pu se produire, et enfin vote définitif. Voilà, messieurs, ce que vous avez fait, Assemblée constituante ou législative; ne dites donc pas que l'art. 41 n'est fait que pour d'autres assemblées, car vous vous êtes donné, même dans votre souveraineté, la possibilité de revenir et d'examiner à nouveau ce que vous aviez voté une première fois.

Maintenant on voudrait que toutes les lois qui vous restent à faire fussent en quelque sorte vouées à la précipitation, laissant à l'assemblée qui vous succédera les précautions d'un nouveau règlement

Vous voudriez faire toutes les lois organiques, ne laissant plus à vos successeurs que les petites lois, les lois courantes, d'expédition d'affaires, le budget... (Interruption.)

M. Alem-Rousseau. C'est surtout le budget que nous voulons faire.

M. Dupin. Vous ferez ce que vous pourrez et non pas ce que vous voudrez! (Approbation à droite.)

Une voix. A l'ordre! (Allons donc! allons donc!)

M. Dupin. Et c'est parce que, dites-vous, vous avez peu de temps de reste pour faire les lois organiques qu'il faut les faire vite et se dégager des entraves d'un sérieux examen (c'est ainsi que je caractérise le fait), de toutes les réflexions et de la maturité que commande l'art. 41. Pour moi, je pense tout le contraire : c'est précisément parce que vous vous êtes réservé de faire des lois organiques dans le long ordre du jour que vous vous êtes tracé à cet égard, c'est parce que ces lois qui tiennent de près à la Constitution, sans être la Constitution même, exigeraient le plus de maturité, c'est pour cela, dis-je, que j'insiste davantage pour la mise à exécution de l'art. 41 de la Constitution; si vous n'avez pas le temps de tout faire, et je le crois, ce n'est pas une raison pour ne pas faire le mieux possible ce que vous êtes appelés à faire. Je demande la priorité pour l'art. 54. (Vive approbation à droite.)

M. le Président. La parole est à M. Fayet. (Mouvement.)

M. Fayet. L'honorable orateur qui descend de cette tribune a beaucoup simplifié la question. On demandait trois lectures successives de chaque projet de loi soumis à vos délibérations, pour éviter les effets d'une précipitation trop vive dans une œuvre aussi grande que celle que nous accomplissons.

Ce n'est pas là, vient de dire M. Dupin, qu'était la base de la proposition. A quoi tient-elle? Elle tient, a-t-il ajouté, à ce qui vient de se passer, et l'expérience est aussi une leçon.

Que s'est-il donc passé, messieurs? et qu'avons-nous, en revenant sur le passé, à nous reprocher relativement aux lois qui ont été votées?...

(Ici M. l'abbé Fayet a prononcé, en faveur du vote qui avait consacré l'amendement de M. Anglade sur le sel, quelques phrases à l'adresse populaire qui ont été fort applaudies par la Montagne. Il a parlé des *budgets ivres* et du *peuple à jeun!* et des dépenses qu'il fallait réduire; sur quoi on lui a demandé s'il entendait parler des dépenses du clergé?)

M. Dupin demande à répliquer à M. l'évêque d'Orléans. « Messieurs, dit il, je ne reprocherai pas à un orateur aussi grave que celui qui descend de cette tribune (on rit) d'avoir égayé un sujet par lui-même si sérieux. (Approbation à droite. — Réclamations à gauche.)

M. Saint-Gaudens. C'est une proposition qui porte atteinte aux droits de l'Assemblée!

M. Dupin. L'esprit, et surtout un esprit élégant, est de mise partout; sous ce point de vue, je ne veux pas lutter avec lui: mais il faut revenir au fond de la question. La question est toujours celle-ci : L'art. 41 de la Constitution sera-t-il, oui ou non, mis à exécution?

Cet article, dans ses prévisions de sagesse, sera-t-il méconnu au moment où vous avez le plus besoin de faire appel a cette sagesse et de vous ranger sous son drapeau? (Agitation.)

La question n'est pas de savoir si une loi est bonne ou mauvaise. L'art. 41 n'a pas pu faire à l'avance œuvre de discernement entre les lois qui seraient votées; c'est pour les lois de toutes sortes que l'art. 41 est fait; car, si une loi est bonne, ce qui en résulte, c'est qu'elle sera votée deux fois, et confirmée la troisième; c'est qu'on s'affermira dans cette idée qu'on a fait une bonne loi : deux lectures de plus n'en compromettront pas le succès. Si, au contraire, il y a une loi imprudente et irréfléchie, on aura ce que l'homme ne doit pas refuser quand la loi le lui offre, on aura le moyen d'éviter les erreurs ou de les réparer. (C'est cela!)

Ici il est facile de dire, en faveur d'une loi qui est votée et que je n'attaque pas, puisqu'elle est votée... (Dénégations.)

Faites comme moi, respectez les lois que vous avez votées : c'est ce que je vous demande. Je dirai seulement qu'on a tort de rappeler que M. le ministre des finances avait lui-même adressé des reproches à cet impôt; il ne niait pas la convenance d'une réduction sur cet impôt, mais en temps opportun. (Réclamations.)

La liberté de la tribune est peut-être la seule qui nous reste avec une assemblée unique et une délibération unique (rumeurs diverses); je la réclame donc instamment.

J'invoque les seules garanties qui ont été la sanction, la condition de ce vote d'une assemblée unique, c'est-à-dire la garantie de l'article 41, qui se trouve dans la pluralité des lectures et la réitération d'examen. Je ne puis croire qu'il soit sérieusement entré dans la pensée de M. le ministre des finances d'attaquer les impôts : il sait très bien qu'un ministre des finances n'a pas de meilleurs amis que les impôts. (Rires et murmures.) Il ne doit pas en médire, car il ne peut payer qu'avec ce qu'il reçoit.

Mais que venait-il nous dire? La chose la plus sérieuse qu'un ministre des finances puisse dire à une assemblée et qu'une nation puisse entendre; il venait vous dire : Quand j'ai pris les affaires, j'ai trouvé un budget en déficit.

M. Passy, *ministre des finances.* Je demande la parole.

M. Dupin. En déficit de près de 500 millions.

Une voix à droite. Ce n'est pas vrai. (Violents murmures. — A l'ordre!)

M. le président. Les interruptions sont toujours inconvenantes, et la manière dont celle-ci a été faite est plus inconvenante encore.

M. Denjoy. Il faut dire grossière.

M. Dupin. Je répondrai que le chiffre que j'ai cité est précisément celui qui a été apporté à la tribune pour les budgets de 1848 et de 1849 : on a annoncé qu'il serait de 500 et tant de millions; de sorte qu'en en ôtant subitement 46 millions de recettes, on va se trouver approcher beaucoup de 600 millions à la fin de l'exercice 1849.

Voilà les chiffres que j'ai entendus, et si cela n'est pas vrai, le démenti s'appliquerait au ministre qui les a apportés à la tribune; c'est dans cette situation que le ministre des finances est venu vous dire : Je n'ai pas reculé devant les difficultés, je n'ai pas désespéré de la chose publique, je n'ai pas désespéré du crédit en France, j'ai accepté les affaires, parce que j'ai espéré que l'Assemblée me serait en aide. Mais pour cela, quand nos recettes sont loin d'équilibrer les dépenses, quand nous sommes en présence de l'impôt, quand cet impôt ne peut pas suffire aux dépenses ordinaires, quand il y a, en outre, des dépenses extraordinaires, inévitables, de grâce ne diminuez pas les recettes avant d'y avoir pourvu; et il n'y a pas un des membres du suffrage universel, même parmi les moins éclairés, qui ne comprenne cela.... (A la question! à la question!)

Est-ce que par hasard M. l'abbé Fayet n'était pas dans la question, puisque je suis là pour lui répondre?

Il n'y a personne qui n'ait compris qu'on ne pouvait pas diminuer les recettes en présence de dépenses exorbitantes. (Interruption.)

Un membre. Vous insultez l'Assemblée tout entière; vous êtes un mauvais citoyen... (Allons donc!—A l'ordre!)

M. Dupin. Je ne fais pas le procès à ceux qui ont réduit l'impôt sur le sel; la question ne porte pas sur le fond de cet impôt; mais ce que je trouve mauvais comme mesure financière, *c'est que l'on vienne subitement, en présence d'un déficit, introduire un amendement qui a pour résultat d'accroître plus profondément ce déficit.*

Une voix. Mais vous attaquez la loi.

Plusieurs voix à droite. Vous avez écouté l'abbé Fayet; soyez justes, écoutez celui qui lui répond.

M. Dupin. Je n'attaque pas la loi, mais la manière dont elle a été faite. Or quel est le but du règlement?... (Interruption. — Bruit confus.)

M. Le président. On ne veut donc pas qu'on entende! (Agitation.) La liberté, vous n'en voulez pas!

Un membre à gauche. Vous en abusez, de la liberté.

M. Denjoy. Monsieur le président, vous ne présidez pas.

M. le président. Voulez-vous monter au fauteuil et présider à ma place?

M. Denjoy. Je serais plus impartial, monsieur, si j'y étais.

Voix nombreuses. A l'ordre! à l'ordre! (Vive agitation.)

M. le président. L'Assemblée est témoin des efforts que je n'ai cessé de faire, depuis que M. Dupin est à la tribune, pour obtenir le silence.

Voix nombreuses. Oui ! oui ! — C'est vrai.

Quelques membres à droite. Non ! non !

M. LE PRÉSIDENT. J'en appelle à l'impartialité de M. Dupin lui-même.

Voix nombreuses. A l'ordre ! à l'ordre !

M. LE PRÉSIDENT. Je ne rappellerai pas M. Denjoy à l'ordre ; je le laisse juge lui même de l'inconvenance de son interruption. (Bruit.)

M. DENJOY. Je demande la parole, puisque j'ai été rappelé à l'ordre.

M. LE PRÉSIDENT. Je vous ai dit, au contraire, que je ne vous rappelais pas à l'ordre, et que je vous laissais juge de l'inconvenance de votre interruption ; par conséquent, je ne puis pas vous donner la parole.

M. LARABIT. Si vous le laissez juge, il faut qu'il s'explique.

M. LE PRÉSIDENT. Je le répète, que chaque membre, que chaque représentant veuille bien être, pour son compte, le gardien de la dignité de l'Assemblée ; et rien n'est plus contraire à la dignité de l'Assemblée que ce tumulte confus, ces interpellations continuelles. Le président a beau faire ses efforts, il lui est impossible de lutter contre le bruit.

M. DUPIN. C'est évident. (Hilarité générale.) Je regrette que le précédent orateur m'ait appelé sur ce terrain et m'ait forcé de l'y suivre. Vous me forcez de le répéter, la question n'est pas sur le fond de l'impôt du sel ; la loi est rendue, je ne l'attaque pas, et je n'en demande pas une nouvelle lecture ; mais mon observation porte sur l'inconvénient qu'il y aurait, dans une assemblée délibérante de neuf cents membres, quelquefois tumultueuse, rarement tumultueuse (on rit), de pouvoir, par des amendements subits, démolir un impôt et rompre l'équilibre qui déjà n'existait pas entre les recettes et les dépenses. Voila la question.

Il est évident que ce qui s'est fait une fois pourrait se faire une autre. Ce danger n'existe pas seulement pour des questions d'argent, il existe aussi pour les questions de principe. Il y a là, par conséquent, une question de nécessité ; c'est celle que j'invoque. Cette proposition raisonnable, celle de la commission n'est autre chose que la mise en œuvre des précautions de l'article 41. Cette exécution n'est subordonnée à aucune condition

La commission vous propose de faire un article, et il est urgent de faire cet article, afin de ne pas vous exposer dans l'avenir à de nouvelles surprises par des amendements qui pourraient jeter la perturbation dans les services publics.

D'ailleurs je rends cette justice à M. l'abbé Fayet, au fond, qu'il n'a pas concouru à cette perturbation, car il a voté contre l'amendement. (Rires et exclamations.)

(M. Passy, ministre des finances, demande à répondre à son tour).

M. LE PRÉSIDENT. M. le ministre des finances a la parole.

M. HIPPOLYTE PASSY, *ministre des finances*. Citoyens représentants, je ne dirai pas un mot de l'impôt du sel, et c'est à regret que, dans un intérêt d'ordre public, je me vois forcé de relever quelques-unes des assertions de M. l'abbé Fayet.

M. l'abbé Fayet vous a dit : Autrefois on mesurait les dépenses sur les recettes; aujourd'hui on mesure les recettes sur les dépenses. Rien de plus inexact. Que M. l'abbé Fayet veuille bien consulter l'histoire financière de la France, il trouvera qu'à toutes les époques les populations ont été impitoyablement pressurées; et cela pourquoi ?

C'est que sous des gouvernements absolus on ne mesurait pas les dépenses aux recettes; on faisait les dépenses et on demandait ensuite aux populations de les payer. (C'est très-vrai.)

Maintenant, messieurs, c'est chose fâcheuse, et je n'hésite pas à le dire, que de présenter au pays les exigences du budget comme des exigences dont le gouvernement seul est responsable. Et le budget, qui donc le fait? C'est vous, c'est vous qui le faites, c'est la représentation tout entière du pays qui vient de le voter. Et qui donc a introduit aux budgets tant de dépenses nouvelles ? D'abord les assemblées qui ont précédé celle-ci, puis celle-ci même. (Très-bien !)

Une voix. C'est vrai, nous avons voté les millions sans les compter.

M. LE MINISTRE DES FINANCES. Il y a une chose commode pour les assemblées, c'est de diminuer les recettes et de demander les dépenses nouvelles qu'elles jugent utiles. (Nouvelles marques d'assentiment.) Voilà la pente sur laquelle s'est placée l'Assemblée, pente dangereuse et funeste, et sur laquelle, quant à moi, je ferai tous mes efforts pour contenir l'Assemblée. Oui, c'est une tendance funeste de diminuer les recettes et d'augmenter les dépenses. Le budget, c'est vous qui l'avez fait; il n'y a pas dans le budget une dépense que vous n'ayez voulue ou consentie. (Oui! — Très-bien!)

Eh bien, quand vous avez imposé au pays une quotité de dépenses, il faut y faire face. Et pourquoi suis-je monté à la tribune dans une question de règlement? Je vais vous le dire : c'est que, dans le temps où nous sommes, on paye difficilement, la population est appauvrie; et quand d'une bouche aussi grave que celle de M. l'abbé Fayet tombent les paroles que vous avez entendues, ces paroles ne sont autre chose qu'une déclaration aux contribuables, qu'on leur demande injustement plus d'argent qu'il n'est nécessaire de leur en demander. (Très-bien!)

M. L'ABBÉ FAYET. Je demande la parole.

M. LE MINISTRE DES FINANCES. C'est, dans une certaine mesure, inspirer aux contribuables des méfiances sur la légitimité des demandes d'argent qu'on leur fait. (Marques très-vives d'adhésion.)

M. THIERS Il n'y a pas de gouvernement possible à de telles conditions.

M. LE MINISTRE. Messieurs, vous avez voté l'impôt des 45 centimes; a-t-il été facile à percevoir? (Mouvements divers.)

Quelques voix. C'est le gouvernement provisoire qui l'a décrété.

M. LE MINISTRE. Je ne fais de reproche à personne.

M. ROUHER. Nous l'avons ratifié; la perception en était faite aux trois quarts lorsque nous avons donné notre sanction.

M. LE MINISTRE DES FINANCES. Quand je parle de l'impôt des 45 centimes, je cite un fait en exemple de la vérité de mes assertions. Je le répète donc, il n'y a pas au budget une dépense qui n'ait été ratifiée par l'Assemblée (C'est vrai!), et ce qui me semble, à moi, être le devoir d'une assemblée qui vote les dépenses, c'est de ne rien dire, entendez-moi bien, c'est de ne rien dire qui puisse affaiblir dans les contribuables le sentiment du devoir envers l'Etat, qui puisse leur laisser des doutes sur l'obligation morale qui s'attache à l'acquittement de leurs contributions. (Très-bien! — Adhésion générale.)

Nota. La priorité a été accordée à l'art. 54 du projet de règlement, comme l'avait demandé M. Dupin.

M. Sénart au nom de la commission du règlement : Nous avons cru qu'il importait à la dignité de l'Assemblée que les lois organiques qu'elle fera fussent votées avec des solennités analogues à celles de la Constitution dont elles sont le complément. Il nous a paru parfaitement logique d'appliquer au vote de ces lois organiques la règle tracée par l'art. 41 de la Constitution, sur les trois lectures et sur l'intervalle qui devait séparer les délibérations.

M. le président lit et met aux voix l'art. 54 du projet, lequel est adopté en ces termes :

« Après la distribution du rapport, l'Assemblée fixe le jour de la discussion. »

C'est comme l'art. 52 du règlement existant, il n'y a pas à le mettre aux voix.

Voici l'art. 55 :

« Au jour fixé, la discussion est ouverte.

» Aucun projet de loi, sauf les cas d'urgence, ne sera voté définitivement qu'après trois délibérations, à des intervalles qui ne peuvent pas être moindres de cinq jours.

» La premiere portera spécialement sur l'ensemble du projet; l'Assemblée sera consultée pour savoir si elle doit passer à la deuxième délibération.

» A la deuxième, il sera procédé au vote de chaque article et des amendements qui s'y rapportent; l'Assemblée décidera ensuite si elle doit passer à la troisième délibération.

» Après cette dernière, qui comprendra l'ensemble et les dispositions du projet, il sera procédé au vote définitif.

» Les amendements nouveaux qui seront présentés après la clôture de la seconde délibération devront être communiqués à la commission, imprimés, distribués un jour au moins avant l'ouverture de la troisième.

» S'il en est présenté dans le cours même de cette délibération, ils ne pourront être définitivement adoptés qu'après que l'Assemblée, consultée, aura déclaré les prendre en considération et les aura renvoyés à l'examen de la commission.

» Les dates successives des trois votes seront indiquées en tête de chaque loi.

» Si, après une des trois délibérations, le projet a été repoussé, il ne pourra être reproduit avant le délai de trois mois. »

(Les autres articles du règlement sont ajournés.)

XI.

SÉANCE DU 12 OCTOBRE 1848.

Contre l'amendement de M. Aylies, qui tendait à réserver au président de la République l'initiative des propositions d'amnisties. (Art. 55.)

M. Dupin. Il n'est pas douteux qu'il peut s'attacher quelque inconvénient à la demande intempestive qui serait faite par un membre isolé, d'une amnistie plus ou moins étendue. Mais la même réflexion peut s'appliquer à beaucoup d'autres propositions ou à des interpellations qui peuvent aussi émaner de chacun des membres de cette Assemblée. Et cependant ces inconvénients n'ont jamais paru assez considérables pour porter atteinte au droit fondamental, essentiel, qui appartient à chacun des membres de l'Assemblée, qui n'est autre que le droit de l'Assemblée elle-même. (Très-bien!)

Ce droit, elle ne l'exerce jamais, par ses votes, que sur l'initiative de quelqu'un de ses membres; il faut donc maintenir le droit individuel.

On a cherché une analogie avec les traités qui devront vous être soumis. Sans doute, vous ne pouvez être saisis, dans ce cas, que par le président. Pourquoi? Parce que lui seul négocie, et qu'il faut qu'il ait négocié et soit arrivé à conclure un traité, pour venir vous en demander la ratification.

Mais ici, ce n'est pas la même chose, c'est par une loi que l'amnistie doit être accordée. Pourquoi? Parce que, au lieu de venir après justice faite, comme la grâce, après que les lois du pays ont reçu satisfaction, l'amnistie peut être demandée quelquefois, et elle l'est le plus souvent, avant que des poursuites aient été faites, et en vue de les arrêter, en vue, par conséquent, d'empêcher l'exécution des lois. Or, il n'y a qu'une loi qui puisse accorder cette dispense. (Oui ! oui !)

Le président de la République aura le droit de proposer l'amnistie; mais, quand une chose ne peut se faire que par une loi, pouvait-il venir à l'esprit de la Commission de demander que, pour ce cas, on retirât exceptionnellement aux membres de l'Assemblée le droit d'initiative qui leur appartient pour toutes les lois? (Aux voix! aux voix!)

(L'amendement a été rejeté.)

XII.

SÉANCE DU 12 OCTOBRE 1848.

Contre le mode de promulgation des lois proposé par M. Auguste Clément. (Art. 47.)

M. Dupin. Voici l'article du projet de Constitution :

« Les lois d'urgence sont promulguées dans le délai de trois jours, et les autres lois dans le délai d'un mois, à partir du jour où elles auront été adoptées par l'Assemblée nationale. »

On met le délai d'un mois, ce qui ne veut pas dire que les lois ne seront promulguées qu'au bout d'un mois; elles pourront l'être dès le lendemain, ce que ne permet pas l'amendement de M. Clément : car, au contraire, il veut qu'on attende dix jours dans tous les cas; mais il ne permet pas d'attendre plus de dix jours. Or si, par exemple, on votait un Code, si on le revisait, on n'aurait pas le temps nécessaire pour le faire imprimer correctement, pour s'assurer qu'on le livre au public dans un grand état d'exactitude; on n'aurait pas ce délai-là avec dix jours. Il ne faut pas non plus défendre d'exécuter la loi avant dix jours, car il peut être nécessaire de l'exécuter dès le lendemain.

(L'amendement a été rejeté.)

XIII.

Séance du 12 octobre 1848.

Contre l'amendement de M. Leblond, qui restreignait à dix jours le plus long délai pour la promulgation des lois; au lieu d'un mois accordé par le projet de Constitution. (Art. 57.)

M. Dupin. La commission ne met pas d'obstination dans ses avis ; mais elle tient à faire entendre ses raisons.

Ce qui est dit dans l'article 55, du droit donné au président de la République, d'appeler l'Assemblée à un nouvel examen, exige évidemment un délai raisonnable. La mesure est dans l'intérêt de l'Assemblée autant que dans l'intérêt personnel du président, et, pour mieux dire, elle n'est que dans l'intérêt public et général; elle est pour le cas où une disposition regrettable se serait glissée dans la loi, dans des cas graves qui, par cela même qu'ils seront graves, se présenteront rarement, mais qui alors intéresseront l'Assemblée autant que le président de la République. Or, si dans ces cas-là vous revenez trop vite devant l'Assemblée, si on revient devant l'Assemblée trop précipitamment, et avant que l'émotion qui a pu accompagner le vote de la loi se soit calmé, dans le plus grand nombre de cas la mesure sera illusoire. Il n'y faut revenir que quand la maturité, le calme, le sang-froid seront rétablis; quand l'opinion publique, arrivée de loin et du dehors, aura pu se faire entendre, quand toutes les réclamations auront pu se produire. N'oublions pas que nous sommes une Assemblée *unique*; ne nous dissimulons pas les *inconvénients* qui s'attachent à un seul examen au lieu de deux; quoiqu'il y ait trois lectures, un *amendement regrettable* a pu ne se glisser qu'à la troisième lecture [1].

[1] C'est ce qui est arrivé à la séance du 28 décembre 1848. L'Assemblée, en adoptant brusquement l'amendement de M. Anglade, qui réduisait des deux tiers l'impôt du sel à compter du 1er janvier 1849, a fait perdre au Trésor un revenu de 46 millions, au moment où le ministre des finances (M. Passy), venait d'accuser un déficit de près de 600 millions sur les deux exercices de 1848 et 1849. Voyez ci-dessus l'incident élevé par moi à la séance du 29, sur la manière d'appliquer l'art. 41 sur les trois lectures.

Laissez donc, après la loi votée, le délai d'un mois. Cela ne veut pas dire qu'on ne puisse pas promulguer dès le lendemain, mais le pouvoir exécutif n'y sera pas obligé; et s'il veut différer, on aura le délai d'un mois pour arriver à résipiscence. (Aux voix!)

(L'amendement de M. Leblond a été rejeté)

XIV.

SÉANCE DU 12 OCTOBRE 1848.

Contre la proposition d'assujettir le président de la République qui voudrait remettre une loi en délibération, à ne le faire que « sur l'avis conforme du conseil d'État. » (Art. 58.)

M. Dupin. La commission ne peut pas consentir à un amendement dont le résultat serait de mettre le président de la République dans une véritable tutelle vis-à-vis du conseil d'Etat, à l'occasion d'un droit qu'on entend lui accorder personnellement dans l'intérêt du pouvoir exécutif, comme étant à la tête de l'administration, comme pouvant pressentir des inconvénients qui n'iraient pas frapper au même degré le conseil d'Etat.

Que le conseil d'Etat soit consulté quand le pouvoir exécutif croira devoir le faire, quand la chambre croira nécessaire de lui renvoyer certaines lois : que dans les actes d'exécution des lois, on exige aussi son intervention, rien de mieux. Mais on ne la comprend pas dans une question que j'appellerai, non pas de prérogative, mais de haute compétence, qui tient à l'initiative du président et à sa détermination.

Ainsi le président sera vivement affecté d'un article de loi, croyant qu'il va susciter des embarras à l'administration de l'Etat; et il ne pourra pas en saisir l'Assemblée! et il faudra qu'il ait l'*avis du conseil d'Etat*, non pas seulement l'avis pour s'éclairer, mais l'*avis conforme!* (Car c'est là ce qu'on demande.)

Autant vaudrait dire que ce sera le conseil d'Etat qui aura la prérogative, et que le président sera tenu, si le conseil d'Etat l'ordonne, de saisir l'Assemblée de la révision des lois.

La commission repousse l'amendement. (Approbation.)

M. LE PRÉSIDENT. M. Demésanges ayant renvoyé son amendement à la discussion de l'art. 68, nous passons à l'amendement de M. Langlois, qui propose d'ajouter, après le premier paragraphe de l'art. 55, ces mots :

« Le conseil d'Etat sera préalablement appelé à donner son avis motivé sur la loi présentée. »

L'amendement est-il appuyé? (Non! non!) Alors je ne le mets pas aux voix.

XV.

SÉANCE DU 14 OCTOBRE 1848.

Sur l'amendement de M. Méaulle, tendant à attribuer la connaissance des affaires correctionnelles au jury. (Art. 82).

M. DUPIN. Messieurs, je ne veux pas donner une grande extension à cette discussion; mes forces, d'ailleurs, ne me le permettraient pas. (L'orateur en effet a l'organe fatigué.) Je veux seulement reproduire quelques-unes des raisons principales qui ont déterminé votre commission à ne pas admettre l'intervention du jury en matière correctionnelle, pas plus qu'en matière civile.

A la vérité, lors du premier projet, un article qui laissait cette expectative du jury en matière correctionnelle avait été adopté, non sans de grands débats et à une tres-faible majorité. Mais, à côté du travail de la commission, il y a eu un travail très-sérieux que vous ne pouvez pas oublier : c'est celui de tous les bureaux, qui s'en sont occupés pendant un mois entier avec une grande sollicitude, et qui ont nommé chacun un commissaire pour venir devant la commission exposer les raisons des différents bureaux. Eh bien! presque tous les bureaux, et je ne sais si ce n'est pas même tous les bureaux...

Quelques voix. Pas tous!

M. DUPIN. Non, pas tous, mais enfin un très-grand nombre; tous se sont prononcés contre le jury en matière civile, et un grand nombre contre le projet d'étendre le jury aux matières correctionnelles. Après avoir entendu ces réclamations, la commission, délibérant de nouveau, a reconnu qu'il y avait lieu de retrancher tout a fait et l'annonce d'un jury en matière civile et l'expectative d'un jury en matière correctionnelle. En interrogeant tous les souvenirs, il y a même cela de particulier qu'en 1791 ceux qui, dans la première ferveur de l'institution du jury, avaient cru pouvoir demander qu'on l'étendît même aux matières civiles, n'avaient jamais conçu l'idée de l'étendre aux matières correctionnelles, tant ils avaient vu de difficultés et d'impossibilités pour l'appliquer convenablement.

En conséquence, nous avons laissé seulement ce grand principe dans la *Constitution*, que « le jury continuera d'être appliqué en matière criminelle. » C'est là la garantie des citoyens pour la sûreté de leurs personnes, pour la sûreté de leur vie, de leurs droits les plus éminents.

Aujourd'hui, l'on vient réclamer le rétablissement de la disposition qui permettrait le jury en matière correctionnelle, et il y a un autre amendement qui, s'il n'est pas abandonné, propose de l'établir aussi en matière civile. On place cette demande sous la protection de ce que l'on appelle un principe général, mais dont, à mon avis, on fait une fausse application.

On vous dit : Toute justice émane du peuple, toute justice se rend au nom du peuple français. Cela a remplacé l'ancienne maxime : Toute justice émane du roi. Et de ce que toute justice se rend au nom du peuple français, on conclut que toute justice doit se rendre par le peuple français.

Mais, messieurs, il n'y a pas de nécessité de tirer cette conséquence. La loi est faite aussi au nom du peuple français; la loi est considérée comme l'expression de la volonté générale, elle est l'émanation de la souveraineté du peuple; cependant la loi se fait par des délégués, par des députés. Ici on dit : Il y a des délégués, il faudrait donc qu'il y eût des jurés. Mais précisément, quoique tous les pouvoirs émanent du peuple, le peuple ne pouvant pas les exercer tous, ces pouvoirs s'exercent par délégation.

Il y a différents modes de délégation : il y a la délégation directe du pouvoir législatif à l'Assemblée; il y a la délégation directe du pouvoir exécutif au président de la République ; il y a la délégation subsidiaire à des juges; il y a la délégation subsidiaire à des administrateurs; il y a le départ de toutes les fonctions publiques sans que le peuple soit appelé à faire par lui-même la besogne, qui cependant se fait en son nom.

Remarquez que, si ce qu'on pose comme un principe était vrai, comme il est aussi vrai de dire en matière civile qu'en matière criminelle que la justice se rend au nom du peuple français, il faudrait que tout fût jugé par le jury, non-seulement dans les procès criminels, non-seulement dans les procès correctionnels, mais aussi dans les procès de police et dans les procès civils à tous les degrés, enfin les procès commerciaux; en un mot, il faudrait que tout se fît par le jury en France, ce qui est reconnu impossible pour beaucoup de matières et sujet à de grands inconvénients pour la plupart.

Ces inconvénients sont énormes en matière de police correctionnelle.

Ainsi, pour ne donner qu'un exemple, car je ne veux pas entrer dans de longs développements, il y a un très-grand nombre de délits correctionnels qui se jugent sur procès-verbaux auxquels on ajoute foi jusqu'à inscription de faux. Eh bien! vous allez produire ces procès-verbaux devant le jury; il n'a rien à apprécier, il n'a pas à apprécier une intention; le procès-verbal suffit pour constater le fait matériel. S'il veut dire : Non, en présence de ce procès-verbal, c'est un scandale, un démenti donné par une autorité à une autorité; ce n'est pas là un jugement, ce serait une perturbation. Et cependant que de matières qui touchent essentiellement à la prospérité de l'État dépendent de ce jugement de contraventions qui ne sont attestées que par des procès-verbaux! Telles sont les contraventions en matière de contributions indirectes, les contraventions en matière de douane. S'agit-il des délits forestiers, il y a par an soixante-dix mille affaires forestières : combien de jurés faudrait-il déplacer pour les juger? Ajoutez que, dans les cas de simple contravention qui se jugent aussi sur procès-verbaux, on juge sur un fait matériel sans qu'il y ait à apprécier aucune intention. Or le jury est surtout invoqué pour apprécier l'intention des accusés; d'où il suit que, dans tous ces cas, l'intervention du jury serait parfaitement inutile.

Telle est l'immensité des affaires, qu'il y aurait impossibilité pour la justice de juger; car, si un tribunal correctionnel peut juger vingt ou trente affaires dans une audience, avec le jury on n'en jugerait pas quatre. Vraiment, je ne sais pas comment le jury pourrait y faire face.

On dira : Mais il y a des procès correctionnels qui offrent un caractère tel, qu'on ne peut méconnaître l'utilité qu'il y aurait à les faire juger par le jury. Dans ce cas-là, au lieu de faire descendre le jury dans les tribunaux correctionnels, faites remonter certains procès aux assises avec le jury. (C'est cela! c'est cela!)

Ainsi les procès de la presse pendant quelque temps ont été attribués à la police correctionnelle. On n'a pas voulu leur accorder les garanties du jury. Les amis de la liberté ont réclamé avec instance, pas toujours avec succès, pour que le jury connût de tous les délits de la presse sans distinction. On a fini par obtenir satisfaction, et tous les délits de la presse, même ceux qui ne sont pas du grand criminel, qui ne sont que correctionnels, seront jugés par le jury. Eh bien, au lieu d'inscrire dans la Constitution qu'on pourra faire cela, il suffit qu'on ne le défende pas pour que ce soit possible. Il est donc inutile de mettre une pierre d'attente dans la Constitution; il serait même dangereux de promettre une chose qui serait impraticable et qui ne tendrait qu'à constituer la législation en une sorte de contradiction avec cette espérance.

Voilà les motifs qui nous ont fait repousser le jury de tout ce qui regarde les matières correctionnelles.

Quant à l'application du jury aux matières civiles, elle a été repoussée unanimement. (Marques d'approbation.)

Nota. **L'amendement de M. Méaulle est mis aux voix et rejeté par 421 voix contre 301.**

Note historique sur le jury en matière civile.

En 1790, plusieurs membres de l'Assemblée constituante songèrent aussi à appliquer le jury au jugement des procès civils. Thouret, rapporteur du comité de l'organisation judiciaire, combattit énergiquement ce projet : « Ce se» rait, disait-il, risquer de perdre pour jamais la jouis» sance du jury. » — « Gardez-vous bien, ajoutait Regnier, » de vous exposer aux reproches des siècles à venir, en » décrétant un principe d'une exécution impraticable; » et il continuait ainsi (séance du 7 avril 1790) :

« On prétend qu'il y a parité complète entre les affaires civiles et les affaires criminelles. Y a-t-il un délit? Quel est le coupable? Les preuves sont-elles concluantes? Voilà ce que doit examiner l'expert en matière criminelle. Mais quelle différence en matière civile! Dans tous les actes, dans toutes les espèces de contrats il se trouve très-souvent des clauses sur la signification desquelles les hommes sont divisés : voilà l'origine des procès civils. Les citoyens qui se sont consacrés dès l'enfance et qui ont passé toute leur vie à étudier les intérêts des hommes craignent encore de n'être pas justes; et des jurés, tout neufs pour les affaires, croiraient pouvoir juger des contestations difficiles sans autre règle que le bon sens? »

Robespierre combattit vivement ces objections; non-seulement il insista pour que le principe de l'institution du jury en matière civile fût posé dans la Constitution, mais il s'opposa à ce que l'application du principe fût différée jusqu'en 1792.

« Ce serait y renoncer pour toujours, dit-il, ce serait aider à la renaissance de cet esprit aristocratique qui se montre chaque jour avec cette assurance qu'il avait perdue depuis plusieurs mois... Le moment pour cette belle institution est donc venu... Qui vous dit que ce moment reviendra? et si vous n'êtes pas sûrs de son retour, de quel droit hasarderez-vous le bonheur du peuple? »

Robespierre parlait ainsi en 1790; nous verrons tout à l'heure qu'en 1793 ses opinions paraissent, à cet égard, singulièrement modifiées, et qu'il n'hésitait pas alors à se ranger parmi les adversaires du jury civil.

Sieyès intervint à son tour dans la discussion, et il proposa à l'Assemblée constituante un système dont la base était le jury, mais qui, dans l'application fort compliquée, s'écartait un peu, comme on va voir, du principe de cette institution. Dans la séance du 8 avril 1790, il développa le projet suivant : — Toute affaire civile ou criminelle devait être jugée par un jury; nul citoyen ne pouvait être juré ou conseiller de justice s'il n'était éligible ou homme de loi. L'élection des jurés ou conseillers de justice était faite dans l'assemblée électorale du département. — L'opération de l'élection commençait par la présentation des candidats, dont les noms restaient exposés durant quarante-huit heures dans la salle de l'Assemblée; puis les noms des candidats, représentés par des numéros, étant lus devant les électeurs, ceux-ci inscrivaient sur leurs bulletins les numéros correspondants aux noms des candidats qu'ils adoptaient. — La liste ainsi formée, la formation des jurys de jugement était abandonnée au pouvoir discrétionnaire du procureur-syndic, qui devait seulement choisir les jurés « parmi les *pairs* des plaideurs, » c'est-à-dire parmi les citoyens qui étaient dans une position semblable ou analogue de devoirs et de relations » de fortune et de société, et à qui, par ces raisons, le caractère légal des cas à juger devait être mieux connu. » Suivaient certaines dispositions particulières de *pairie* ou *parité*, pour employer les expressions de Sieyès, dans le cas où l'un des plaideurs était étranger; des proportions à établir entre le nombre des jurés *gens de loi* et jurés *élus*, etc., etc. C'était au juge qu'il appartenait de poser les questions, et voici enfin comment Sieyès avait imaginé de résoudre la plus grave difficulté, celle qui consiste pour le jury à dégager le point de fait du point de droit. « Les jurés ne se décourageront pas, » dit Sieyès dans l'article 121 de son projet. Ce systeme fut discuté dans la séance du 28 avril. Combattu tour à tour dans son principe et dans ses détails par Thouret, Fermon et Tronchet, il fut presque unanimement repoussé.

Telle était donc l'opinion bien arrêtée de l'Assemblée constituante. Il n'est pas moins intéressant de savoir ce qu'en pensa la Convention.

A la séance du 19 juin 1793, Hérault de Séchelles, présentant le rapport du comité chargé de poser les principes d'organisation judiciaire à introduire dans la Constitution, déclara que le comité avait repoussé l'institution du jury au civil. Barrère et autres combattirent ces conclusions. Robespierre à son tour prit la parole, et son discours est loin de ressembler à celui qu'il prononçait en 1790. Il ne pouvait pas sans doute combattre une opinion qu'il avait si énergiquement défendue trois ans auparavant, mais on peut voir que si, en 1790, il avait, au point de vue politique, soutenu l'institution du jury, au point de vue judiciaire il n'arrivait pas à la même conclusion. En 1790, il ne voulait pas qu'on différât d'un jour; en 1793, il demande l'ajournement. D'autres orateurs s'expriment avec moins d'hésitation, et, comme on va le voir par les citations qui suivent, ceux-là n'étaient pas suspects de faiblesse pour la cause de la démocratie. Indépendamment de son intérêt historique, cette discussion est encore aujourd'hui la meilleure réponse à faire aux partisans du jury civil : nous n'en citons que les principaux passages.

COUTHON. « Le système de l'établissement des jurés (au civil) n'est qu'un beau rêve; je pense que ce système est beaucoup plus pernicieux que celui que vous présente le comité. Comment entend-on composer le jury? Ce sera sans doute un certain nombre de juges qui prononceront sur le fait; viendront ensuite trois autres juges, plus ou moins, d'une autre espèce, qui appliqueront la loi; enfin, il y aura un directeur du jury..... Vous voulez détruire la procédure, et vous en créez une monstrueuse; car le juge sera obligé de faire une instruction pour mettre les jurés en état de prononcer, et cette procédure sera plus volumineuse que celle que pourra nécessiter le système du comité..... Vous voulez détruire les abus, et vous en créez de plus dangereux.

« Dans le criminel, le jury est un établissement bienfaisant; il n'entraîne aucun inconvénient, parce que les jurés n'ont à prononcer que sur un fait infiniment simple. Dans le civil, au contraire, le fait est souvent confondu avec le droit. Je cite un exemple : Je suppose qu'on présente aux jurés un acte qui porte le titre de donation; il faudra d'abord que les jurés cherchent dans les lois les formes qu'elles prescrivent pour constituer une donation, examinent ensuite si l'acte présenté est fait d'après ces formes. Vous sentez quel travail cela exige.....

« Faites attention à un inconvénient grave qui aurait lieu dans l'établissement des jurés au civil : le rassemblement des jurés se ferait lentement, le peuple serait pour ainsi dire obligé d'être continuellement assemblé; il ne pourrait pas obtenir une prompte justice, et se dégoûterait de cet état de choses, et demanderait une Convention pour lui en donner un autre.»

BARRÈRE : « Permettez-moi de vous rappeler l'article de la constitution américaine qui concerne les jurés au civil : « Dans la discussion de la justice, la manière de procéder » par jurés est la meilleure sauvegarde des droits du » peuple. »

(Un grand nombre de voix s'élèvent pour demander la question préalable sur l'opinion de Barrère.)

COUTHON : Je demande l'appel nominal sur cette question : je ne veux pas avoir à me reprocher d'avoir compromis la Constitution.

Barrère : Couthon a proféré un mot contre moi. Il a dit que l'adoption de mon opinion compromettrait le sort de la Constitution. Eh bien, pour qu'on ne dise pas que la question a été décidée avec légèreté, j'en demande le renvoi au comité.

Couthon : J'ai dit que je pensais qu'une pareille institution compromettrait la Constitution : je l'ai dit d'après ma conscience et je n'ai voulu insulter personne ; et actuellement j'ai beaucoup plus de raison de persister dans mon opinion, puisque je la vois appuyée par diverses personnes.

Legendre : Je demande le renvoi de la question au comité et l'ajournement à demain.

Le lendemain (20 juin), Hérault de Séchelles, rapporteur, s'exprimait ainsi :

Depuis la discussion qui s'est élevée hier, votre comité a porté toute son attention sur l'établissement du jury en matière civile. Vous ne pouvez examiner trop sérieusement une question de cette importance. Il ne s'agit de rien moins que du sort de la Constitution elle-même et par conséquent de la République ; car sans la liberté individuelle, que deviennent les droits politiques ? En vain les intérêts judiciaires sont-ils d'un ordre inférieur et subordonné : ils touchent de si près à tous les hommes et à tous les instants de leur existence, que si cette partie de votre ouvrage est manquée, vous fournissez vous-mêmes un des plus puissants moyens de contre-révolution à nos ennemis, à tous ceux qui désespérés de l'état actuel des choses, et ne pouvant plus le combattre directement, n'envisagent d'autre ressource que celle d'*outrer tout ce qui est populaire*, et ne conservent d'autre espérance que celle d'*égarer le peuple en le flattant*, et de le faire périr par *un excès de démocratie*.

L'institution du jury civil nous a paru impraticable, et ceux qui s'obstinent à le soutenir n'ont peut-être pas assez réfléchi sur la nature du jury...

Le jury, en matière criminelle comme en matière civile, ne décide que des faits et non du droit...

Or, quand il serait possible de trouver dans chaque contestation le moyen de déclarer un fait ; s'il n'existe pas une loi pour chaque contestation, comme il en existe une pour chaque délit, que feront les juges chargés d'appliquer la loi? Ils jugeront donc suivant leur opinion. Mais s'ils ne voient pas le fait comme les jurés, ou si, comme il arrivera le plus souvent, le fait peut être considéré sous plusieurs rapports, s'il présente des conséquences différentes, alors les juges seront eux-mêmes jurés, ou plutôt les jurés seront inutiles. Ce serait une monstruosité en matière civile que les juges pussent anéantir, par leur opinion, la déclaration du jury : c'est l'anéantissement du jury lui-même...

.... Dira-t-on que dans ces cas le ministère du juge sera inutile? Mais alors on rend les jurés juges du fait ainsi que du droit; ce qui répugne à la nature des choses : alors ce sont tout simplement des juges, et il n'y a plus de jurés.

. .. Il n'en est pas du civil comme du criminel : en matiere criminelle, quand la loi manque, la décharge de l'accusé est de droit, parce que son délit, ne se trouvant pas dans la loi, n'est plus considéré comme délit : il ne s'agit alors que d'acquitter ou de condamner. Mais en matière civile, une partie peut former une demande juste, avoir les droits les plus légitimes, et il peut se faire que la loi soit muette. Dans ce cas, que fera le juge? Rendrait-il un demandeur dont le droit moral est évident, victime de l'imprévoyance de la loi civile?

Mais il est un motif plus décisif, parce qu'il tient à la nature des choses. C'est que dans presque toutes les contestations, il est impossible de distinguer le fait et le droit, qui, en général, se confondent; qui ne peuvent se conserver, se saisir l'un sans l'autre. Il y a plus; en matière criminelle, on remonte du fait à la loi; en matière civile, de la loi au fait; en sorte qu'il faudrait mettre au civil le juge au premier ordre et les jurés au second.... On oppose l'exemple des Anglais; mais il est de fait qu'ils gémissent sous une justice civile qui est à la fois tres-dispendieuse et très-lente....

.... Le jury civil est donc aussi inconcevable qu'impossible à établir. Que ceux qui le soutiennent nous donnent donc un exemple, qu'ils disent comment ils l'exécuteront; car il ne faut pas en imposer au peuple en lui présentant comme bienfaisante une institution qui ne lui serait que dangereuse ou du moins inutile. Or, en matière judiciaire une institution inutile est un fléau.

Après cette discussion la Convention repoussa l'institution du jury en matière civile, et adopta le projet par lequel le comité proposait la création, sous le nom d'*arbitres publics*, de véritables juges.

XVI.

SÉANCE DU 14 OCTOBRE 1848.

En faveur de l'amendement tendant à faire nommer les membres de la Cour de cassation par le pouvoir exécutif, au lieu de les faire élire par l'Assemblée nationale. (Art. 85.)

M. Dupin : Messieurs, la question de l'élection des conseillers à la Cour de cassation par l'Assemblée nationale, avait été vivement débattue dans la commission. Ce qui avait pu séduire quelques esprits, c'est une considération qui n'est méconnue par personne : c'est qu'un choix par l'Assemblée nationale est ce qu'il y a de plus solennel ; et, par conséquent, on semblait grandir la cour de cassation elle-même, quand on faisait nommer ses membres par l'Assemblée nationale.

Cependant les réflexions n'ont pas tardé à venir, et la commission a été amenée, dans la plupart de ses membres, à changer d'opinion. Ainsi tous les membres présents sont pour l'amendement qui propose de laisser la nomination au président de la République ; et parmi les absents, nous sommes spécialement autorisés à dire que MM. Dufaure et Vivien, qui, s'ils étaient présents, défendraient mieux la question que moi, sont du même avis.

Mais, a-t-on dit, vous faites bien nommer les conseillers d'Etat par l'Assemblée !

Voici la différence. Pour le conseil d'Etat, qui peut être consulté par le président, mais qui d'autres fois aussi peut être consulté par l'Assemblée, on n'a pas voulu que ce fût un corps simplement administratif et qui ne dépendît que de la nomination du président. (C'est cela !) Cette fonction, pour ainsi dire intermédiaire entre le pouvoir législatif et le pouvoir gouvernemental, exigeait un mode spécial de nomination. En conséquence, on a maintenu la nomination par l'Assemblée. C'est une garantie pour la législature, qui est destinée à employer quelquefois le conseil d'Etat. Mais, pour les choix judiciaires, ce ne sont plus des considérations politiques qui doivent influer. Vous n'avez point à examiner si tel ou tel juge serait dans telles ou telles relations avec le pouvoir, qui n'a rien à commander à la justice, rien à exiger d'elle. (Très-bien!) Il faut qu'elle offre ces garanties qui appartiennent à tous, les qualités morales, la science, les études, les vertus, celles-là surtout qu'on désire le plus, et qui sont aussi celles qui ont le moins d'éclat. (Mouvement d'approbation.)

Vous pourrez vous décider à choisir un conseiller d'État en raison de sa vie politique, de ses actes accomplis avec plus ou moins d'éclat; mais, pour choisir un juge, est-ce celui qui aura fait le plus de bruit, qui se sera le plus mis en évidence que vous voulez voir choisir pour l'organe impassible de la loi? Et pourquoi n'irait-on pas chercher, jusqu'au fond de nos cours d'appel, des hommes modestes qu'on doit préférer, quand ils ont des talents et des services qu'on n'a peut-être pas toujours assez préférés (sensation), mais qui le seront, j'espère, sous ce gouvernement? Ignorez-vous que, dans notre article, nous imposons, ce qui n'existait pas jusqu'à présent, des conditions de nomination et de candidature dont vous serez juges, quand on vous présentera la loi d'organisation judiciaire, conditions qu'on peut imposer à un pouvoir gouvernemental, mais qu'une assemblée ne s'impose pas à elle-même au milieu de sa souveraineté?

Ainsi il y aura d'excellents moyens pour le gouvernement de faire des choix, et de les faire meilleurs encore que par le passé.

Ces conditions sont d'autant plus nécessaires à établir que, jusqu'à présent, la Cour de cassation était le seul corps judiciaire pour lequel on n'en avait pas établi. Les ministres ne consultaient personne, pas même le premier président. Le procureur-général de la Cour de cassation était le seul procureur-général qui ne fût pas consulté, pas même pour les avocats-généraux qu'on lui donnait. Eh bien, sans accuser aucun des choix dont le plus grand nombre, je le reconnais, ont pu mériter l'approbation publique, j'ai à dire au moins que ces présentations, qui ne sont que des garanties pour les hommes de l'ordre judiciaire, l'ancien gouvernement n'avait pas jugé à propos de s'en entourer.

En fixant à l'avenir des conditions dans la loi d'organisation judiciaire, vous ferez des catégories, vous les ferez hautes, élevées, sévères; la nécessité de bien choisir sera l'un des premiers devoirs imposés au ministre de la justice; et j'espère, comme je le disais tout à l'heure, qu'au lieu de se déterminer par des considérations politiques, ou par des considérations de majorité qui ne peuvent plus agir (séparons-nous un peu des défiances du passé) sur cette Assemblée, comme on a vu d'autres ministères sous d'autres gouvernements agir sur les assemblées précédentes; on fera des choix vraiment judiciaires. On comprendra qu'en nommant des juges à la Cour de cassation, on donne des juges à toute la nation; des juges qui, toute leur vie, devront étudier les lois pour les appliquer judicieusement, consciencieusement, sans subir les influences du pouvoir, et surtout sans acception de parti. Oui, messieurs, je vous en conjure, ne visons point à faire une justice politique, une justice de parti; ayons une magistrature véritable qui fasse justice à tout le monde sans acception de personnes ou d'opinion. La justice, à cet égard, ne doit rien voir; c'est pour cela qu'on lui met un bandeau sur les yeux. Elle ne doit chercher que le bien, et ne pas considérer le mal, à moins que ce ne soit pour le punir. (Très-bien! très-bien!)

M. LE PRÉSIDENT. On demande la division? Je mets aux voix :

« Les juges de paix et leurs suppléants sont nommés par le président de la République. » (Adopté.)

« Les juges de première instance et d'appel. » (Adopté.)

« Les membres de la Cour de cassation.... »

Un membre, au fond de la salle. Du tribunal! du tribunal!

Un membre. Il y en a qui font consister la République dans des mots.

M. LE PRÉSIDENT. Il est bien entendu que toutes les questions de rédaction sont réservées.

« Les membres de la Cour ou du tribunal de cassation. »

M. DUPIN. Non, monsieur le président, de la *Cour* de cassation. C'est de la *Cour* qu'il faut dire.

M. LE PRÉSIDENT. Que ceux qui sont d'avis que les membres de la Cour de cassation soient nommés par le président de la République, d'après un ordre de candidature ou d'après les conditions qui seront réglées par la loi, veuillent bien se lever.

(Cette partie de l'article, modifiée, est adoptée.)

XVII.

SÉANCE DU 17 OCTOBRE 1848.

Mode de nomination des conseillers à la Cour des Comptes.
(Art. 85.)

M. Dupin. Messieurs, en rendant au pouvoir exécutif le droit de nommer les membres de la Cour des Comptes, l'Assemblée n'a pas prétendu que cette nomination serait affranchie de toute espèce de règle et de condition; au contraire, l'article 85 dit positivement que les membres de la Cour des Comptes seront nommés par le président de la République, *d'après l'ordre de candidature ou les conditions qui seront réglés par les lois organiques.* Nous disons les lois organiques, car il y aura tout à la fois, pour répondre à l'ensemble de l'article, une loi sur l'organisation judiciaire et une loi sur la Cour des Comptes. C'est donc dans ces lois que se trouveront naturellement les conditions et l'ordre de candidature pour la Cour des Comptes, de même que les conditions pour la Cour de cassation.

Quant aux attributions de la Cour des Comptes elle-même, il ne faut pas faire peser sur les institutions et sur ceux qui les font fonctionner des reproches qui ne pourraient s'adresser qu'à la législation. La Cour des Comptes a constamment fait ce qui était en son pouvoir pour éclairer toutes les diverses branches de la comptabilité nationale. Mais il y avait des lois de défiance contre son courage à elle-même, et qui lui interdisaient de rendre public un certain ordre d'observations; elle était réduite à les consigner dans un *cahier particulier*, qui n'était remis qu'au chef du gouvernement, a peu près comme les fonds secrets dans l'ordre des dépenses. La Cour des Comptes n'a jamais manqué de consigner dans ce cahier la vérité qu'il lui était interdit de dire en public; elle a donc toujours fait son devoir, en disant publiquement ce qu'il lui était permis de publier, et en disant confidentiellement ce qu'il ne lui était pas permis de dire autrement.

14.

Quand on fera la loi organique de la Cour des Comptes, levez le secret, rendez-lui la liberté dont elle ne demande qu'à user, et elle n'a pas besoin d'autre caractère pour remplir ses devoirs avec le même sentiment qui les lui a fait accomplir jusqu'ici.

En tout cas, cela n'appartient pas à l'article 85. Cet article dit positivement que les membres de la Cour des Comptes ne seront nommés que d'après un ordre de candidature *ou* sous les conditions qui seront réglées par la loi organique. Attendons donc les lois organiques, dans lesquelles vous mettrez, si vous voulez, un ordre de présentation et d'avancement; vous avez voulu soulager le projet de Constitution de tous ces détails, en posant seulement le principe.— (L'article du projet est maintenu.)

XVIII.

SÉANCE DU 17 OCTOBRE 1848.

Sur la nomination des membres du parquet de cassation, par le président de la République, en réponse à M. Tranchand, qui aurait voulu assujettir ces choix à un ordre de candidature. (Art. 86.)

M. Dupin. Il ne faut pas croire que les nominations aux fonctions du ministère public, dans les différents degrés, soient affranchies de toutes règles ni de toutes conditions.

Il y a des conditions qui sont dans les lois et qui sont communes aux magistrats du ministère public, comme aux membres de la magistrature assise; ainsi, les conditions d'âge, les conditions d'études et de stage qui constituent la présomption d'aptitude aux fonctions, sont écrites dans la loi.

Il y a aussi des conditions de présentation hiérarchique qui sont établies par les lois sur l'organisation judiciaire, et je ne pense pas que les nouvelles lois qui seront faites sur l'organisation judiciaire dispensent de toutes les précautions consignées dans la législation antérieure.

Mais vous ne voudrez pas effacer une distinction qu'on a faite de tout temps entre la nomination des magistrats inamovibles et la nomination des magistrats du ministère public. Ceux-ci, en même temps qu'ils ont foncièrement le caractère de magistrat, et qu'ils en ont tous les devoirs, se distinguent cependant d'eux, en ce qu'ils sont aussi commissaires du gouvernement, et, à ce titre, amovibles et toujours révocables à volonté.

Cela ne diminue pas l'étendue de leurs devoirs, et fait seulement que, quand ils veulent exercer ces devoirs, c'est à leurs risques et périls, et avec un risque que ne courent pas des juges inamovibles.

Mais il n'en est pas moins vrai que, dans l'intérêt public, on a toujours tenu pour maxime que le gouvernement devait être libre dans le choix des magistrats du ministère public, qui s'appelaient commissaires du gouvernement depuis les changements opérés en 1791 et qui, aujourd'hui, sont toujours les représentants de l'action publique, de l'action du gouvernement.

Il ne faut donc pas prétendre enchaîner par des candidatures le choix du gouvernement, quand il s'agit de la nomination des officiers du ministère public. Il y a des conditions légales d'études, de stage, de présentation qui seront maintenues et qui, sans ôter à l'ordre public ses garanties, laissent cependant une latitude suffisante aux choix du gouvernement; mais je ne crois pas qu'on doive l'enchaîner davantage, surtout par les termes de la Constitution. Il faut, suivant moi, sous la République, laisser autant de latitude au pouvoir exécutif, en cette matière, que sous toute autre forme de gouvernement.

(M. Tranchand ayant insisté, en parlant de certains actes pour lesquels les membres du ministère public sont assujettis, dit-il, à une obéissance passive, M. Dupin réplique :)

Je veux dire un mot sur cette prétendue obéissance passive. On se méprend étrangement.

Assurément il y a des actes que, par le devoir de ses fonctions, un membre du ministère public peut être obligé de faire; mais ensuite, quand il a accompli l'ordre de réquisition, en tout temps il a été reconnu qu'il conservait la liberté de ses actes ultérieurs et de ses conclusions, soit dans le cours de l'instruction, soit à l'audience même.

Par exemple, s'il a été obligé de produire une accusation devant la justice, après le débat, s'il reconnaît qu'elle n'est pas fondée, il a toujours le droit d'abandonner la poursuite.

En ce qui concerne le procureur général près la Cour de

cassation, toutes les fois que le ministère de la justice lui donne l'ordre de se pourvoir dans l'intérêt de la loi, contre un arrêt ou un jugement, il doit former le pourvoi ; en cela son action est forcée : mais ensuite, quand vient le jour de l'audience, il a sa liberté, et il m'est arrivé plusieurs fois, on le sait, après avoir formé un pourvoi de ce genre, de conclure au rejet du pourvoi et de le faire rejeter en effet. Le ministre de la justice aurait pu seulement, s'il avait vu là une conduite préjudiciable au pouvoir, révoquer le procureur général ; mais ce procureur général avait fait son devoir, et usé de son droit, et cela a toujours été entendu ainsi dans tous les temps. Il court le risque d'être destitué, mais il n'est pas gêné dans son action.

XIX.

SÉANCE DU 15 JUILLET 1848.

Discussion de la Constitution dans les bureaux. — Défense de l'inamovibilité des juges, et critique du projet de loi qui venait d'être distribué sur l'organisation judiciaire. (Journal des Débats du 16.)

Nous citons l'opinion de M. Dupin sur l'inamovibilité des juges, qui a eu l'assentiment du 11e bureau, dont il est le président :

M. Dupin a défendu le principe de l'inamovibilité des juges, comme la condition fondamentale de l'indépendance des juges et d'une bonne administration de la justice. Il a rappelé que tous les gouvernements irréguliers et tyranniques avaient voulu avoir des juges amovibles, des juges dépendants. Sous l'ancien régime, en France, l'inamovibilité des magistrats a toujours été réclamée par les députés du tiers-état ; parce que le peuple comprenait à merveille que, sans cela, les juges ne seraient pas assez puissants pour protéger les faibles contre les forts, et les petits contre les grands. La révolution de juillet a conservé intacte la magistrature antérieure, et elle n'a pas eu à s'en repentir.

Sur le paragraphe 3 du même article, où il est parlé de la future loi sur l'organisation judiciaire, l'honorable représentant a dit qu'il saisissait cette occasion de s'élever contre le projet de la commission instituée par l'ancien ministre de la justice, et qui avait été récemment distribué.

Ce projet, a-t-il dit, est mauvais de tout point. Il détruit le magnifique ensemble de notre édifice judiciaire actuel, élevé si péniblement à travers tant de ruines et tant d'essais différents, où tant de systèmes avaient été tour à tour tentés et abandonnés.

Ainsi, par exemple, le projet supprime tous les tribunaux d'arrondissement, et tend ainsi à priver près de quatre cents villes, d'établissements qui font à la fois leur lustre, leur force et leur sécurité.

Il remplace ces tribunaux par une sorte de prévôté composée d'un juge d'instruction avec un suppléant, un substitut et un greffier, c'est-à dire presque tout le personnel d'un tribunal, moins sa compétence et son action.

Il n'y aura de tribunal qu'au chef-lieu du département, c'est-à-dire à une plus grande distance du justiciable.

L'excès de compétence donné aux juges de paix livre la conduite des affaires qui intéressent les citoyens les moins riches à des défenseurs sans expérience et sans responsabilité, tandis qu'on détruit le corps des avoués de première instance avec une telle légèreté, que le projet avait oublié de parler de leur indemnité, et qu'on ne s'est ravisé à cet égard que dans un article supplémentaire distribué après coup en forme d'*errata*.

La suppression de plusieurs Cours d'appel paraît avoir été aussi peu réfléchie. Ainsi on supprime la Cour d'appel de la Corse, et on obligera ses citoyens à passer la mer, souvent dangereuse pendant plusieurs mois de l'année, pour venir demander justice sur le continent!

On altère aussi à plusieurs égards l'institution si respectable de la Cour de cassation, dont les justes plaintes ont déjà éclaté à cette occasion.

On propose à titre d'innovation d'introduire le jury en matière correctionnelle, et, qui pis est, en matière civile, innovation déjà reconnue impraticable en 1790 [1], et qui jetterait une véritable perturbation dans l'administration de la justice.

[1] Voyez ci-dessus le n° XV, p. 152 et suiv., la discussion qui eut lieu à cette époque.

Enfin ce projet, contre tous les usages de tout temps pratiqués, n'a pas été communiqué aux corps judiciaires pour avoir leurs observations et profiter des conseils de l'expérience [1].

L'honorable membre termine en disant qu'il espère bien que ce projet sera rejeté, et que l'on conservera à la France un ordre judiciaire qui a toujours été envié par les pays étrangers.

Ne vous y trompez pas, Messieurs, dit-il, la République a plus besoin peut-être que les monarchies d'une justice forte et courageuse ; car elle a des procès bien plus redoutables à juger ! L'institution politique repose sur les bases les plus larges de la démocratie. Vos grandes assemblées, vos conseils administratifs sont confiés au suffrage universel et direct ! Mais comprenez aussi que la société civile ne peut pas être livrée à ce qu'il y a de plus mobile et de plus changeant. Il ne faut pas que toutes vos institutions soient exposées aux mêmes orages. Vous avez augmenté la voilure du navire, ne diminuez pas son lest : là est le principe de la stabilité.

XX.

SÉANCE DU 17 OCTOBRE 1848.

Sur la création d'un tribunal spécial des conflits. (Art. 89.)

M. Dupin. L'honorable membre qui descend de la tribune n'aime pas les conflits ; personne ne les aime, je crois : cependant personne ne peut les empêcher d'éclater.

Ainsi il y aura conflit quelquefois parce que deux autorités, deux tribunaux seront saisis en même temps, simultanément, de la même affaire ; aucun d'eux ne voudra s'en dessaisir.

Au contraire, il y aura des tribunaux qui, je ne dirai pas par modestie, mais par conviction, se déclareront incompétents.

Je ne parlerai pas des conflits en matière civile ou criminelle, parce qu'ils ressortissent à la même autorité ; mais, pour des conflits administratifs, vous ne pouvez pas

[1] Peu de jours après, ce projet a été communiqué à la Cour de cassation et est devenu l'objet d'importantes critiques. Elles ont paru si bien fondées que le malencontreux projet a été retiré.

empêcher qu'il n'y ait des questions qui soient sur la frontière des deux matières, qui soient judiciaires dans un sens, et approchant à un certain degré du caractère d'une question de propriété, et qui, cependant, d'un autre côté, aient un caractère administratif.

Dans une question de cours d'eau, par exemple, il y a bien une propriété en débat ; l'un réclame pour une usine, d'autres réclament pour des irrigations; puis, en présence, il y a la puissance publique qui veut tantôt défendre l'intérêt de la navigation, tantôt d'autres droits qui sont du domaine public.

Vous ne pouvez donc pas empêcher les conflits, et il faut pourtant quelqu'un pour les juger.

En effet, *le cours de la justice ne peut rester interrompu.* Quand il y a deux autorités qui se prétendent en droit de se saisir d'une même contestation, il faut donc absolument qu'on résolve la difficulté.

Pourquoi les conflits entre l'administration et le civil étaient-ils auparavant portés devant le conseil d'Etat ?

Ce n'était pas pour amour du conseil d'Etat; mais, sous les précédents gouvernements, le conseil d'Etat ne donnait que des *avis*, et c'était la puissance royale qui décidait.

En vertu de la maxime de l'ancienne monarchie, que *toute justice émane du roi*, on avait conclu que c'était au roi à déterminer la juridiction en cas de partage. Ainsi c'était pour réserver à la puissance royale le droit de donner des juges et de régler les juridictions, qu'on donnait le jugement des conflits au conseil d'Etat.

Maintenant nous sommes sous un régime républicain. *Toute justice émane du peuple français.* Quand il y a un conflit, ce n'est pas seulement une personne, un fonctionnaire, en vertu de sa prérogative, qui peut prétendre à vider les conflits. Voilà pourquoi nous avons cru qu'il était constitutionnel de créer un *tribunal des conflits.* Nous avons pris pour le composer dans les rangs les plus élevés des deux autorités entre lesquelles le conflit s'élevait, c'est-à-dire des membres de la Cour de cassation, sommet de l'ordre judiciaire, et des membres du conseil d'Etat, sommet de l'ordre administratif. Nous avons ainsi constitué un *tribunal mixte* ; c'est ce tribunal qui, avec une grande supériorité d'expérience et de lumières, et avec la pensée publique qui anime des fonctionnaires aussi haut placés, jugera les conflits dans l'intérêt général aussi bien que dans l'intérêt privé et dans l'intérêt de la loi.

Il faut un président.

Eh bien, on n'a voulu subordonner ni la Cour de cassation au conseil d'Etat, ni le conseil d'Etat à la Cour de cassation. Il fallait un lien entre ces deux autorités. Nous avons pris le ministre de la justice, le ministre de la justice de la République, qui représente la puissance publique dans cette branche du pouvoir.

Le ministre est le chef de la justice, plus encore qu'il n'est le chef, comme président temporaire, du conseil d'Etat, car il ne conservera peut-être pas cette dernière prérogative, du moins au premier degré; mais enfin il est le chef de la justice, ayant jusqu'à présent la suprématie sur les deux ordres, l'ordre administratif et l'ordre judiciaire; il est le lien naturel qui doit concilier entre elles les deux autorités dont sera composé le tribunal des conflits.

D'ailleurs, on l'a dit avec raison, ce n'est pas un jugement que le tribunal des conflits aura à prononcer; il aura seulement à rendre son libre cours à l'administration de la justice. Il n'agira que comme *pouvoir régulateur*.

Nous avons donc cru faire une chose utile en constituant le tribunal des conflits, en lui donnant un grand caractère, et nous l'avons mis dans la Constitution précisément parce qu'il est mixte, et qu'à ce titre il ne pourrait avoir son siége complet ni dans la loi sur le conseil d'Etat, ni dans la loi sur l'organisation judiciaire.

Nota. **L'amendement de M. Dahirel est rejeté, et l'article du projet est maintenu.**

XXI.

SÉANCE DU 18 OCTOBRE 1848.

Sur la composition de la haute Cour et le mode de désignation des conseillers à la Cour de cassation, qui seront appelés à en faire partie Un membre avait proposé de les désigner par le sort. (Art. 92.)

M. Dupin. Messieurs, il est impossible de confier au sort le choix des magistrats qui devront siéger dans la haute

Cour. Nous concevons le tirage au sort du jury, parce que le jury est appelé à prononcer sur le fond même de l'accusation; on l'interroge sur le fait, on l'interroge sur l'intention, sur les circonstances de la culpabilité, et en attachant un haut jury à la haute Cour on veut conserver à l'accusé, vis-à-vis de ce jury, toutes les garanties qui sont accordées aux accusés ordinaires devant le jury ordinaire.

Mais quand il s'agit de nommer les magistrats qui devront siéger dans la haute Cour, leur mission est toute différente.

Ainsi, le président de la haute Cour est appelé à diriger le débat, à assurer la défense, à laisser produire les charges, à maintenir, en un mot, l'accomplissement des solennités prescrites par la loi pour une accusation criminelle.

Dans ce cas, vous concevez qu'on ne leur demande que l'aptitude du droit; mais, dans ce cas précisément, il faut un choix. Même dans la Cour de cassation, chacun apporte son mérite, et le plus souvent un très-grand mérite; mais il y a des mérites différents, il y a des conseillers infiniment plus forts en matière civile, d'autres plus sagaces et plus experts en matière criminelle. Surtout pour conduire un débat, il ne faut pas seulement la connaissance des lois, mais il faut encore le coup d'œil, une certaine vigueur; il faut des qualités que ne peut avoir un vieillard parfaitement instruit de la science des lois, très-capable d'ailleurs de faire un rapport, parfaitement capable d'opiner avec sagesse, et de rédiger un arrêt avec maturité; il faut, pour conduire les débats, de la vigueur, de la prestesse, que n'ont pas également tous les membres de la Cour de cassation.

Il faut donc qu'il y ait un choix fait parmi les juges, et l'on ne peut les assimiler aux jurés, même pour les Cours d'assises. Est-ce que dans les Cours d'appel on pense que tous les conseillers sont également propres à diriger les débats? Non, certes; les présidents des Cours d'assises sont toujours désignés ou par le ministre de la justice, ou par le premier président de la Cour; et on n'entend pas en cela nommer des commissaires comme ceux qui étaient nommés dans les commissions chargées de juger directement les accusés; *ils ne jugent pas*, *ils ne font que conduire le débat*. Aussi, quoique les accusés soient depuis longtemps déjà soumis à l'instruction, et qu'ils soient dans les maisons de justice à attendre leur jugement, la désignation du juge qui doit conduire les débats, quoique faite dans cette situation de l'accusé, n'a jamais été considérée comme un fait qui pût lui être préjudiciable ni qui pût influer sur l'impartialité du juge.

Je maintiens donc la distinction entre les jurés, pour lesquels le sort doit être conservé comme une garantie en faveur de l'accusé, et le choix des juges qui doit être maintenu pour garantir la bonne direction des débats et le jugement éclairé des difficultés de droit qu'il peut présenter.

Et si, du reste, on introduit le scrutin secret au sein de la Compagnie, ce n'est pas pour masquer un vote politique, mais pour qu'il y ait indépendance, et parce que cela ne peut se passer aux yeux du public.

Quand dans les Assemblées délibérantes on a introduit le scrutin, quand, pour exercer le suffrage électoral, même universel, vos lois prescrivent le scrutin secret, c'est uniquement pour maintenir l'indépendance de ceux qui votent, afin d'assurer un meilleur choix. (Très-bien!)

(L'amendement a été rejeté, et l'article de la commission maintenu. — Suit le procès-verbal de la première désignation faite par la Cour de cassation, parmi ses membres, en exécution de l'art. 91).

Procès-verbal de la délibération de la Cour de cassation pour la nomination de la haute Cour de justice.

« Le 15 novembre 1848, toutes les chambres de la Cour de cassation réunies en chambre du conseil sous la présidence de M. Portalis, premier président, et par suite de l'invitation adressée à ce dernier par M. le ministre de la justice;

» Présents : MM. Portalis, premier président; Thil et Lasagni, présidents; Mestadier, Hello, Bernard (de Rennes), Troplong, Vincens-Saint-Laurent, Brière-Valigny, Mesnard, De Boissieux, Pécourt, Colin, Legagneur, Abbatucci, Barennes, Jacquinot-Godard, Feuilhade-Chauvin, Taillandier, Jaubert, Renouard, Freteau de Pény, Simonneau, Delapalme, Rives, Isambert, de Gaujal, Silvestre, Rocher, Pataille, Hardoin, de Haussy de Robécourt, Gillon,

Miller et Legagneur, conseillers; et Bernard, greffier en chef;

» Ont procédé, au scrutin secret et à la majorité absolue des votants, conformément à l'article 92 de la Constitution de la République française, à la nomination des cinq juges et deux suppléants qui doivent composer la haute Cour;

» A la suite des scrutins secrets successifs auxquels il a été procédé. M. le président, au nom de la Cour, a prononcé que la Cour, agissant en exécution de l'article 92 de la Constitution, venait d'élire, pour composer la haute Cour de justice, en qualité de juges, MM. les conseillers Rocher, Bérenger, Hardoin, Hello et de Boissieux, et, en qualité de juges suppléants, MM. les conseillers Pataille et Delapalme;

» Que procès-verbal de ladite élection serait dressé, transcrit sur les registres, et adressé à M. le ministre de la justice, pour le certifier de l'accomplissement du devoir imposé à la Cour de cassation par l'article 92 de la Constitution.

» Le tout fait en présence de M. le premier avocat général Nachet et de MM. les avocats-généraux Nicias Gaillard, Montigny, Glandaz et Nouguier.

» Pour extrait conforme :

» Le greffier en chef de la Cour de cassation :

» Signé Bernard. »

XXII.

SÉANCE DU 3 NOVEMBRE 1848.

Sur la compétence de la haute Cour, relativement aux attentats commis avant la promulgation de la Constitution, et l'institution de la haute Cour. (Art. 91.)

M. Dupin. Il ne faut pas, en matière criminelle, confondre ce qui tient aux juridictions avec ce qui tient au fond du droit.

Il est de principe. par exemple, qu'un fait ne peut donner lieu à une poursuite qu'autant qu'il est déclaré crime ou délit par une loi antérieure à ce fait; car tant qu'un fait n'est pas mis au rang des crimes ou des délits, ce fait peut n'être pas louable, mais il n'est pas punissable.

Il y a un autre principe encore, c'est qu'aucun fait déclaré crime ou délit ne peut être puni que d'une peine portée avant que le fait eût été commis. Ce n'est que dans le cas où la peine postérieure serait plus douce, qu'on pourrait la lui appliquer comme un bénéfice.

Voilà les deux principes de non-rétroactivité : un fait ne peut pas être poursuivi si une loi ne l'a pas préalablement déclaré crime ou délit, et il ne peut être puni que d'une peine portée avant qu'il ait été commis.

Quant à la juridiction, c'est tout autre chose : la juridiction est de droit public et de forme ; l'État conserve éternellement le droit de changer les juridictions, et cela s'est fait plusieurs fois en France depuis 1789. Ainsi ceux qui étaient dans les prisons des parlements, quand on a aboli les parlements, ont dû être jugés par les tribunaux de 1791, et ils n'ont pu prétendre qu'il fallait réunir les parlements supprimés pour les juger. Chaque fois qu'il est intervenu un changement dans l'ordre judiciaire, l'ordre judiciaire nouveau s'est saisi des crimes et délits qui étaient placés dans sa compétence par la loi de sa création, sans examiner si le fait était antérieur ou postérieur à son établissement.

Cela posé, je comprends très-bien que le président de la République ne puisse être poursuivi que pour des faits postérieurs à la Constitution, si la Constitution met quelques faits nouveaux au rang des crimes, tandis que les lois antérieures ne les y mettaient pas ; je conçois encore qu'il ne soit puni que des peines portées par la Constitution pour un fait postérieur que la Constitution seule aurait prévu ; mais quand la Constitution établit une haute Cour de justice dans l'Etat pour juger les crimes, complots et attentats contre la Constitution et la sûreté de l'Etat, les crimes de ce genre, c'est-à-dire les complots et attentats commis même antérieurement à la Constitution, doivent être jugés par cette haute Cour. Ainsi, par exemple, s'il y avait eu dans les prisons de la chambre des pairs des prévenus d'attentat, est-ce que vous trouveriez extraordinaire de les renvoyer devant la haute Cour? Non, puisque une haute Cour, sous une forme ou sous une autre, a toujours existé depuis le commencement de la Révolution. Ainsi, dans la Constitution de 1791, il y avait une haute Cour ; dans la Constitution de l'an III, il y avait une haute Cour ; dans la Constitution de l'an VIII, il y avait une haute Cour; en 1814, la chambre des pairs fut instituée comme haute Cour ; en 1830, comme haute Cour ; enfin, aujourd'hui, vous créez une haute Cour qui remplace la chambre des pairs, mais qui est toujours la haute juridiction que toutes les Constitutions, que le droit public français ont toujours établie pour punir les crimes et les attentats d'une certaine espèce.

Donc, quoique cette haute Cour soit établie seulement aujourd'hui, il n'est pas vrai de dire qu'elle ne serait compétente que pour juger les crimes et délits commis depuis la promulgation de la Constitution. — Les principes qui sont le fond du droit criminel protégent les accusés dans toutes les situations contre les tentatives de rétroactivité ; mais les juridictions n'ont pas d'époque : à l'instant même où une juridiction est créée, elle se saisit de la connaissance de tous les crimes et délits qui lui sont attribués par la loi. La commission repousse l'amendement. (Très-bien ! — Aux voix !)

M. LE PRÉSIDENT. M. Deville demande à répondre. (Aux voix ! aux voix !)

M. DEVILLE. Je n'ai pas la prétention de lutter de science de droit avec M. Dupin, mais j'ai celle de lui dire que les exemples qu'il a cités sont entièrement inapplicables. Certainement, dans le droit commun, quand la loi existante est changée, il faut bien que les crimes et délits commis avant ou dans l'intervalle du changement soient jugés par une juridiction quelconque, par la juridiction qui remplace la juridiction changée. Mais ce n'est pas la question ; nous faisons ici une loi exceptionnelle, une loi de droit criminel politique ; eh bien ! à moins de lui donner un effet rétroactif fâcheux, déplorable, cette loi ne peut être appliquée qu'aux crimes ou délits qui ont été commis depuis la promulgation de la loi

Voilà tout ce que j'avais à dire, et je persiste dans mon amendement.

M. PASCAL d'AIX. Messieurs, la question qui vous est soumise est extrêmement grave, parce qu'elle devrait avoir des conséquences que vous pourriez regretter.

Permettez-moi, à ce sujet, de vous soumettre une simple observation. En droit, M. Dupin a eu parfaitement raison de dire qu'il n'y a pas d'effet rétroactif vis-à-vis des lois qui règlent la procédure, cela est vrai, je ne le conteste pas;

mais, en définitive, voulez-vous savoir ce qui va résulter du rejet de l'amendement qui a été proposé par M. Deville? C'est que tous vos collègues qui sont en ce moment-ci sous le coup de la justice, seront soustraits au jugement du jury. Ils ne seront pas jugés par le jury, mais par la haute Cour de justice. Voilà ce qui résulterait du rejet de l'amendement. Je demande si vous voulez qu'il en soit ainsi.

Une voix. Pourquoi pas?

M. Dupin. Il y a un jury devant la haute Cour.

M. le président. Je consulte l'Assemblée. L'amendement de M. Deville consiste à ajouter après le mot attentats ou complots, ceux-ci : commis depuis la promulgation de la Constitution.

(L'amendement n'est pas adopté.)

XXXII *bis.*

SÉANCE DU 20 JANVIER 1849.

Sur la demande en renvoi des prévenus de l'attentat du 15 mai devant la haute Cour de justice.

M. Dupin. Je crois que la haute Cour est compétente, même pour les faits antérieurs au vote de la promulgation de la Constitution.

M. Crémieux. Je demande la parole.

M. Dupin. Je ne me ferai pas une fin de non-recevoir de l'amendement qui a été proposé sur l'article 91, et rejeté par l'Assemblée, quoiqu'il l'ait été en pleine connaissance de cause, non-seulement après la discussion de droit, mais après l'avertissement donné à l'Assemblée sur la conséquence que ce droit pourrait avoir relativement à ce fait, qui était signalé dans les termes les plus saisissants :

— « La conséquence du rejet, vous disait-on, serait que vos collègues, actuellement détenus, pourraient être traduits devant la haute Cour. »

Je le répète, ce n'est pas de cela que je veux me faire un rempart. Le fait existe, il est acquis, il a sa puissance; mais ma confiance n'est pas dans votre décision seulement, elle est surtout dans les motifs qui vous l'ont fait prendre. Cette décision n'est pas l'effet d'une surprise. Je vous avais exposé la différence qui existe entre les lois qui affectent le fond du droit, lesquelles ne pourraient pas priver un accusé de ce qui aurait véritablement, à son égard, le caractère d'un droit acquis, et des lois qui, ne touchant qu'à la forme ou à l'organisation des pouvoirs publics, dominent toujours la situation.

C'est sur cette distinction que je me suis fondé pour proposer le rejet de l'amendement à l'article 91, et c'est parce que l'Assemblée a trouvé cette distinction juste qu'elle a, en effet, rejeté l'amendement. Eh bien! aujourd'hui cette distinction conserve toute sa puissance, et je la reproduis. — Oui, cela est incontestable : pour qu'un fait puisse être poursuivi criminellement, il faut qu'il ait été qualifié crime ou délit par une loi antérieure au moment où ce fait a été commis. Sans cela, quelque répréhensible qu'il fût aux yeux de la morale, il ne pourrait pas être puni. A Athènes, où le parricide n'avait pas été prévu, parce qu'il était regardé comme impossible, le premier parricide a dû être impuni. — De même encore : quoiqu'un fait soit mis au rang des crimes ou des délits, il ne peut être atteint que par la peine qu'une loi antérieure a attachée à ce fait qualifié crime ou délit.

Voilà ce qu'on appelle *le fond du droit*. Quiconque agit dans la société est censé agir avec la connaissance des lois de son pays, les actions de chaque citoyen sont appréciées et qualifiées d'avance; tout ce qui n'est pas défendu est permis, rien de ce qui n'est pas défendu et puni par la loi pénale ne peut donner matière à poursuites criminelles, ni entraîner condamnation.

Voilà le droit sous lequel chacun vit, auquel on ne pourrait porter atteinte sans encourir le reproche de rétroactivité, d'inhumanité, d'injustice, et sans encourir la flétrissure que la presse ou la morale pourraient attribuer à une législation qui aurait ce caractère.

Un membre. La presse et la morale sont souvent des choses bien distinctes.

M. DUPIN. Aussi je mets les deux, précisément parce qu'elles peuvent être séparées.

Mais s'ensuit-il que les mêmes conséquences puissent s'appliquer à des lois qui ne toucheraient qu'à certaines formes, ou qui toucheraient à la nature et à l'organisation des juridictions? Non, Messieurs; sans doute il peut y avoir de bonnes et de mauvaises lois, il peut même y avoir des lois odieuses. J'appellerais ainsi celles qui enlèveraient à des accusés un droit naturel, celles qui, par exemple, prohiberaient la défense; ou bien encore cette loi de la Convention dont on invoquait, il n'y a qu'un instant, l'exemple : je veux parler de ce décret dérisoire portant que « la loi donne pour défenseurs aux patriotes calomniés » des jurés patriotes, elle n'en donne point aux conspira» teurs; » — deux injustices à la fois! car des jurés patriotes ne suffisaient pas aux premiers.... (Interruption à gauche. — Approbation sur d'autres bancs.) Ils suffisaient à les envoyer à l'échafaud, pas davantage. Je répète donc, un jury prétendu patriote ne suffisait pas *à la défense;* et ceux à qui on ne donnait ni jurés ni défenseurs n'en étaient que plus certainement sacrifiés. (Sensation.)

Au surplus, je n'ai jamais porté mes regards du côté de ces juridictions sanguinaires pour y chercher des exemples à imiter, mais seulement pour y chercher des leçons qui soulevassent d'indignation les législateurs, les orateurs et les historiens contre les actes sanglants de cette époque, et des motifs pour combattre tout ce qui tendrait à nous y ramener. (Approbation à droite. — Rumeurs à gauche.)

Quand, au contraire, la loi change la procédure, non en vue d'enlever des garanties aux accusés, mais en vue de perfectionner cette procédure, l'effet n'est pas plus puissant, puisque c'est toujours la loi dernière qui doit être exécutée. Cette loi est bonne et morale, et ne peut pas être accusée; mais enfin, avant de la qualifier, voyons son effet légal. Le jury, par exemple, existait au 15 mai avec certaines conditions; depuis, la législation l'a changé : elle a changé les formes.

M. Jules Favre. Je demande la parole.

M. Dupin. Elle a changé les formes pour instituer le jury actuel : nous croyons qu'il y a plus de garanties dans le jury nouveau; il pourrait y en avoir moins. Mais y a-t-il un accusé qui pourrait dire (et si c'était un droit acquis, il le pourrait) : J'avais le droit acquis d'être jugé par des jurés de telle ou telle qualité, avec telle ou telle condition; je veux être jugé par ces jurés-là, et non par le jury nouveau? Certainement non; il n'y a pas là d'effet rétroactif, car cela ne touche pas aux deux conditions qui constituent le fond du droit : savoir que le crime soit qualifié d'avance, et que la peine soit aussi réglée d'avance; il n'y a qu'une forme de changée[1].

Quand la loi juge à propos de changer la juridiction, elle peut le faire; et je ne comprends pas comment, à une époque où l'on a vu tant de changements dans l'organisation judiciaire, où on en a médité en dernier lieu de si profonds, et où l'on en médite encore qui entraîneront au moins quelques modifications, on peut contester ce principe : que, lorsqu'un tribunal, par une nouvelle forme, prend la place d'un autre, ou que les attributions d'une juridiction sont transférées à une nouvelle juridiction, c'est le nouveau tribunal qui est compétent à la place de l'ancien...[2] (Interruption.)

M. LE PRÉSIDENT. N'interrompez pas; si vous voulez demander la parole, je vous la donnerai.

M. DUPIN.... Et qui se saisit des affaires dans l'état où elles sont, même pour les faits antérieurement commis. Les exemples n'ont pas manqué depuis 1791, et jamais accusé, quel qu'il soit, ne s'est imaginé de dire, ou du moins aucun n'a pu dire avec succès : Je ne veux pas du tribunal nouveau, je veux de l'ancien; il faut le rappeler et le convoquer exprès pour me juger.

Il n'a pas pu le dire, même alors qu'il existait, ce que je condamne, ce que je hais le plus, des tribunaux qui avaient le caractère de tribunaux révolutionnaires, des Cours prévôtales, ou des commissions extraordinaires, comme, par exemple, celle qui a jugé le duc d'Enghien, dont on a cité l'exemple à cette tribune.

De telles juridictions sont odieuses en bonne législation : mais enfin, quand elles existent, quand elles fonctionnent, on est bien obligé de s'y soumettre. (Rumeurs à gauche.)

Mais peut-on adresser ce reproche à la haute Cour que vous avez fondée, vous, Assemblée Constituante? Peut-on adresser ce reproche au tribunal que vous avez entendu

[1] J'aurais pu citer d'autres exemples plus directs : quand par exemple la majorité du jury a été ramenée de 7 à 8 et de 8 à 7.

[2] On eût pu citer pour exemples les décrets rendus par l'Assemblée nationale elle-même les 24 et 27 juin 1848, qui ont nominativement transporté aux conseils de guerre (suite de l'état de siége) la connaissance et le jugement des crimes commis les jours précédents.

faire le plus auguste, et auquel vous avez voulu attacher les plus grandes garanties, ce tribunal que vous avez voulu établir pour juger les accusés les plus puissants, et les trahisons, les attentats dont votre Constitution pourrait être l'objet?

C'est dans ce tribunal que vous cherchez vos garanties, et c'est ce tribunal même que vous voudriez flétrir d'avance (exclamations à gauche), en le présentant comme un tribunal *exceptionnel* qui porterait préjudice à des accusés si, au lieu de les renvoyer devant les tribunaux institués pour délits de moindre importance, on portait devant cette haute Cour l'attentat le plus grave qui ait jamais pu être commis! (Interruption)

M. Joly. Je demande la parole.

M. le président : L'orateur précédent a été écouté avec attention, je ne permettrai pas qu'on interrompe M. Dupin. (Très-bien!)

M. Dupin. La haute Cour est le tribunal le plus élevé, celui auquel vous avez voulu attacher le plus de garanties, celui devant lequel vous avez voulu que les faits les plus graves, et notamment les attentats contre la Constitution, fussent portés : ce tribunal-là ne peut donc pas recevoir des qualifications défavorables, et il n'est pas permis de dire que là un accusé, quel qu'il soit, trouvera moins de garanties que devant les tribunaux ordinaires. (Très-bien! très-bien!)

Naguère, Messieurs (laissez-moi me servir d'un exemple), les ministres d'un gouvernement déchu étaient aussi soumis à une instruction criminelle; il y a eu un arrêt de non-lieu. Si, au contraire, il y avait eu un arrêt d'accusation, croyez-vous qu'ils auraient été recevables à dire : Quand les faits dont on nous accuse ont été commis, notre destination était d'être jugés par la Cour des Pairs? (Bruit et interruptions diverses.)

Un membre à gauche. Elle a disparu.

M. Dupin. Vous oubliez que ce n'est pas ici une discussion politique; vous oubliez qu'il s'agit d'une *mise en accusation*, ou du moins qu'il s'agit d'une *attribution de juridiction* pour juger des prévenus, et c'est dans cette situation que vous ne gardez pas la tenue que garderait un tribunal de police correctionnelle, une Cour d'assises, une juridiction quelconque!

A droite. Très-bien ! très-bien !

M. Dupin. Vous dites en interrompant : La Chambre des Pairs a disparu ! On le sait bien ; mais avant la Chambre des Pairs, la haute Cour de 1791 avait disparu et avait été remplacée par celle de l'an III ; celle de l'an III avait disparu et avait été remplacée par celle de l'an VIII ; celle de l'an VIII avait disparu et avait été remplacée par celle qu'avait créée le sénatus-consulte de floréal an XII.

En un mot, à toutes les époques, vous trouvez toujours en France, comme un droit permanent, ce tribunal supérieur chargé de protéger, au premier chef, la société contre les attentats qui menaceraient la Constitution. (Très-bien !)

C'est donc un droit commun qui se perpétue, et non pas un accident comme les tribunaux révolutionnaires, les Cours prévôtales et les commissions extraordinaires. Quand vint la Cour des Pairs, en 1814 et 1830, c'était une haute Cour plus nombreuse, à laquelle on voulait donner plus de solennité, attacher plus de garanties (et certes on les y a trouvées) ; mais c'était toujours le même principe. Ce principe, vous le trouvez au premier âge de la France ; vous le trouvez dans cette Cour plénière, dans ce *Placitum generale Francorum*, alors que la nation s'assemblait au Champ-de-Mars ou au Champ-de-Mai : ce que nous avons aujourd'hui est une tradition [1].

Eh bien ! la Chambre des Pairs de 1830 a disparu, mais elle a été remplacée, comme elle-même avait remplacé d'autres hautes juridictions, de la même manière qu'une Constitution remplace celle qui l'avait précédée ; mais toujours est-il que la nécessité de cette haute juridiction se fait sentir, reprenant tour à tour le nom patriotique de 1791, le nom patriotique de l'an III, le nom consulaire

[1] A la séance du 22 janvier 1849, M. Jules Favre prétendait que dans les derniers siècles de la monarchie on ne trouvait plus ce tribunal (haute Cour) parce que la juridiction appartenait aux parlements. — On aurait pu lui répondre, que le parlement de Paris seul, et dans le parlement de Paris, la grand'chambre prenait le titre de *Cour des Pairs*, et avait pour attribution spéciale de juger les causes intéressant les princes et les pairs, et les crimes de lèse-majesté, dans lesquels elle avait même été jusqu'à prétendre que les rois n'avaient pas le droit de grâce. Voyez au tome VII de mes *Réquisitoires*, page 168, note GG.

de l'an VIII, et enfin tous les noms que lui attribuaient les différentes Constitutions. (Interruptions et rires à l'extrême gauche.)

M. LE PRÉSIDENT. Ces interruptions sont de la plus haute inconvenance.

M. DUPIN. Cette juridiction est toujours restée en permanence; vous en avez reconnu l'utilité, la nécessité dans votre Constitution; vous lui avez restitué son nom ancien; vous devez aujourd'hui lui maintenir sa dignité, sa force et son autorité. (Approbation à droite.)

On vous a présenté des arguments avec lesquels on plaiderait un déclinatoire en matière ordinaire. On est venu citer une loi romaine, en matière politique, à propos de la Constitution de 1848 ! (Interruptions diverses à gauche.)

M. LE PRÉSIDENT. M. Dupin ne vous a pas interrompus, je vous prie de ne pas l'interrompre.

M. DUPIN. On est venu citer une loi romaine portant que si un plaideur a accepté la juridiction du préteur, il doit continuer à plaider devant le préteur. (Rires à droite.)

Eh bien! cela est vrai; devant la justice de paix, devant un tribunal de première instance, devant une Cour d'appel, quand un plaideur veut récuser le juge et prétend qu'il est incompétent, lorsque, en un mot, il veut décliner la juridiction, il doit le faire avant que le procès commence; et s'il laisse commencer le procès, la juridiction une fois acceptée, *semel acceptum judicium*, voilà les termes d'école (on rit), on ne peut plus se dégager ni proposer de déclinatoire.

M. LEDRU-ROLLIN demande la parole, et prononce au milieu du bruit quelques mots que nous n'entendons pas.

A droite : Silence!

M. LE PRÉSIDENT à M. Ledru-Rollin. Je vous donnerai la parole, puisque vous l'avez demandée; mais jusque-là je vous invite à ne pas interrompre.

(Longue et violente interruption de la part des représentants de la Montagne. Le président s'efforce de leur inspirer quelque modération.)

M. LE PRÉSIDENT. Il s'agit ici d'une discussion de droit dans laquelle on ne devrait mêler aucune passion.

M. DUPIN. Il est évident que cet argument ne peut pas être appliqué au droit qu'exerce le gouvernement en vertu de la Constitution de 1848. Sous les précédentes

Constitutions, je ne parle pas de la Charte de 1814 ni de celle de 1830, mais sous la Constitution qui existait quand le Code d'instruction criminelle a été porté, l'attribution à la haute Cour était absolue; il y avait des délits qui, par leur nature, devaient nécessairement être renvoyés à la haute Cour, qui ne pouvaient être jugés que par elle, qui ne pouvaient être jugés par les tribunaux de droit commun. C'est à cette époque que fut introduit l'art. 220 du Code d'instruction criminelle, qui porte que si l'affaire est de la nature de celles qui sont réservées à la haute Cour, le procureur général est tenu d'en demander le renvoi à cette Cour.

Telle était, cela est vrai, la législation de 1808. Le procureur général avait ce droit; les tribunaux ordinaires devaient s'arrêter, et la haute Cour avait le droit de se saisir elle-même des délits qui étaient placés dans ses attributions Telle était la législation d'alors; mais depuis 1814 et 1830 de nouveaux principes ont prévalu.

Depuis lors la Cour des Pairs n'a jamais eu le droit de se saisir elle-même; elle ne pouvait pas être saisie parce que l'accusé la préférait; elle ne pouvait pas être saisie par le procureur général, et la juridiction ordinaire chargée de faire l'instruction n'avait pas le droit d'interrompre son action et de renvoyer à la Cour des Pairs; il fallait une ordonnance du roi. De même aujourd'hui il n'y a que le gouvernement seul, par raison d'Etat [1], et en adjurant l'Assemblée au nom de cette raison d'Etat, qui puisse lui demander de saisir la haute Cour lorsque l'instruction lui en a révélé la nécessité.

M. Flocon. Avant l'arrêt de renvoi!

M. Dupin. Ainsi le gouvernement est maître de son action. Il peut vous demander de renvoyer à la haute Cour et il peut ne pas vous le demander, et vous-mêmes vous

[1] Quand nous disons ici *raison d'Etat*, nous ne le disons pas comme on l'a fait quelquefois pour mettre cette raison, bien ou mal invoquée, au-dessus des principes éternels de la justice et du droit; mais nous entendons cet esprit élevé de gouvernement, qui, d'après les termes comme d'après le texte de l'article 91 de la Constitution, appelle le gouvernement et l'Assemblée à discerner et à apprécier si le crime est assez grave pour motiver le recours à la juridiction suprême de la haute Cour; ce n'est pas là violer la loi, c'est l'exécuter.

pouvez l'accorder ou ne pas l'accorder; vous pouvez refuseur de l'accorder, quoique ce soit un attentat. Si c'est un attentat de peu d'importance que vous croyez devoir laisser à la juridiction ordinaire; si ce sont des accusés peu redoutables; si vous croyez que le jury ordinaire est placé dans une situation où il est permis d'attendre de lui toute la fermeté, l'indépendance et les lumières nécessaires; si vous pensez enfin que des menaces ne puissent pas le faire fléchir : quand ces craintes n'existent pas, on peut, même pour un attentat, laisser juger les accusés par la juridiction ordinaire.

Mais sommes-nous dans de semblables conditions? Eh quoi! parmi les accusés il y a de vos collegues; il y en a qui, au 15 mai, étaient a cette tribune, ou qui siégeaient sur ces bancs; ils occupaient une place dans cette partie de la salle... (L'orateur désigne la première section du côté gauche.)

En un mot, ils appartenaient à la représentation nationale: c'est-à-dire à ce qu'il y a de plus élevé, car le pouvoir exécutif alors ne pouvait se placer en parallèle devant vous; l'Assemblée nationale était souveraine; le pouvoir exécutif n'en était que le délégué. Voilà quel est le caractère des principaux accusés.—Et quant au fait en lui-même, n'est-ce pas aussi le plus grand attentat? Quel est donc le patriote, le républicain, de quelque date qu'il soit, républicain de la veille ou de l'avant-veille, qui ne doive être plus indigné qu'un autre d'un tel attentat?

M. Flocon. Vous savez bien qu'ils ont tous été indignés!

M. Dupin. Imaginez-en un autre qui soit plus criminel! à moins que vous ne le considériez pas comme tel; mais vous permettrez à la majorité d'avoir un autre sentiment. (Approbation.)

Comment! une Assemblée constituante, élue par le suffrage universel, à son premier essai, à son premier et solennel essai, et qui, après onze jours seulement d'existence, a vu ici sa souveraineté bravée, ses portes forcées... (Interruption sur les derniers bancs de la gauche.)

Rappelez-vous donc cette fournaise d'émeute qui bouillonnait dans cette enceinte, dans cette partie aujourd'hui libre, vacante et paisible!

M. Laurent (de l'Ardèche). Il faut garder cela pour le réquisitoire.

M. Dupin. Je ne fais le procès à aucun individu ; mais j'ai le droit de le faire à l'émeute, à l'insurrection, au crime. (Vive approbation.) Je vois encore les complices se glisser le long des colonnes et le long des moulures de la salle, venir former un cordon derrière vous, pour vous enlacer et vous étreindre ; je vois ces forcenés descendre dans ces couloirs et vous menacer en passant (interruption à l'extrême-gauche); et quand je rappelle ces faits dans l'Assemblée nationale, il ne devrait y avoir que silence ou adhésion. (Très-bien ! très-bien !)

Eh bien ! Messieurs, c'est dans ces circonstances, avec de tels accusés, en présence d'un tel crime, que le gouvernement vient vous demander le renvoi. Il a raison de le demander ; il est bien fondé dans sa demande, en présence des faits révélés et constatés par l'arrêt de renvoi.

Mais je veux encore répondre à une objection. On vous a cité l'exemple tiré de l'affaire Cadoudal !

Mais on ne peut pas ignorer que la valeur d'un exemple judiciaire repose sur l'identité des faits. Et pourquoi ne vous a-t-on pas dit les circonstances de cette affaire ? A cette époque, il y avait une loi spéciale qui investissait nominativement la Cour criminelle de Paris du droit de juger les attentats contre la sûreté de l'État. En vertu de cette loi, le tribunal criminel de la Seine avait été saisi de l'affaire de Cadoudal et de ses complices. Les accusés n'avaient pas seulement été poursuivis, il n'y avait pas seulement une instruction commencée, et le renvoi devant cette Cour ordonné ; mais un acte d'accusation avait été dressé, mais le jour des débats indiqué, mais les débats étaient commencés, les accusés étaient sur le banc en face de leurs juges, et c'est en cet état, c'est au milieu de l'audience, que les accusés, non pas le gouvernement, les accusés proposent un déclinatoire et demandent à être renvoyés devant la haute Cour [1].

[1] M. Dupont de Bussac a voulu arguer ces faits d'inexactitude. Mais la vérité de cet exposé a été prouvée, séance tenante (le 22), par le texte même de M. Merlin (*Répertoire*, au mot *Compétence*, § 3). — Les journaux du temps, notamment le *Journal des Débats* (en prairial an XII), ont publié le texte officiel des débats, recueilli par les sténographes. En s'y reportant, on voit que le réquisitoire a été présenté par M. Gautier-Ménars, au nom de tous les accusés, à l'audience, aussitôt après la lecture de l'acte d'accusation mais avant

Savez-vous quelle était cette haute Cour? elle était décrétée en principe par le sénatus-consulte du 28 floréal an XII ; mais elle n'était pas en mesure de fonctionner. En effet, le dernier article disait : « Un sénatus-consulte particulier (ce sont à peu près les termes) statuera sur l'organisation et la mise en action de la haute Cour, » de manière que les accusés voulaient non pas seulement échapper au tribunal compétent, au tribunal saisi, non pas par une instruction, mais saisi a l'audience, saisi du corps même des accusés qui étaient devant leurs juges; ces accusés, dis-je, demandaient à être renvoyés devant un tribunal qui n'existait pas!

Eh bien! c'est là-dessus, et là-dessus uniquement que s'est fondée la Cour de cassation pour rejeter l'exception.

Messieurs, je crois que vous êtes suffisamment édifiés (Oui! oui!); et, malgré les violentes interruptions qui m'ont accompagné, j'arrive à cette conclusion : c'est que, non-seulement, il est du droit, mais il est de la dignité de l'Assemblée de voter la loi qui est demandée et de prononcer le renvoi devant la haute Cour. (Marques vives et nombreuses d'approbation. — Rumeurs à gauche.)

L'orateur, en retournant à son banc, reçoit les vives félicitations de ses collègues.

La discussion a continué le 22 janvier, et, après avoir entendu divers orateurs pour et contre, le renvoi des accusés devant la haute Cour a été voté au scrutin de division par 470 voix contre 284. Le nombre des votants était de 754.

XXIII.

SÉANCE DU 18 OCTOBRE 1848.

Sur la publicité des débats devant la haute Cour. (Art. 93.)

M. Dupin. Quand il s'agit de débats, en matière criminelle, devant la haute Cour, est-ce que vous avez besoin de dire que les débats seront publics? Est-ce que vous ne l'avez pas, d'ailleurs, déjà voté solennellement dans l'article 81?

Mais vous ne dites rien non plus de la défense; et la

l'interrogatoire des accusés et l'audition du premier témoin. La cour spéciale a ordonné qu'il serait passé outre aux débats.

défense, assurément, sera aussi libre, aussi sacrée devant la haute Cour que devant toute autre juridiction où le *droit commun* viendra en aide aux accusés. Nous ne votons ici que des dispositions *exceptionnelles*.

M. Saint-Romme. Après cette explication, je retire ma proposition.

Nota. Dans la discussion du projet de loi portant demande en renvoi des accusés du 15 mai devant la haute Cour, M. Durand avait proposé un amendement ainsi conçu : « Dans la huitaine de l'adoption de la présente loi, le comité de législation présentera un projet de loi sur les » formalités de l'instruction et sur la constitution du jury » devant la haute Cour. » — Le but de cet amendement était d'accréditer l'idée que la haute Cour n'était qu'imparfaitement constituée ; c'est alors aussi qu'on eût pu dire que c'était changer la forme de procéder *in medio litis.*— Mais M. le garde des sceaux a répondu en peu de mots que cette loi était toute faite, qu'elle n'était autre que le Code d'instruction criminelle, auquel la Constitution avait entendu se référer.—Et, en effet, la haute Cour n'est qu'une Cour d'assises devant laquelle toutes les formes du droit commun recevront leur application comme devant une cour d'assises ordinaire. Les accusés et la société trouveront seulement une garantie de plus dans le caractère plus élevé des juges et des jurés.

XXIV.

SÉANCE DU 18 OCTOBRE 1848.

Sur la juridiction disciplinaire du conseil d'État vis-à-vis des hauts fonctionnaires. (Sorte d'ostracisme politique.)

Les articles du projet relatifs à cette juridiction exceptionnelle étaient ainsi conçus :

Art. 102. Dans tous les cas de responsabilité des ministres ou de tous autres agents du gouvernement, l'Assemblée nationale peut, selon les circonstances, renvoyer le fonctionnaire inculpé soit devant la haute Cour de justice, soit devant les tribunaux ordinaires, *soit devant le conseil d'Etat.*

Art. 103. Le conseil d'Etat ne peut prononcer *que la*

peine d'interdiction des fonctions publiques pour un temps *qui n'excède pas cinq années.*

Art. 104. Tout arrêt du conseil d'Etat portant cette peine doit être rendu aux deux tiers au moins des suffrages.

Art. 105. Les débats ont lieu en séance publique.

A la lecture de ces articles l'Assemblée se récrie!

M. Dupin. Je dois dire qu'il y a eu deux opinions assez tranchées sur cette *innovation* au sein de la commission de constitution, et que par conséquent le soin de la défendre ne peut appartenir qu'à ceux qui l'ont accueillie et introduite dans le projet. (Hilarité.)

M. Coquerel, autre membre de la commission, demande alors la parole et expose l'avis de ceux qui avaient conçu l'idée de cette juridiction. L'Assemblée consultée rejette les articles, ou plutôt personne ne se lève pour les adopter.

XXV.

Séance du 3 juillet 1844.

Dans la discussion du projet de loi relatif au recrutement de l'armée sur la durée du service militaire et de remplacement. (Art. 102 de la Constitution.)

M. Dupin. Messieurs, de quelque opinion qu'on soit sur le fond de la question, il est impossible de laisser passer sans réfutation les motifs sur lesquels le préopinant a prétendu appuyer la sienne.

Je repousse d'abord, moi, homme civil, comme me blessant, et comme devant choquer à plus forte raison les militaires, cette ignoble expression d'*impôt du sang.* (Approbation au centre. — Réclamations à gauche.)

Vous avez transporté le vocabulaire fiscal à côté de la profession la plus noble et la plus glorieuse! Vous évaluez à tant pour cent la durée du service militaire. Je repousse ces expressions. Quand on est appelé par la loi du recrutement, c'est pour la défense de la patrie, c'est pour la défense des lois!.....

Plusieurs voix. Alors il ne faut pas de remplacement.

M. Dupin. Vous pouvez réglementer comme vous voudrez la loi de recrutement, vous n'en changerez pas la nature. Chez tous les peuples qui ont le sentiment de l'honneur, et aucun ne l'a plus que la France, le service militaire a reçu les noms les plus élevés, les plus glorieux, c'est la défense de la patrie, c'est la défense des lois et des institutions, ce n'est pas l'impôt du sang. (Très-bien! très-bien!)

On verse son sang pour la patrie.

A gauche. Il ne faut pas de privilége.

M. Dupin. Et si en le versant on paye une dette, c'est une dette d'honneur; on ne paye pas une cote d'impôt.

M. Gustave de Beaumont. Alors, pas de remplacement.

Une voix. Vous ne répondez pas à cela.

M. Dupin. J'y répondrai. Qu'est-ce ensuite que ces autres attaques contre le code pénal militaire? Sans doute, il n'y a pas de loi qui ne puisse être changée, et souvent, en changeant, on change en mal, *car tout changement n'est pas un progrès.* Mais est-ce une raison pour affaiblir l'autorité des lois existantes?

Comprend-on une armée sans discipline, une discipline sans sévérité? un code militaire où l'insubordination ne serait pas une circonstance aggravante et le fait le plus caractéristique des délits militaires? Cependant, à l'occasion de la loi du recrutement, vous protestez contre cette loi pénale! Moi, je la maintiens et je la défends jusqu'à ce qu'elle ait été régulièrement réformée, s'il y a lieu.

Toujours en partant de cette idée, que le recrutement est un impôt, et parce qu'on paye pour des biens évalués en argent un impôt proportionné à la fortune, on vous a dit qu'il faut aussi un service militaire proportionné à la fortune. Mais, messieurs, c'est là l'argument féodal. C'est reculer au temps de la féodalité. Alors, l'homme qui possédait un grand fief avait les hommes avec la terre, et les menait au combat. On était grand seigneur si on arrivait avec beaucoup d'hommes, on l'était moins si l'on venait faiblement accompagné. L'un arrivait avec mille hommes, l'autre avec cinq cents, un autre avec ses varlets et ses écuyers. Voilà le service militaire dans la proportion de la fortune!

Le principe du service militaire est tout autre. Depuis que la société s'est élevée, qu'elle s'est centralisée, tous les hommes sont devenus libres; ils se sont rapprochés de l'unité de valeur; on les a estimés pour eux, pour eux-mêmes, pour ce qu'ils valent, pour leurs qualités de citoyen, et non parce qu'ils ont derrière eux une plus ou moins grande terre, une caisse qui renferme plus ou moins d'écus.

On s'estime dans la conscription comme on s'estime sur le champ de bataille, par sa valeur et sa bravoure toute personnelle. (Très-bien! très-bien!)

Maintenant, vous vous récriez contre le remplacement : (Oui! oui!)

C'est une thèse: proposez qu'il n'y ait pas de remplacement, si vous le voulez.

M. Subervie. Je l'ai proposé!

M. Dupin. Que chacun paye de sa personne. Vous n'infirmerez pas le principe, vous le confirmerez.

Vous dites que ce sont les intérêts du peuple que vous défendez, et à Dieu ne plaise que je veuille les blesser, seulement il ne faut pas le flatter en le trompant. Soyons vrais.

Voyez si c'est au détriment du peuple que le remplacement a lieu : c'est lui au contraire qui profite du remplacement. Le remplacement n'est-il donc pas un libre contrat entre l'homme appelé et celui qui veut le remplacer et marcher pour lui? On ne peut être remplacé que si l'on trouve un homme qui veuille le faire. Ainsi, vous interdiriez au peuple ce qui est pour lui une grande source d'enrichissement.

La loi du recrutement verse des sommes considérables dans les mains du peuple. A l'époque de nos grandes guerres, un grand nombre de familles pauvres ont gagné des sommes considérables. Les hommes se vendaient fort cher. Il y en a eu qui se sont vendus jusqu'à 10,000 fr.

Voix nombreuses. 20,000 fr.!

M. Dupin. Eh bien, une famille de paysans aurait travaillé trente ans pour gagner 10,000 francs, et par le remplacement elle a gagné 10,000 fr. en un instant.

Maintenant le prix est moins élevé, puisque nous vivons sous un gouvernement pacifique auquel on reproche sans cesse de ne pas faire la guerre. C'est donc un remplacement pour un service de paix. Celui-là qui est riche souffre plus du service que le cultivateur, car le riche voit sa carrière civile détruite, tandis que pour l'autre il n'en est pas ainsi : il quitte sa charrue pour un état qu'il préfère, puisqu'il a traité librement ; le prix qu'il a reçu, c'est une dot qu'il laisse dans la maison paternelle avant de partir. D'un autre côté, est-ce que l'état militaire est dépourvu de toute espèce d'avantages ? C'est au peuple qu'il est le plus utile. Sous les gouvernements despotiques il devient le principe de la liberté, et quelquefois le seul moyen d'affranchissement. Chez nous on est libre en partant de chez soi pour y rentrer libre ; mais la carrière est ouverte à tous les grades : ainsi l'homme du peuple y trouve à l'instant même une éducation qu'il n'aurait pas chez lui, un meilleur régime, et tout ce qui rend à l'homme une valeur, une dignité, une tenue personnelle. (Très-bien !) Le tiers des grades étant réservé à l'ancienneté, appartient à ces hommes de constance qui, ayant embrassé la vie militaire, ayant réitéré leur engagement, à force de bonne conduite, de discipline, de travaux, de courage dans l'occasion quand ils sont appelés à le montrer, gagnent des grades ; et ceux-là, si la faveur ne les leur donne pas, la loi les leur assure. Voyez encore la différence ! Pour un homme très-riche qui arrivera au grade de capitaine, il semble que ce soit peu, non pas pour l'honneur, c'est toujours beaucoup, mais pour la fortune ; il abdiquera son grade et rentrera dans la vie privée pour jouir de son aisance. Mais pour l'homme du peuple devenu capitaine, ayant l'épaulette, l'épée française, c'est une fortune. (Très-bien !)

Voilà leurs moyens de parvenir ; et qu'on ne dise pas que ce soit un hasard. Sans doute, dans tout votre ancien régime vous citerez un Fabert et deux ou trois autres arrivés comme par miracle ! Chez nous, depuis la révolution, c'est le droit commun. Allez à Versailles, allez dans ce musée national, allez dans ce monument élevé à toutes les gloires françaises avec les deniers de cette liste civile qui sans doute n'est pas prodiguée aux courtisans, mais dont la dépense ici profite à l'État... (Rires et exclamations à gauche [1].)

Voyez la plus belle de toutes ces salles, celle de 1792,

[1] L'opposition a eu tort de désapprouver cette justice rendue au bon emploi de la *liste civile*. Cela n'a rien de commun avec les *dotations des princes* ; et l'on doit toujours être juste ... même envers un roi... même après qu'il est proscrit.

c'est le point de départ, c'est la révolution, c'est la France d'aujourd'hui tout entière ! sous quel uniforme y est notre vieux maréchal et ses compagnons dont quelques-uns sont devenus rois ? Sous l'uniforme de soldats, de volontaires ou de sergents. (Sensation.)

Ainsi, Messieurs, ne plaignez pas le sort du peuple quand il est appelé sous les drapeaux français ; il a un autre sentiment. Non ! non ! il ne murmure pas contre la loi du recrutement, il s'y soumet ; il n'y a pas de loi qui ait excité moins de réclamations, et c'est peut-être un dommage d'y avoir touché.

Cependant je dois dire ma pensée tout entière. (Mouvement d'attention.)

Je ne suis pas pour la prolongation du service à huit ans. Je crois que cette aggravation est parfaitement superflue : en temps de guerre, personne ne demande ni n'obtient de congé ; en temps de paix, le temps de service actuellement exigé suffit pour apprendre l'exercice de manière à ne pas l'oublier (on rit) ; du moins, on ne le saurait pas mieux au bout de huit ans qu'on ne le saura au bout de sept. Mais je laisse cette question aux militaires, et je dis que dans l'état de paix qui, s'il n'est pas notre état normal et absolu, est notre état habituel, il faut considérer qu'un homme a quelque intérêt à ne pas revenir trop vieux dans ses foyers. Il a intérêt à y revenir pouvant se présenter comme jeune encore, soit pour embrasser une profession, soit pour former un établissement, car il y a peu de célibataires parmi les gens de la campagne, et le mariage est pour eux une grande affaire.

Je me prononce en faveur de l'amendement qui réduit à sept ans au lieu de huit la durée du service militaire. (Aux voix ! aux voix !)

M. LE PRÉSIDENT. Je consulte la chambre sur l'amendement de M. Duprat, qui tend à remplacer le délai de huit ans par celui de sept ans.

(L'amendement est adopté.)

XXVI.

SÉANCE DU 23 OCTOBRE 1848.

Sur l'amendement de M. Didier, ayant pour objet d'assimiler l'Algérie à la France, et de la soumettre immédiatement au régime de la Constitution, sauf les lois d'exception qui seraient reconnues nécessaires. (Art. 109.)

M. DUPIN. Messieurs, si nous résistons à la proposition qui vous est faite, ce n'est pas faute de porter un très-sincère intérêt à l'Algérie; elle nous est chère à plus d'un titre, par sa conquête, par les travaux de l'armée, et, en dernier lieu, par l'envoi de nos colons français. Cette colonisation mérite une grande faveur; elle sera incessamment l'objet de la sollicitude, non-seulement du pouvoir exécutif, mais du corps législatif, de l'Assemblée nationale, et on peut dire de la nation tout entière. M. Didier (et je suis fâché qu'il ait abandonné sitôt la tribune) avait raison de parler du spectacle que présentait à la capitale l'expédition des colons. Oui, c'est un grand et beau spectacle par lui-même et par l'intérêt immense qu'y attache la population de Paris, qui, a chaque départ, couvre les ponts et les quais, salue les colons de ses acclamations et de ses vœux, et les accompagne, sur les deux rives de la Seine, jusqu'au lieu marqué pour la séparation. Assurément de tels faits ne doivent point passer inaperçus pour vous; et ici je suis heureux de reprendre l'idée de M. Didier lui-même.

Oui, Messieurs, j'en ai été le témoin : c'est un grand et magnifique spectacle que celui de ces colons, je ne dis pas seulement de ces hommes valides allant cultiver la terre d'Afrique; mais ce qui est plus intéressant, plus touchant, c'est de voir des familles entières, des épouses accompagnant leurs maris, et qui leur donnent cette nouvelle marque de fidélité et d'affection en les suivant avec leurs petits enfants loin de la mère-patrie. Oui, ce sont des familles qui, avec le nom sacré de famille, vont chercher la propriété, le domicile, la terre à cultiver (sensation); ils vont y consacrer le travail; ils vont consacrer, à la face du monde entier, ce que l'on conteste ici à notre vieille société, le droit de la famille, le droit de la propriété, le droit au travail (Très-bien! très-bien!); ils vont montrer, en partant pour coloniser l'Algérie, qu'aucune société, si petite qu'elle soit, ne peut se fonder sans la famille, sans le domicile, sans la propriété, sans le travail, sans des garanties qui s'attachent à la conservation de tous ces droits. (Très-bien! très-bien!) Par conséquent, une société déjà fondée, et qui connaît le prix de tous ces biens, veut certainement les assurer à ces colons. (Oui! oui!)

Oui, Messieurs, les colons seront l'objet de notre sollicitude. Nous savons très-bien, en les envoyant là fonder une société nouvelle à l'image de la nôtre, qu'il faut des lois qui protégent tous leurs intérêts, tous leurs droits, leurs contrats, leurs transactions, la liberté et la sûreté de leurs personnes.

On leur a confié un drapeau national béni par les mains de la religion; l'archevêque de Paris, dans sa pieuse et tendre sollicitude, a voulu que le premier acte de sa juridiction fût la bénédiction de ce drapeau et la bénédiction des colons et de leurs familles. (Vive sensation.) Les colons savent, en l'emportant, que non-seulement c'est le symbole de la France, leur signe de ralliement et de défense contre l'étranger, mais le symbole de l'ordre et des maximes que nous voulons fonder ici; car sur ce drapeau est aussi inscrit: *Liberté, Égalité, Fraternité*, ces droits que nous voulons leur garantir en Afrique aussi solidement qu'ils le seront parmi nous.

Mais est-il nécessaire pour cela de déclarer, quant à présent, une chose impossible, une chose qui serait impraticable et qui constituerait une véritable source d'embarras? Est-il possible de déclarer que l'Algérie, malgré sa dissimilitude actuelle, que l'Algérie, qui doit encore pendant longtemps être loin de ressembler en tout à la France, est dès à présent placée sous le même droit commun, absolument sous le même régime, le régime constitutionnel? Nous ne le pensons pas, Messieurs, et on le pense si peu dans l'amendement, qu'en demandant en principe que l'Algérie soit régie par la Constitution, on ajoute que ce sera *sauf les lois d'exception*.

Ainsi, on ne proclamerait la Constitution que pour faire ce qu'il y a de plus odieux sous un régime constitutionnel, que pour faire des lois d'exception! Elles auraient ce vice, ce déplorable caractère; et toutes les fois qu'on proposerait des lois spéciales appropriées à l'Algérie, des lois fondées sur des différences de situation dont on se prévaudrait pour établir des exceptions à ce que nous sommes habitués à regarder et à proclamer comme notre droit commun et notre sauvegarde à nous-mêmes, on dirait que, malgré les promesses de la Constitution, ce même droit est violé en Algérie !

Une première garantie était due à l'Algérie et aux colonies : c'est qu'au lieu d'être sous le régime capricieux des ordonnances et des arrêtés du pouvoir exécutif, elles fussent placées sous le régime des lois. Eh bien, ce point est obtenu déjà par une loi, et aujourd'hui par la Constitution. Désormais l'Algérie, comme les colonies, n'est plus assujettie au régime du bon plaisir, aux ordonnances du pouvoir exécutif; mais elle sera régie par des lois particulières. Ainsi, toutes les lois applicables à l'Algérie seront votées par vous et avec la pensée de lui accorder à elle, d'accorder en particulier à ses colons actuels et futurs, toutes les dispositions protectrices dont ils peuvent avoir besoin. A cet égard, comme droit civil, comme justice, comme protection, il ne leur manquera rien de tous les avantages dont on peut jouir en France. (Très-bien !)

Restera la question politique, cette question d'un droit commun indéfini; mais je la repousse par une réflexion dont vous allez reconnaître la justesse. Quand vous ferez des lois particulières, elles seront basées sur des faits particuliers, sur des exposés nés de la situation particulière ou de l'Algérie ou de telle ou telle colonie, car l'article leur est commun; et alors vous ferez des dispositions appropriées à cette situation; vous ne ferez que ce qui sera reconnu utile et nécessaire pour les colonies ou pour l'Algérie.

Si, au contraire, vous les dotez prématurément d'un droit commun absolu, pareil à celui de la France; si vous leur faites cadeau de votre *Bulletin des lois*, qui renferme plus de 50,000 lois, combien n'y en a-t-il pas qui sont inapplicables à l'Algérie ! On serait cependant fondé à invoquer toutes ces lois en vertu de cette concession générale et imprudente, jusqu'à ce que les lois de détails vinssent y faire exception pour arrêter ce débordement de droit commun que vous auriez répandu sur l'Algérie. N'est-il pas plus sage de dire, comme la commission : « Le territoire de l'Algérie et des colonies est déclaré territoire français (cette déclaration est déjà d'une grande puissance) et il sera régi par des lois particulières, » en ajoutant, comme la commission le propose : « jusqu'à ce qu'une loi spéciale la place définitivement sous le régime de la présente Constitution ! »

Ainsi cette expectative est acquise à l'Algérie et aux colonies. En attendant, les colons ne seront régis que par des lois, mais par des lois appropriées à leur situation.

Je repousse donc l'amendement, et j'insiste pour l'adoption de la rédaction proposée par la commission. (Très-bien ! — Aux voix ! aux voix !)

Nota. L'amendement de M. Didier est mis aux voix et rejeté. L'article de la commission est adopté.

XXVII.

SÉANCE DU 23 OCTOBRE 1848.

Sur la majorité nécessaire pour voter la révision de la Constitution. (Art. 111.)

M. Dupin. La commission de Constitution a pensé qu'en ouvrant la voie de la révision il ne fallait pas la rendre trop facile. Elle a pensé que la révision d'une Constitution était la chose la plus grave; que c'était un moment de crise, de grande crise pour un État. Voilà pourquoi elle a rendu plus difficile la possibilité d'arriver à une révision, et très-court le temps qu'on emploierait à faire cette révision. Voilà son but; voilà pourquoi nous avons exigé les trois quarts des voix.

Maintenant, pourquoi veut-on les deux tiers? C'est dans une pensée différente; c'est pour rendre la révision plus facile et plus fréquente.

Je termine en disant, comme l'orateur qui descend de la tribune : Vous choisirez.

(L'amendement a été rejeté, et la proposition qui exige les trois quarts des voix a été maintenue.)

XXVIII.

SÉANCE DU 23 OCTOBRE 1848.

Sur le vote définitif de la Constitution, dont on proposait de différer l'exécution jusqu'après le remplacement du président en exercice. (Art. 111.)

M. Dupin. La commission ne peut pas accepter un pareil

amendement improvisé, qui aurait pour objet de tenir tout le travail de la révision de la Constitution, c'est-à-dire la souveraineté nationale, en échec devant les prérogatives d'un président dont les pouvoirs sont tout aussi bien soumis à révision que les pouvoirs de l'Assemblée législative, que tous les pouvoirs de la Constitution entière. Que veut dire la révision? Quand une Assemblée législative aura pensé qu'il y aura lieu à révision, cela veut dire qu'elle remet ses pouvoirs à celui qui est la source de tous les pouvoirs, à la souveraineté du peuple. Le peuple, usant de sa souveraineté, nomme une Assemblée constituante; il la nomme sans cahier, sans mandat, avec la plénitude de pouvoir nécessaire pour reviser la Constitution.

Il la nomme avec le suffrage universel, avec la pensée qui anime le pays; car la révision n'aura pas été provoquée par l'Assemblée sans qu'il y ait eu des indications, sans que des imperfections dans la Constitution aient été signalées par l'opinion publique, qui aura elle-même poussé l'Assemblée à provoquer cette révision. Par conséquent, le suffrage s'exercera avec la connaissance des points qui sont à reviser, par la connaissance de ceux qui auront porté l'Assemblée à la demander, et qui auront amené les représentants à la provoquer. Ainsi, ce qu'on demande n'est pas autre chose que la proposition de faire qu'il n'y ait qu'un pouvoir limité donné à ceux qui seront établis pour reviser la Constitution.

On craint que le président ne soit tout à coup dépouillé de ses pouvoirs; c'est une erreur, car le droit de reviser ne met pas la Constitution en interdit; et tous les pouvoirs n'en sont pas moins maintenus jusqu'à ce que des modifications aient été faites; et quand elles auront été votées, à l'instant même où il y aura des pouvoirs anciens modifiés, les pouvoirs nouveaux qui seront destinés à en prendre la place par suite de ces modifications, ces pouvoirs existent sans interrègne, sans intervalle, sans lacune.

Il n'y a donc pas ici la place d'une Convention, dont on a essayé de vous effrayer.

Il y a une constitution qui continue à exister jusqu'à révision; et à l'instant où il y a révision, le lendemain, le partage des pouvoirs peut être différent, il peut y avoir des nominations qui ne seront plus faites par l'Assemblée, des attributions qui n'appartiendront plus au pouvoir exécutif; mais le lendemain tout sera appliqué. Il n'y aura donc ni interrègne, ni lacune. Mais demander qu'on insère dans la Constitution des modifications du genre de celles qu'on propose, c'est dire que le peuple ne pourra pas donner à l'Assemblée, dans toute sa plénitude, le pouvoir de reviser la Constitution, et je ne crois pas que cela soit admissible en présence du principe fondamental de l'état actuel de la souveraineté du peuple.

(L'amendement a été rejeté.)

XXIX.

SÉANCE DU 23 OCTOBRE 1848.

Réponse à l'interpellation de M. Stourm, relativement à l'exécution de certaines dispositions législatives contenues dans les Constitutions antérieures. (Art. 112.)

M. Dupin. Messieurs, la distinction qu'on a essayé de faire sous la Restauration ne doit pas vous porter à croire qu'il s'agisse d'une distinction de même nature dans le moment actuel.

En présence d'une Charte qui constituait un ensemble, ceux à qui quelques articles déplaisaient, ou qui auraient voulu leur ôter le caractère d'irrévocabilité d'une Constitution, proposaient de faire la distinction dont on a parlé entre des articles qui auraient eu, à proprement parler, le caractère constitutionnel : ceux-là auxquels on n'aurait pas pu toucher, par exemple, les articles relatifs aux prérogatives de la couronne, et certains autres articles qu'on aurait pu modifier, transformer de manière à mettre, par des lois particulières, à la place de certains articles de la Constitution, des dispositions qui seraient tout à fait différentes; et le résultat, vous n'en pouvez douter, si cette distinction eût été admise dans le sens de ceux qui la proposaient, aurait eu pour objet de faire subir à plusieurs articles qui consacraient nos libertés, des transformations qui les auraient affaiblies et diminuées. On a repoussé la distinction, et on a bien fait, parce que, tant qu'une Constitution est en vigueur, elle constitue un tout indivisible qui contient tout à la fois des droits au profit du pouvoir et des droits au profit des citoyens, et que, si chacun est en droit d'invoquer ce qui lui est favorable, chacun est tenu de respecter ce qui protége, soit le pouvoir de la part des citoyens, soit les droits des citoyens de la part du pouvoir.

Mais quand le gouvernement a changé, c'est la forme politique qui change. Ainsi, il est bien évident que, quand Février a mis la République à la place de la Monarchie, rien de ce qui concernait le pouvoir royal dans les Chartes antérieures, même dans la Constitution de 1791, ne peut être conservé par la Constitution actuelle.

Mais dans une Constitution il y a des principes fondamentaux, il y a des principes traditionnels, il y a des principes généraux qui vivraient en dehors de la Constitution quand même elle ne les aurait pas reproduits et consacrés, et auxquels elle n'a fait que donner une nouvelle sanction.

Si, par exemple, nous n'avions pas jugé à propos de rappeler les principes de la propriété dans la Constitution actuelle (et sans les attaques inouïes dont la propriété a été l'objet, elle semblait si parfaitement assise au profit de la société, par tout ce qui avait précédé jusque-là, qu'on n'aurait probablement pas songé à la consolider dans notre Constitution), est-ce que cela aurait aboli le principe qui déclare que toutes les propriétés sont inviolables, et que chacun ne peut être dépossédé de sa propriété que moyennant une juste et préalable indemnité, parce que cela était dans la Charte de 1814? Non. C'est alors qu'il faut faire une autre distinction. Quand un gouvernement a pris la place d'un autre gouvernement, tout ce qui constituait l'existence politique de l'ancien gouvernement est abrogé et remplacé par ce qui constitue l'existence politique du nouveau gouvernement; mais quant aux principes de droit civil, à certaines règles de simple administration, quant aux garanties acquises aux citoyens, accordées en 1789, reconnues en l'an III, que la Constitution de l'an VIII n'a pu effacer, que la Charte de 1814 a été obligée de reprendre et de consacrer, et que la Charte de 1830, à plus forte raison, a voulu maintenir, il y a chose acquise, il y a une chaîne non interrompue dans la tradition; il n'y a qu'une incompatibilité à reconnaître entre les principes politiques du nouveau gouvernement et ceux de l'ancien, mais les principes de droit civil, les garanties des citoyens subsistent.

La Charte de 1814 ni celle de 1830 n'avaient pas reproduit la disposition de l'article 75 de la Constitution de l'an VIII, sur la poursuite des fonctionnaires publics. On avait pensé qu'il était, par suite, devenu inapplicable. Il n'en est rien. On a bientôt reconnu que cet article avait pour effet de maintenir le principe de la séparation des pouvoirs entre l'administration et la justice; on a reconnu que c'était une disposition qui ne tenait ni à la Constitution du pouvoir législatif, ni à la Constitution du pouvoir exécutif, ni à la Constitution des grands pouvoirs politiques ; mais que c'était une simple garantie dans la poursuite des crimes et délits, une partie de l'instruction criminelle qui devait être maintenue.

La disposition qui déclarait le domicile sacré, la maison de chaque citoyen inviolable, sans qu'on pût y entrer autrement que dans les formes voulues par la loi, se trouve aussi dans la Constitution de l'an VIII; la Constitution de 1814 ne l'a pas répétée, et cependant, tant que durèrent la Charte de 1814 et celle de 1830 qui n'a pas davantage répété cette disposition, on n'en a pas moins regardé le domicile de chaque citoyen français comme placé sous la garantie de cette disposition de la Constitution de l'an VIII.

En un mot, l'ancien établissement politique est écarté par le principe qui veut que tout ce qu'il y avait de politique dans les anciennes constitutions soit aboli, et remplacé par la Constitution nouvelle (républicaine aujourd'hui), et que rien de ce qui était purement monarchique ne doit subsister dans la Constitution actuelle.

Mais quant aux principes secondaires établis pour l'utilité des citoyens, pour l'utilité de la société, pour la sauvegarde de cette société, qui n'ont que le caractère de dispositions secondaires et civiles, ce serait se dépouiller soi-même, ce serait dépouiller les citoyens que de considérer ces dispositions comme abrogées, quand elles n'ont rien d'incompatible avec votre Constitution.

M. Stourm. Je voulais simplement soulever la question, et obtenir de la commission une réponse : je désire que cette réponse reste attachée à l'article 116, comme l'interprétation de l'application qu'il doit recevoir.

XXX.

SÉANCE DU 14 SEPTEMBRE 1848.

Discours de M. Dufaure sur les mots : DROIT AU TRAVAIL.

M. DUFAURE. Messieurs, j'hésitais à prendre la parole apres l'habile orateur que vous venez d'entendre[1]. Les principes sur lesquels son discours paraît reposer ont été ceux de la commission ; les termes dont il s'est servi ressemblent beaucoup aux nôtres; cependant dans les termes dont il s'est servi nous avons vu des exagérations qu'il faut signaler, et dans la conclusion du discours nous avons vu une erreur que nous devons relever.

L'honorable M. Billault appuie l'amendement de M. Mathieu (de la Drôme). Pour appuyer cet amendement, il nous demande si nous devons rester plus longtemps les bras croisés. Il nous le demande et il vous le demande à vous-mêmes! et depuis que vous êtes réunis, je dois le dire au nom de vous tous, quelle a été votre première préoccupation, sinon d'apporter des remèdes à la crise dont souffre le pays? (Bruyantes marques d'approbation.) C'est une vérité que je prends la liberté de proclamer; il n'y a pas une assemblée, quelle qu'elle soit, à quelque époque que ce soit, qui, en si peu de temps, ait apporté aux souffrances des classes laborieuses autant de préoccupations, autant de mesures propres à les secourir. Ne nous demandez donc pas si nous voulons *continuer de nous croiser les bras!* S'il n'y avait que nous qui entendissions vos pa-

[1] Cet orateur est M. Billault, qui avait dit entre autres choses :
« Vous avez inscrit sur le drapeau de la République le mot fraternité. Prenez-y garde Le peuple, qui est logique, comme vous l'avez dit vous-mêmes, se demandera si ce mot a un sens. Ne lui faites pas dire qu'il n'en a pas.
» Mais, dit-on, nous sommes impuissants. Quand on viendra nous réclamer l'accomplissement de la promesse que vous nous demandez de signer, nous ne pourrons l'accomplir. Qu'est-ce à dire? S'agit-il de faire immédiatement une loi spéciale pour améliorer la situation des travailleurs? Non. Il s'agit d'inscrire dans votre Constitution une dette dont vous organiserez le payement plus tard. » (Rumeurs confuses.)
A l'extrême gauche. — Très-bien! très-bien!

roles, il n'y aurait que demi-mal ; car tous ici nous savons la vérité ; mais on vous écoute ailleurs. (Oui ! oui !)

Non, ne venez pas nous demander si nous voulons continuer de nous croiser les bras.

Une voix de l'extrême gauche. Mais ce sont des actes qu'il faut et non pas des paroles.

M. Dufaure. A l'honorable membre qui m'interrompt, je réponds que ce ne sont pas des paroles mais des actes qui ont marqué tous les jours de cette Assemblée. Relisez la liste de nos travaux, et vous verrez que jamais, je le répète, aucune assemblée n'a en si peu de temps accompli tant de travaux utiles. Et maintenant à ceux qui veulent des actes et non des paroles, je répondrai tout à l'heure *que ce sont eux qui demandent des paroles.*

Voix nombreuses. Oui ! oui ! c'est vrai !

M. Dufaure. Je leur montrerai encore que non-seulement ils demandent des paroles, mais qu'ils demandent des paroles qui n'auraient pas la portée, l'effet qu'ils veulent leur faire produire. (Nouvelles marques d'adhésion.)

La commission, depuis bien longtemps, s'est occupée de toutes les idées que M. Billault a apportées à cette tribune. La commission a voulu tracer les devoirs de la société après avoir indiqué les devoirs des citoyens. On pouvait croire que la société, mère vigilante, devait à tout moment mettre l'instruction à la portée de tout le monde, qu'elle devait assister tous ceux qui souffrent en donnant du travail à ceux qui peuvent travailler, des secours à ceux qui ne peuvent plus travailler.

Ces devoirs d'une société républicaine, nous les avons inscrits dans la Constitution en copiant presque Montesquieu, presque l'Assemblée constituante, presque la Convention.

Une voix de l'extrême gauche. Oui, *presque !*

M. Dufaure. Je me sers du mot presque, et je le dois; car la Convention donnait la subsistance, nous avons cru qu'il était plus noble de dire l'assistance. La Convention ne réservait pas le devoir de la famille, nous l'avons réservé ; la Convention ne prétendait pas assurément que le devoir de la société existait encore alors que la limite de ses ressources était atteinte ; la Convention ne prétendait pas cela, mais elle omettait de dire le contraire; nous avons voulu indiquer sincèrement que le devoir avait pour limite forcée la limite même des ressources.

Voilà les autorités où nous avons puisé notre préambule. Maintenant, on nous dit : Vous deviez aller plus loin. Au lieu du devoir que vous imposez à la société, on veut donner à l'individu un droit qu'on appelle *droit au travail.*

Droit au travail ! Que signifie ce mot qui n'a jamais été inséré nulle part? Puisque vous voulez l'introduire dans la Constitution, veuillez nous en dire au juste le sens et la portée. (Agitation.)

Oui, en effet, il y a un droit abstrait qui est égal à tous les autres, c'est le *droit au travail.* Si vous nous demandez de l'insérer dans la Constitution, nous l'avons fait, car nous avons placé le travail à côté de la famille et de la propriété.

C'est donc autre chose que vous demandez. Oui, vous nous dites que vous voulez donner à l'individu une action contre la société.

Une voix de l'extrême gauche : C'était dans le premier projet de la commission.

M. Dufaure. Un honorable interrupteur me dit : Le droit au travail avait été inséré dans le premier projet. Comme cette objection a été plusieurs fois produite, on me permettra de me détourner un moment de mes idées pour donner une explication à cet égard.

Quand la commission a été pour la première fois chargée de cette difficile tâche de faire une constitution, un préambule avait été adopté, et dans ce préambule avait été introduit, en effet, le droit au travail. La commission ne délibéra pas sur le préambule, se réservant, quand elle en viendrait au chapitre de la garantie des droits, de voir à quels droits, parmi ceux du préambule, on pourrait attacher des garanties; car nous ne pouvions pas concevoir un droit qui n'eût pas sa garantie correspondante. Lorsque nous fîmes cet examen, nous nous évertuâmes à trouver une garantie pour le droit au travail, et nous ne pûmes lui trouver que la garantie anglaise : une action contre la société. Cette garantie-là, nous la jugions inadmissible; d'une autre part, l'art. 132 du projet ne parlait pas de droits; il ne parlait que des devoirs de la société. Nous n'eûmes pas de peine à reconnaître une contradiction entre cet art. 132 et le préambule. Si nous avions eu à présenter à l'Assemblée un projet définitif, nous aurions fait disparaître cette contradiction. Mais comme les bureaux devaient examiner le projet; comme le projet, avec les observations des bureaux, devait nous revenir; comme nous devions soumettre un second projet à l'Assemblée, nous ne nous occupâmes point, dès l'abord, d'effacer la contradiction.

L'examen des bureaux a eu lieu en effet, et le projet, avec les observations des bureaux, nous est revenu; nous avons délibéré de nouveau. Notre délibération, à l'unanimité *moins un membre*, a été que le droit au travail, inscrit au projet primitif, devait disparaître. Nous avons d'ailleurs donné, aux devoirs de la société, une formule toute nouvelle. C'est cette nouvelle pensée de la commission que nous vous prions d'adopter.

Nous avions, dans le préambule, à déterminer les rapports des citoyens avec l'État. Nous pouvions les envisager soit du point de vue des droits, soit du point de vue des devoirs; nous n'avons pas hésité à choisir le point de vue des devoirs. Le sentiment du droit, sentiment personnel et un peu égoïste, enivre aisément celui qui le fait valoir; il n'est pas un moyen d'union, mais plutôt de scission. Le sentiment du devoir, au contraire, c'est l'abnégation personnelle, c'est le sacrifice, c'est le dévouement. (Très-bien! très-bien!) C'est ce sentiment du devoir qui crée toutes les grandes et belles passions; il unit, il agglomère. En même temps qu'il entraîne avec lui la garantie de tous les droits, il apprend à la société entière tous les devoirs, et nous avons voulu que gouvernants et gouvernés apprissent surtout et lussent à tout moment, dans la Constitution même, les devoirs que nous croyons leur être imposés. (Nombreuses marques d'adhésion.)

Hier, j'entendais avec étonnement la parole élégante et réfléchie de M. Darnaud, concluant perpétuellement à la reconnaissance du droit, et justifiant toujours la pensée du devoir; et quand je me suis permis de lui dire, à la fin de son discours, que toutes ses pensées étaient dans notre projet, sa loyauté l'a forcé d'en convenir, et il a ajouté qu'à tout prendre il aimait mieux encore l'expression du *devoir* que celle du *droit* dans la Constitution. En effet, M. Darnaud a rappelé les grands principes qui forment la base de la religion chrétienne; quand cette religion a relevé la femme, reconstitué la famille, supprimé l'esclavage, établi l'égalité, est-ce le *droit* qu'elle a invoqué? Non, c'est au nom du sentiment du devoir qu'elle a produit ces grands biens! (C'est vrai! c'est vrai!)

Que l'Assemblée comprenne donc bien l'intention que nous avons eue. C'est le devoir, et non le droit, que nous avons voulu exprimer dans le préambule; et, en tout cas, nous n'aurions jamais reconnu, nous n'aurions pas pu reconnaître un droit au travail.

En effet, qu'est-ce que ce droit? L'honorable M. Darnaud nous faisait hier à cet égard un aveu précieux. Il disait : « Oui, sans doute, dans la pensée de quelques rêveurs, de quelques hommes coupables, le droit au travail, c'est la négation de la liberté et de la propriété; oui, dans la pensée de quelques mauvais citoyens, le droit au travail est le principe de l'insurrection. » Voilà ce que disait hier un des défenseurs les plus habiles du droit au travail. Cela me suffit pour repousser le droit au travail. Vous me parlez du sens que vous attribuez, vous, à cette expression; mais, moi, législateur, je suis obligé de me préoccuper des interprétations de ces *rêveurs*, de ces *mauvais citoyens* dont vous nous parlez.

L'orateur rappelle ici les droits énoncés dans la Constitution. Examinons, dit-il, chacun de ces droits; toujours nous voyons que c'est une puissance personnelle donnée à l'individu et garantie par la société. Mais les droits dont vous parlez, le citoyen les exercera-t-il ainsi en lui-même? Oh! non. Vous créez des droits qui ont un bien autre caractère. Le citoyen à qui vous reconnaissez ces droits les exerce *contre autrui*.

Voix nombreuses. C'est cela! c'est cela!

M. Dufaure. Ce n'est pas un droit qu'on exerce en lui-même; c'est *une action* soit contre la société, soit contre les citoyens. (Adhésion.)

Et voyez comme le caractère change immédiatement. Vous faites de ce droit l'égal d'un droit naissant d'un contrat. Vous créez à la fois un droit et une obligation, vous constituez aussitôt une sorte de servitude; c'est-à-dire que vous engagez, entre celui qui exerce le droit et ceux contre qui il exercera le droit, une lutte, un antagonisme. (Mouvements divers; approbation à droite.)

C'est, je le répète, une lutte, un antagonisme, un procès que vous engagez.

C'est là ce que nous ne voulons pas.

Si vous, Assemblée nationale, vous vouliez entrer dans cette voie, votre devoir serait de bien caractériser ce mot, de le définir. Il est nouveau ; lorsque vous mettez en circulation un mot de cette nature, il faut aussitôt placer la définition à côté.

Nous portons tous en nous une double activité, activité intellectuelle et activité physique. La religion a dit que le travail était un devoir pour l'homme, la nature lui dit que c'est une nécessité. Vous me dites maintenant que vous voulez *le droit au travail*; que sera ce droit? Le droit de demander du travail, soit à tel ou tel de vos concitoyens, soit à la société. Au fond que sera-ce? Ce sera le droit d'obtenir des matériaux ou des instruments pour travailler.

Maintenant quel travail demandez-vous à la société? Quand le malheureux vous dira : Depuis trente ans j'ai l'aptitude à me livrer à *tel travail*; donnez-moi ce travail, que répondrez-vous?

Ce que je vais dire, je ne veux le rendre blessant pour personne... pas même pour le gouvernement provisoire. (On rit.) Dans les derniers jours de mars, un ingénieur en chef chargé de la construction d'un de nos principaux chemins de fer, écrivait à Paris qu'il avait de très-grands travaux de terrassement à faire; qu'il recevrait volontiers *six mille* ouvriers pris dans les ateliers nationaux de Paris. Certes il était mille fois plus utile d'employer ces ouvriers sur le chemin de fer de Strasbourg qu'au Champ-de Mars; eh bien ! on ne le put pas, aucun ouvrier ne voulut partir. (Longue interruption.)

M. Duclerc adresse quelques mots à l'orateur.

M. Dufaure. L'honorable M. Duclerc me fait une réponse qui est parfaitement juste. Cet ingénieur demandait en même temps les ouvriers et l'argent. On ne lui envoya ni les ouvriers, ni l'argent; aussi, je ne fais de reproches à personne. Je signale une conséquence de la force des choses. Toujours l'ouvrier dira : Je veux travailler là où est ma famille. Je ne veux pas qu'on m'envoie loin des miens. Je ne m'en irai pas.

Maintenant, disons vrai : ce qu'on demande n'est pas le

droit au travail, c'est *le droit au salaire*. (Adhésion.) Eh bien! le salaire peut-il être réglé par un droit absolu? Il faut évidemment laisser cela à la tutelle bienveillante de l'Etat.

En effet, voyez ce qui arrive, si vous donnez une créance contre l'Etat. Eh bien! alors l'Etat, comme quiconque a une dette à payer, l'Etat a le droit d'examiner la dette. Vous organisez une lutte constante entre l'indigent qui réclame le payement de la créance et l'Etat qui se défend contre cette dette.

Mais allons plus loin. Voilà un malheureux qui sait qu'il a un droit. Qu'en résultera-t-il? Vous lui enlevez aussitôt cette ressource admirable de tous les malheureux: la prévoyance. Vous lui enlevez l'émulation, vous détruisez chez lui tous ces bons principes. Quand il aura une fois pris l'habitude de travailler comme on travaille pour l'Etat, il tombera bientôt dans l'indolence, dans l'oisiveté; et, chose plus triste, il donnera cet exemple à ses enfants, et vous aurez ainsi créé une *aristocratie de l'indolence* (C'est vrai! c'est vrai!), et d'un côté vous verrez la société se ruiner en même temps que vous verrez s'amoindrir le courage, s'attiédir les bons sentiments des classes généreuses; vous verrez bientôt ces hommes cesser d'être dignes de porter le nom français, tandis que nous voulons que tous conservent la dignité, l'honneur français! (Nombreuses et bruyantes marques d'approbation.)

M. CEYRAS. Je demande la permission de répondre deux mots à M. Dufaure... (Non! non!)

M. DUFAURE. Je ne refuse à personne le droit de me répondre. Mais je supplie l'interrupteur de vouloir bien attendre que j'aie terminé; je lui promets que je n'en ai pas pour bien longtemps.

Je disais que, cet exemple, nous l'avons déjà eu. Il y a un pays où le droit au travail et à la subsistance a été introduit dans les lois, et où on a donné à chaque citoyen une action pour se procurer un salaire; ce pays, c'est l'Angleterre. Cela a existé en Angleterre pendant trois siècles. Eh bien! savez-vous quels en ont été les résultats? Je vais vous le dire.

En 1817 et en 1834, la plaie du paupérisme était devenue tellement générale, que le parlement sentit la nécessité d'en rechercher les causes et d'y remédier. Eh bien ! voici ce que constate le rapport du comité, chargé en 1817 par le parlement de cette tâche importante. « A en juger, y est-il dit, par les progrès du mal (le paupérisme) dans certaines localités, il y a tout lieu de croire que l'impôt pour les pauvres s'élèverait de plus en plus, jusqu'à ce qu'il absorbât complétement le revenu des propriétés sur lesquelles il est assis, et que les propriétaires de ces fonds prissent le parti de les abandonner. » (Interruption à l'extrême gauche.)

Une voix. Ce n'est pas la question... vous confondez deux choses différentes...

M. Dufaure. J'en demande bien pardon à mon honorable interrupteur, mais je cite le résultat du droit de fournir l'assistance par le travail introduit dans la législation anglaise, et je dis que le droit au travail, tel que l'on veut l'introduire dans cette Constitution, donnerait le même résultat.

En 1834, les prévisions du comité de 1817 s'étaient réalisées, et on sentit la nécessité d'apporter un remède à une telle situation.

En Ecosse, le même effet s'est produit par des causes analogues, et d'une manière plus frappante encore. Voici ce que je trouve dans un document concernant cette époque :

« L'obligation de subvenir par une taxe aux besoins de la population produisit le résultat que voici : Là où cette taxe avait été établie, une diminution sensible se fit sentir dans le produit des collectes. Du moment où on fut obligé de donner on donna moins, sans doute parce que la charité, quand elle est contrainte, cesse d'être une vertu. »

Voilà des exemples qui ne sont pas à dédaigner. Ils se sont produits dans des pays étrangers. Mais si le principe qu'on veut insérer dans la Constitution était adopté, on peut être assuré que les mêmes résultats se produiraient parmi nous.

Parmi nous, comme en Angleterre, comme en Écosse, quand il y aurait une contribution destinée à donner du travail à tous ceux qui en manqueraient, les ressources de la charité privée diminueraient ainsi que la prévoyance des travailleurs, et avec elle leur moralité, et vous auriez dans quelques années les mêmes maux dont l'Angleterre s'est débarrassée en 1834. (C'est vrai! c'est vrai! très-bien!)

Nous vous demandons donc de ne pas inscrire dans la Constitution ce principe du droit au travail. Mais, dit-on, il ne s'agit pour le moment que d'inscrire ce principe; il ne s'agit pas de l'organiser.

Messieurs, quand un droit est constitutionnellement reconnu, il est immédiatement exécutable. (Très-bien, très-bien!) Je ne crois pas que vous puissiez ajourner l'organisation d'un droit, quand vous l'avez écrit dans la Constitution.

En voyant qu'on tenait si fort à ce que ce droit figurât dans la Constitution, j'ai cherché à me rendre compte des exigences, des motifs qui faisaient qu'on ne se contentait pas de l'assistance fraternelle écrite dans le projet de la commission, et ces motifs, je crois les avoir trouvés dans les discours de MM. Ledru-Rollin et Billault.

Ils vous ont dit l'un et l'autre : Vous oubliez que ce qui a perdu le gouvernement précédent, c'est d'avoir refusé au peuple les conséquences de la révolution de juillet.

En tenant ce langage, les deux honorables membres commettaient, à mon sens, un anachronisme. Dans les dernières années du gouvernement de juillet, en effet, que demandaient, avant tout, pour le peuple les membres avancés de l'opposition, et notamment MM. Garnier-Pagès et Ledru-Rollin? C'étaient les droits politiques. Et nos adversaires, que répondaient-ils? Ils répondaient : Ce qui importe au peuple, ce ne sont pas les droits politiques, c'est l'amélioration de son sort matériel, les utiles jouissances du bien-être; il ne se préoccupe pas d'autre chose, il n'a que faire et il ne demande pas les droits politiques. MM. Garnier-Pagès et Ledru-Rollin répliquaient : Nous savons que le peuple a besoin de bien-être, a besoin d'aisance, mais il n'en aura que par l'exercice de ses droits politiques.

Eh bien! qu'est-il arrivé? La révolution de février a réalisé ce que demandaient MM. Ledru-Rollin et Garnier-Pagès. Elle a accordé au peuple ses droits politiques, et elle les lui a accordés dans une mesure plus large que ne l'espéraient ses défenseurs eux-mêmes.... (Interruption à gauche.)

Les droits politiques de tous ont été reconnus, si le mot

accordé vous choque. Le suffrage universel a été proclamé et exercé. Quel sera le résultat? C'est que, sans doute, vous aurez désormais un gouvernement qui, produit du suffrage universel, s'imprégnera mieux des besoins du peuple. De plus, ce pouvoir ne sera pas constitutionnel, il sera renouvelable quand les électeurs, c'est-à-dire la majorité du pays le voudra. Peut-on craindre qu'un pareil gouvernement, qu'un gouvernement ayant une telle origine, oublie jamais les intérêts et les souffrances populaires? (Très-bien! très-bien!)

Pour mon compte, je n'en crains pas ce que je craignais des autres, ce que je craignais du précédent, quand je lui disais il y a dix-huit mois : — Je ne tiendrai pas contre ce gouvernement tombé un langage différent de celui que je tenais quand il était debout et puissant. (On rit.) Non, ce sont mes propres paroles que je vais rappeler.

Il y a dix-huit mois, je disais au gouvernement déchu: Vous ne vous préoccupez pas assez des classes laborieuses; vous vous renfermez trop dans le cercle de votre aristocratie besogneuse du corps électoral; prenez garde qu'elle ne vous laisse tomber.

Voilà ce que je disais au gouvernement déchu. Contre un tel gouvernement, je comprenais les soupçons et les défiances exprimées par MM. Garnier-Pagès et Ledru-Rollin. Mais contre le gouvernement actuel, contre le gouvernement du suffrage universel, je ne les comprends pas, et c'est pourquoi je les ai qualifiés d'anachronisme. (Très-bien! très-bien!)

Laissons, en présence de ce gouvernement, tomber toutes nos défiances et tous nos soupçons. Ce gouvernement est temporaire, essentiellement révocable, et le suffrage universel en aurait bientôt fait justice s'il ne faisait pas son devoir. (Nouvelle approbation.)

Plus tard, dans les lois que vous ferez, il sera facile de porter remède aux misères que vous signalez et au nom desquelles vous demandez l'insertion d'un mot dans la Constitution. Il ne faut pas être injuste envers le passé. Une partie de ces misères ont été étudiées; cette étude a été longtemps à l'ordre du jour. Les unes ont reçu des soulagements efficaces, et les autres ont été étudiées. Et si M. le ministre de l'intérieur voulait se donner la peine de consulter les nombreux procès-verbaux dressés par des hommes spéciaux, qui remplissent les archives de son ministère, il s'en convaincrait. Quant aux autres miseres, à celles qui ont été négligées jusqu'à ce jour, elles seront également étudiées et on avisera au moyen de les soulager.

Vous le pouvez facilement, je le répète. Il suffira de le vouloir, et, permettez-moi, puisque j'ai prononcé ce mot, de terminer par une pensée de Voltaire, qui, pour avoir soixante ans de date, n'a rien perdu de sa justesse et de sa vérité : « Il n'y a qu'à vouloir, disait-il ; les hommes ne veulent pas assez, et les petites considérations sont le tombeau des grandes choses. » (Très-bien ! très-bien !)

Je persiste, au nom de la commission, dans sa rédaction. (Vive et longue approbation !)

Nota. Lors de la première discussion de la Constitution, la question établie sur la formule *droit au travail* avait été discutée par *dix* orateurs, et l'Assemblée l'avait résolue dans le sens du projet, après le discours de M. Dufaure, le plus remarquable de tous.

Au moment de la *révision* du projet, un orateur de la Montagne, M. Félix Pyat, crut devoir ranimer la question ; et il le fit, il faut le dire, en termes les plus propres à exciter, à envenimer toutes les passions. — L'Assemblée s'était souvent récriée contre l'orateur : le président même voulut le rappeler *à l'ordre ;* mais la meilleure réponse lui fut faite par un simple ouvrier, M. Marius André (du Var), dont le *Journal des Débats* a porté le jugement suivant :

« Nous ne connaissons rien de plus triste, pour notre compte, que la forme littéraire appliquée à ces grossièretés vulgaires de la pensée, et c'est vraiment avec une sorte de plaisir que nous avons prêté l'oreille au langage inculte de l'orateur qui a répondu à M. Félix Pyat, M. Marius André (du Var), un véritable ouvrier, celui-là. Quelle douce chose que le bon sens ! quelle harmonie délicieuse que celle de l'honnêteté des sentiments et de la justesse des pensées ! Il n'y a pas jusqu'aux fautes de français qui ne plaisent comme un indice de la vérité et de la simplicité après ces phrases, ornements académiques du faux ! M. Marius André (du Var) a obtenu un grand succès, et quelque chose de plus qu'un succès, l'estime de tous ceux qui l'ont entendu. M. Corbon s'est fait écouter avec moins de faveur, malgré la modération de ses paroles. Dans ces questions, il n'y a que la simplicité naïve du bon sens qui puisse tenir lieu de la science, l'égaler ou même la surpasser ! »

Voici le discours de M. Marius André :

SÉANCE DU 2 NOVEMBRE 1848.

Discours de M. Marius André (du Var) en réponse à celui de M. Félix Pyat sur le droit au travail.

Citoyens représentants, quelque grandes que soient les intelligences qui paraissent à cette tribune, quelque éloquentes que soient leurs paroles, elles ne peuvent jamais vous apporter que leur propre opinion sur les questions qui s'agitent dans l'Assemblée.

Si je n'ai pas d'éloquence à vous apporter, permettez-moi de vous donner au moins mon opinion. Il s'agit du travail ; peut-être serez-vous bien aises d'avoir à cet égard l'opinion d'un travailleur. (Oui ! oui ! — Parlez ! parlez !)

Citoyens, je crois que la République ne doit pas se laisser imposer le travail comme un droit. En le faisant, elle se créerait un danger immense et permanent. Elle s'exposerait à ce que les travailleurs dispersés sur le sol de la France quittassent leurs ateliers au premier prétexte, soit pour un salaire insuffisant, soit pour une question d'amour-propre, pour affluer dans la capitale (Très-bien !), ou au moins dans les principales villes industrielles qui regorgent déjà de population ouvrière.

Un ouvrier serait-il mécontent de son patron, soit parce qu'il ne se croirait pas assez apprécié : C'est bien ! dirait-il, je vais chercher de l'ouvrage ailleurs ; l'État m'en doit, il faut qu'il m'en donne : et le voilà parti pour Paris. (Très-bien !)

Que fera la République de tous les ouvriers qui afflueront dans la capitale? Ira-t-il donner à chacun le travail de son état? (Interruption à gauche.)

Un membre. Laissez-le parler ; c'est un ouvrier : il en sait plus que vous.

M. ANDRÉ (du Var). Ira-t-il employer le cordonnier, l'horloger à faire des souliers ou des montres?

Non, il leur donnera des ouvrages de terrassement, c'est-à-dire un prétexte à la fainéantise (Très-bien!); il fera perdre à ces hommes le goût du travail (Très-bien!); car, Messieurs, croyez-moi, le goût du travail ne se conserve que par l'habitude incessante de travailler, et, une fois le goût perdu, il ne revient plus.

Voulez-vous un exemple des funestes effets que le droit au travail, un instant reconnu, a eus sur la population ouvrière? Un chef d'atelier de Paris occupait quatre-vingts ouvriers au moment des ateliers nationaux. Ils gagnaient 3 fr. 50 c. à 4 fr. Quand ces ateliers furent ouverts, la plus grande partie de ces ouvriers désertèrent cet atelier. Pour quel avantage, direz-vous? Pour aller gagner dans les ateliers nationaux la moitié de ce qu'ils gagnaient à leurs travaux habituels. (Interruption à gauche.)

Je sais que, dans ce nombre, la moitié était détournée par la menace; mais toujours est-il que, de quatre-vingts ouvriers dont le fabricant avait besoin en ce moment, et qu'il était disposé à payer 4 fr. par jour, huit seulement résistèrent à l'intimidation et furent obligés de s'enfermer pour travailler sans être inquiétés. Les autres, ou du moins les meneurs, aimèrent mieux gagner 2 fr. par jour à ne rien faire que d'en gagner 4 en travaillant assidûment.

Il est fâcheux de le dire; mais le goût du travail, je le répète, se perd plus vite qu'il ne s'acquiert. Aussi la Providence a-t-elle voulu l'alimenter en nous au moyen de la nécessité. C'est la nécessité qui a fait le bon ouvrier, comme c'est la bonne conduite qui le fait réussir. (Marques réitérées d'approbation.)

Si je me prononce contre le droit au travail, c'est uniquement par prudence, Messieurs, et non parce que les travailleurs n'ont point mes sympathies.

Je ne devrais pas être obligé de le rappeler, mais je crois parler, sinon au nom de tous, du moins d'un grand nombre; car la majorité de ceux qui m'ont choisi parmi eux pour m'envoyer ici pensent comme moi. (Très-bien! très-bien!)

Que l'État ait le devoir naturel de créer du travail aux ouvriers, dans la limite de ses ressources, et même en faisant quelques efforts dans les circonstances extraordinaires, c'est incontestable; mais de là à dire que les ouvriers ont le droit de l'exiger, il y a tout un abîme. (Très-bien! très-bien!)

Que de choses un père croit de son devoir de faire pour ses enfants, que ceux-ci ne doivent pas pouvoir réclamer comme un droit!

La nature, direz-vous, a mis dans le cœur du père et de la mère des sentiments qui les poussent à leur insu à remplir ces devoirs. Eh bien! ce que la nature n'a pu mettre dans le cœur des fabricants, elle l'a mis dans leur intérêt. Il n'y a pas de comparaison entre l'ouvrage fait par des ouvriers qui aiment, qui estiment leur patron, et celui des ouvriers qui ont à s'en plaindre. (Mouvement très-prononcé d'approbation.)

Je crois également que c'est un devoir impérieux pour la République que de donner l'assistance à ses enfants, mais je ne puis m'empêcher de faire observer que l'exercice de ce devoir, encore moins contestable que celui du travail, entraînerait néanmoins des conséquences fâcheuses si vous le proclamiez comme un droit

Dans une partie du 1er arrondissement où je demeure, quand il s'est agi de faire le relevé des nécessiteux, on en trouva quarante. Quelques jours après il se trouva qu'ils étaient soixante-douze, et enfin, à un troisième recensement, ils se trouvèrent cent onze.

Dieu me garde de trouver là un argument pour empêcher de secourir ceux qui sont vraiment nécessiteux; mais j'ai voulu montrer seulement à quoi l'Etat s'engage si, au lieu de se borner à donner l'assistance à ceux qui en ont besoin, il leur donne le droit d'exiger cette assistance. (Vif assentiment.)

Messieurs, je crois devoir me borner à ces quelques mots. Si j'étais un chef d'atelier ou de manufacture, je vous donnerais les mêmes raisons à l'appui de mon opinion; mais vous pourriez les trouver intéressées.

Eh bien! ce n'est pas un patron qui vous parle, c'est un ouvrier qui a passé sa vie à travailler (Très-bien! très-bien!), et qui vient vous assurer que le travail manque rarement à ceux qui le cherchent sérieusement (Nouvelles marques d'approbation.) Quand cela arrive, c'est un devoir pour l'Etat d'intervenir, et son intérêt doit être garant qu'il n'y manquera point.

C'est avec mes bras seuls que je suis parvenu à élever honorablement ma famille, j'ai donc le droit de parler ainsi; et toutes les fois que j'ai eu auprès de moi un camarade laborieux et économe, je n'ai jamais vu que le travail lui ait manqué.

Je voterai donc pour qu'on ne puisse pas exiger de la République le travail comme un droit. (Mouvement prolongé et très-vif d'approbation.)

SECTION DEUXIÈME.

DÉCRETS RELATIFS A LA CONSTITUTION.

XXXI.

SÉANCE DU 12 MAI 1848.

Sur la nomination de la commission de Constitution.

L'Assemblée nationale adopte la disposition suivante :

« La commission de Constitution sera composée de dix-huit membres, nommés par l'Assemblée au scrutin de liste et à la majorité absolue. »

Cette commission était composée de MM. Cormenin, *président ;* Marrast (Armand), Lamennais, Vivien, De Tocqueville, Dufaure, Martin (de Strasbourg), Coquerel (Athanase), Corbon, Tourret, Woirhaye, *secrétaire ;* Dupin (aîné), de Beaumont (Gustave), Vaulabelle, Barrot (Odilon), Pagès (Ariége), Dornès, Considerant.

XXXII.

SÉANCE DU 2 JUIN 1848.

Décret relatif au mode d'examen et à la discussion du projet de Constitution.

L'Assemblée nationale a adopté le décret dont la teneur suit :

Art. 1er. Le projet de Constitution, préparé par la commission, sera distribué, puis examiné et discuté d'abord dans les bureaux.

Art. 2. Après cet examen préparatoire, chaque bureau délèguera, s'il y a lieu, un de ses membres pour communiquer à la commission de Constitution les modifications que le bureau aura cru devoir apporter au projet.

Art. 3. Après avoir entendu les délégués[1] des bureaux, la commission de Constitution délibérera de nouveau, et arrêtera, seule, le projet définitif qui devra être rapporté à l'Assemblée nationale, pour être discuté en séance publique.

Délibéré en séance publique, à Paris, le 2 juin 1848.

Signé : Senard, Léon Robert, F. Degeorge, T. Lacrosse, Edmond Lafayette.

SÉANCE DU 19 JUIN 1848.

Mode de discussion de la Constitution dans les bureaux. Décret relatif au vote de la Constitution.

M. Dupin (de la Nièvre). Messieurs, le renvoi dans les comités ne donnerait pas les résultats qu'on en attend; précisément parce que les comités sont des spécialités, chacun ne se saisirait, dans la Constitution, principalement que des articles qui sont à son point de vue (C'est cela!). Au contraire, dans les bureaux, chacun verra l'ensemble.

Plusieurs voix. C'est jugé!

M. Dupin. C'est jugé; mais il importe cependant de ne pas laisser croire, puisqu'on l'a dit, que la discussion dans les bureaux sera légère, et qu'elle ne donnera pas le résultat qu'on en attend. Je crois, au contraire, que si, dans les bureaux, il y a tel projet qui ne fixe pas l'attention à cause de son peu d'importance, la discussion de la Constitution y sera l'objet de l'attention la plus sérieuse, d'une discussion parfaitement suivie, et que l'examen sera très-scrupuleux. Les commissaires seront chargés de recueillir la discussion des bureaux, et de proposer à la commission de Constitution les observations qui en seront le résumé; non pas toutes, je l'espère, car je crois que dans chaque bureau la majeure partie des observations qui ne mériteraient pas d'être produites, y resteront ensevelies, et c'est un des plus grands avantages qu'on doive espérer

[1] Ces délégués étaient MM. Girerd, Bérenger, Thiers, Menand, Chauffour (aîné), V. Lefranc, Boussy, Parieu, Crémieux, Crépu, Boulatignier, Freslon, Duvergier de Hauranne, Berryer.

de ce procédé et de cette discussion (on rit); mais les discussions fondamentales, les amendements véritables qui auront été approuvés par les bureaux, seront apportés dans la commission de Constitution, qui s'en saisira, et qui alors pourra se flatter de donner à l'Assemblée le résultat de ses décisions anticipées (Oui! oui! — Très-bien! — L'ordre du jour!).

XXXIII.

Du 11 aout 1848.

Décret relatif au vote de la Constitution.

Article unique : Après le vote des articles, le projet de Constitution sera renvoyé à la commission de Constitution.

Dans le délai de cinq jours, la commission fera à l'Assemblée un rapport dans lequel elle proposera les modifications dont le projet lui paraîtrait susceptible.

Après le vote sur ces modifications, il sera procédé au vote définitif sur l'ensemble du projet.

Délibéré en séance publique, à Paris, le 11 août 1848.

Séance du 11 aout 1848.

Discussion d'une proposition sur un mode de révision de la Constitution avant le vote définitif.

(On avait voulu limiter le droit de *révision* de l'Assemblée aux seuls amendements qui lui seraient proposés par la commission, et l'Assemblée avait rejeté cette limitation de son droit. On voulait ensuite conclure de là que la révision serait totale et impliquerait derechef la discussion et le vote de tous les articles. C'est contre cette prétention que M. Dupin a demandé la parole au nom de la commission).

M. Dupin. Messieurs, je ne crois pas du tout que l'Assemblée, en adoptant les premières dispositions de la proposition, ait voulu assujettir la Constitution à subir *in extenso* deux lectures et deux discussions sur tous les articles. Je ne crois pas surtout qu'il soit entré dans la pensée de personne que la première discussion ne serait pas sérieuse, à fond, comme si elle ne devait pas être définitive, et qu'on réservât pour une seconde lecture je ne sais quel ordre d'amendements. Je crois au contraire que, quand l'Assemblée sera saisie de cette Constitution si vivement attendue, et qui n'a été retardée que par la nécessité de nous livrer au travail que nous avons fait sans relâche, sans désemparer; je crois, dis-je, que quand l'Assemblée sera saisie du projet de Constitution, ce qui pourra avoir lieu dans une huitaine, elle s'en emparera, le discutera pied à pied, très-sérieusement.

Mais, je le conçois, précisément en raison de la gravité de l'œuvre, il a pu venir à la pensée de quelques membres qu'il ne serait pas impossible que, dans un travail d'aussi longue haleine, il pût échapper, même avec la plus grande attention, mais attention qui sera aussi accompagnée quelquefois d'une certaine chaleur, d'une certaine animation, qu'il pût échapper, dis-je, quelques phrases qui auraient passé dans la Constitution, et qui pourraient exiger, apres une lecture attentive, qu'on revînt sur quelques parties du travail. J'admets encore que ce ne serait pas seulement une révision de rédaction, qu'il pourrait y avoir quelques dispositions qu'on aurait sujet de regretter d'avoir laissé introduire dans la Constitution, que quelques esprits, éclairés sur les inconvénients d'avoir mis tel article dans la Constitution, jugeassent à propos, dans une nouvelle lecture de cet article, de le corriger, ou d'en faire sortir quelques autres de la Constitution; mais dans cette hypothèse-là même, d'une révision qui, dans ma pensée, comme, je crois, dans la pensée de l'Assemblée, ne saurait être qu'une révision limitée, l'Assemblée a fort bien fait de ne pas se lier les mains d'avance; l'Assemblée a bien fait, quand même elle ne devrait reviser qu'un seul article, de ne pas dire qu'elle ne revisera pas tout, qu'elle ne pourra reviser qu'un ou deux articles, par exemple, qui lui seraient représentés par la commission de Constitution.

Ainsi je maintiens les droits de l'Assemblée, dans l'intérêt de l'œuvre même qu'elle est destinée à accomplir; mais je ne veux pas, pour cela, qu'on jette dans les esprits l'idée que la première discussion, que le premier vote ne seront que provisoires, et qu'il y aura tout à repasser, tout à refaire dans une seconde lecture.

Je crois que, quand la commission de Constitution reviendra, si elle vous propose deux ou trois changements, sur lesquels vous aurez à délibérer, l'œuvre, le vote de l'Assemblée se bornera à peu près là. Et je crois que, si l'on veut étendre trop loin cet esprit de révision, l'Assemblée elle-même en sera juge, elle manifestera son impatience en imposant un terme aux discussions inutiles..... et elle mettra le sceau à son œuvre, au lieu de s'engager dans une délibération interminable. (Très-bien! très bien! — Aux voix!)

(Le paragraphe est mis aux voix et adopté.)

SÉANCE DU 2 NOVEMBRE 1848.

Sur le mode de procéder au vote des modifications à la Constitution sur le référé de la commission.

M. Dupin. Je ne viens point entreprendre de limiter le droit de l'Assemblée: elle est souveraine, elle le sait parfaitement; et si jamais elle apportait quelque limitation à son pouvoir, c'est qu'elle l'aurait bien voulu, dans l'intérêt même de l'exercice de ce pouvoir.

J'ai à faire d'abord deux observations sur les allégations de M. Deville.

Qu'on ne nous accuse pas, comme il vient de le faire, d'avoir bâclé une Constitution!

Messieurs, je ne crois pas qu'aucune des constitutions dont on a doté la France ait été élaborée avec plus de soin que celle-ci, et je rappelle en deux mots toutes les épreuves qu'elle a subies: une commission nombreuse a été nommée par l'Assemblée elle-même, et à la majorité absolue des suffrages; un très-long travail préparatoire a été fait par cette commission pendant plus d'un mois, et elle a tenu des séances qui se sont prolongées quelquefois jusqu'à six heures par jour. Ce premier travail a été renvoyé dans les bureaux, qui ont consacré un mois entier à des séances ne durant pas moins de deux à trois heures; des commissaires ont été nommés par chaque bureau, pris parmi les hommes qui s'étaient le plus distingués dans la discussion des bureaux; ils sont venus en présence de la commission, qui leur a donné, pendant deux semaines entières, de longues séances pour les entendre. La commission a ensuite soumis à un premier travail de révision tout ce qui avait paru dans cette discussion marqué au sceau de la raison, du bien public, tout ce qui lui a paru exprimer le vœu de l'Assemblée autant que le vœu du pays, et se rapporter aux besoins de la situation. C'est cette préparation qu'a subie le travail qui vous a ensuite été soumise.

L'Assemblée a consacré depuis les premiers jours de septembre jusqu'à la fin d'octobre à des séances où chaque article a été discuté, et ceci m'amène à répondre à ce qu'on a dit de l'état de siége.

Comment sera-t-il possible, je ne dis pas de faire croire à la France, mais de répéter encore devant cette Assemblée, qu'en délibérant sous l'*état de siége*, qui n'était que *la paix faite autour d'elle* et non pas l'intimidation..... (Oui! oui! — Très-bien!), l'Assemblée a été moins libre que s'il n'y avait pas eu l'état de siége, et si l'état de factions et d'émeutes avait pu se prolonger? Comment, l'on n'a pas été libre!...

Plusieurs membres à l'extrême gauche : Non, non.

Voix nombreuses dans toutes les autres parties de la salle : Si, si. — Très-bien!

M. Dupin. Je rappelle à l'Assemblée que, malgré toute l'élaboration préparatoire des deux projets, quand le moment de la discussion publique est arrivé, on n'a pour ainsi dire pas fait grâce à un seul article! que le nombre des amendements imprimés, développés, discutés, a dépassé le nombre de trois cents! et il n'y a que cent neuf articles dans la Constitution.

Coquerel. Il y a eu soixante-trois cahiers d'amendements.

M. Dupin. Je demande quelle est la modification, l'amélioration, l'idée nouvelle, l'idée exagérée même qui n'a pas eu toute la liberté de se produire? (C'est vrai!)

Maintenant il s'agit du travail de révision définitif, et vous concevez très-bien que l'Assemblée, autant elle a dû laisser de latitude lors de la première discussion et du premier vote, a dû ensuite, non pas pour restreindre le droit des représentants, ni pour restreindre le sien, mais pour tout renfermer dans de justes limites, indiquer cependant que, lors de la révision du dernier travail, après qu'une discussion publique longue et solennelle avait déjà eu lieu, après le vote de chaque article et l'expression de l'opinion de l'Assemblée donnée sur chaque amendement, la dernière discussion, la simple révision devrait prendre des proportions beaucoup plus restreintes, beaucoup moins étendues : c'est dans cet esprit que vous avez porté le décret du 11 août.

La commission s'y est conformée ; elle a présenté les modifications dont elle avait pris note dans le cours même de la discussion ; elle a eu égard dans ce dernier travail à beaucoup de suggestions de nos honorables collègues, et enfin elle a traduit toutes ces modifications, venues de son chef ou suggérées, quand elle a dû les adopter, en amendements qui ont été imprimés en marge du projet. Eh bien ! c'est là-dessus qu'elle vous demande un vote. Certainement ce n'est pas dire d'une manière absolue que vous ne voterez que sur ces modifications ; la commission ne prétend pas qu'il soit interdit à tel ou tel d'entre vous d'apporter une idée nouvelle dans la discussion, même en présence de votre décret, parce qu'il est de vous et que vous pouvez le modifier. Personne ne prétendra qu'il y a droit acquis pour la commission de se faire entendre seule, et qu'il est interdit d'introduire d'autres améliorations que celles qu'elle propose. Mais malgré cela il y a un vœu général dans cette assemblée, c'est de ne pas tellement se départir de ce qu'elle a voulu, qu'on aille jusqu'à permettre que tous les articles du projet soient de nouveau remis en question et débattus sans égard pour tout ce qui a déjà été proposé, dit et voté, en telle sorte que le labeur entier de la discussion de la Constitution recommence.

De toutes parts : Non, non.

M. Dupin. Si ce n'est pas cela que l'Assemblée veut, c'est donc autre chose. Ce que nous demanderions, c'est que l'Assemblée voulût voter sur les modifications proposées par la commission. Ensuite, s'il y a quelques autres modifications, qu'on les soumette à l'Assemblée, elle en sera juge, et elle dira si elle veut les remettre en discussion. Nous ne prétendons pas même, en présence du décret, que l'Assemblée, qui est maîtresse d'elle-même comme elle est souveraine pour la commission, n'aura pas le droit de le modifier et de s'en écarter ; mais il me semble qu'il serait plus régulier de voter d'abord sur toutes les modifications proposées par la commission. (Marques nombreuses d'approbation.)

XXXIV.

Vote de la Constitution.

La Constitution a été votée dans la séance du 4 novembre 1848.

Le nombre des votants était de	769
Majorité absolue.	385
Pour.	739
Contre.	30

Liste des votants pour *et* contre *et des* absents *par congé ou autrement, publiée par le* Moniteur.

Absents par congé.

Arago (Emmanuel), Arnaud (Var), Allier, Allart, André (Jules), Gustave de Beaumont, Bourbousson, Billaudel, Casy, Chevé, Cesbron-Lavau, de Charencey, Cenac, Demarçay, Desèze, Desaux, Desmars, Deshayes, Duvergier de Hauranne, Espagne, Ferry, Fournier, Flocon, Gent, de Granville, Gloxin, Heuchel, Jusseraud, Kœnig, Lamartine, Larrieu, Le Flô, de Laboulie, Lebreton (Jules), Morhéry, Morin, Mourand, Malbois, Médal, Noirot, Oudinot, Pagès (Ariége), Parenteau, Prud'homme, Quinette, Renouard, de La Rochette, Rolland (Charles), Struch, Soubigou, Thiard, Viox.

Nota. Ont voté deux fois *pour* : Vergnes (Paul), Barthélemy-Saint-Hilaire, Leproux, Garnier-Pagès, Leyraud, Th. Ducos, Guillier de La Tousche, Duclerc.

Absents au moment du vote.

Albert, Aubergé, Audry de Puyraveàu.

Bac, Barbès, Barrot (Odilon), Bastiat, Bastide, Baune, Berville, Louis Blanc, Blot, Boulatignier, Braheix, Buvignier.

Calès, Carnot, Caussidière, Cordier, Courtais.

De Dampierre, Delbrel, Démarest, Demians, Deslongrais, Detours, Doublat, Dubois (Amable), Duplan.

Emile Martin, Engelhardt.

Fargin-Fayolle, Faure-Dère, Fould, Foy.

Guigues.

James Demontry, Joly (Edmond), Joly (Henri).
Leydet, Lamennais, Ledru-Rollin.
Marchain, Martin (Alexandre), Martin-Bernard, Mathé (Félix), Mathieu (Drôme), Mathieu (Saône-et-Loire), Ménand.
Nachet, Normand.
Pégot-Ogier, Perrinon, Pin, Plocq.
Randoing (de la Somme), Raspail (Seine), Rey (le général), Robert (Yonne), Rollinat, Roussel.
Saint-Victor, Salvat, Sibour, Signard.
De Tinguy, Vavin.

Pour.

Abbal, Abbatucci, Abraham-Dubois, d'Adelswærd, Affre, d'Albert de Luynes, Alcan, Alcock, Alem-Rousseau, Allègre, Alleman, Altaroche, Ambert, d'Andigné de La Chasse, André (Marius), Anduze-Faris, Angar, Anglade, Antoine (Joseph), Antony Thouret, Arago (François), Arbey, Archambault, Arène, Arnaud (Ariége), Astaix, Astouin, Auberthier, Aubertin, Aubry, Auguste Mie, Avond (Auguste), Aylies, Azerm.
Babaud-Laribière, Bacot (César), Badon, Bailly, Bajard, Ballot, Baraguay-d'Hilliers, Barailler, Bardin, Bardy, Baroche, Barrillon, Barrot (Ferdinand), Barthe, Barthélemy (Bouches-du-Rhône), Barthélemy (Eure-et-Loir), Barthélemy St.-Hilaire, Barthélemy (Vienne), Bauchart (Quentin), Baudelot, Baudet-Lafarge, Baugier, Baume (Ed.), Bautier, Bavoux, Baze, de Beaumont (Somme), Béchard, Bedeau, Belin, Bellart-d'Ambricourt, Bellegarde, Bellencontre, Bérenger, Bérard, Berger, Bertholon, Bertin, Bertrand (H.), Bertrand (J.), Bertrand (T.), Beslay, Besnard, Bezanson, Bidard, Bidault, Bigot, Billault, Bineau, Bixio, Blanc (Alphonse), Blanchard, Blavoyer, Blin de Bourdon, Bochard, Bodin, Boissel, Bossié, Bonaparte (Louis-Napoléon), Bonaparte (Napoléon), Bonaparte (Pierre-Napoléon), Bonjean, Bonnin, Bonte-Pollet, Boubée, Boudet, Bouguéret, Boulanger, Boulay (de la Meurthe), Bourbeau, Bourdon, Bourzat, Bousquet, Boussi, Boussingault, Boutoey, Bouzique, Brard, Braux, Bravard-Veyrières. Breymand, Brillier, Bruckner, Brunel, Brunet, Buchez, Buffet, Bureaux de Puzy.
Callot, Camus de La Guibourgère, Canel, Carayon-Latour,

Carbonau, Carion-Nisas, Carla, Carré (Félix), Carreau, Cary, Casabianca, Casse, Cavaignac, Cazalès, Cazelles, Cécille, Ceyras, Chadenet, Chais (Auguste), Chambolle, Champanhet, Champy, Chanay, Changarnier, Chapot, Chappon, Charamaule, Charlemagne, Carles aîné, Charon, Charras, Charrassin, Charton, Chauchard, Chauffour (Haut-Rhin), Chauffour (Victor), Chavassieu, Chavoix, Chazallon, Chenais, Chevallan, Chevassu, Choque, Clément (Auguste), Comandré, Combarel de Leyval, Condou, Considerant, Conti, Convers, Coquerel, Coralli, Corbon, de Corcelle, Cormenin, Corne, Cornille, Coutanseau, Couvreux, Crémieux, Crépu, Creton, Culmann, Curial, Curnier.

Dabeaux, Dahirel, Dain, Dalbis du Salze, Danielo, Dargent, Dargenteuil, Dariste, Darnaud, Dariot, Daude, Dautheville, David (d'Angers), David (Gers), Davy, Debain, Debrotonne, Découvrant, Defourment, Degeorge, Degousée. Delaporte, Delarbre, Delattre, Delaveau, Delbetz, Delespaul, Delouche, Deludre, Delzons, Demante, Demesmay, Demézange, Demortreux, Denis, Denissel, Denjoy, Depasse, Dérodé, Desabes, Desaincthorent, Descat, Desclais, Desjobert, Desmolles, Desmoutiers, Desormes, Desurmont, Devillaine, Dezeimeris, Didier, Diguet, Dollez, Dollfus, Dorlan, Douesnel, Drappier, Drault, Drouyn-de-Lhuys, Druest, Desvaux, Dubarry, Dubignon, Dubodan, Dubousquet-Laborderie, Duboys-Fresney, Dubruel (Edouard), Dubruel (Gaspard), Duchaffault, Duclerc, Ducluzeau, Ducos (Théodore), Ducoux, Dudouy, Dufaure, Dufont, Dufour, Dufournel, Dumas, Dumont, Dupin (Charles), Dupin (de la Nièvre), Dupont (Auguste), Dupont (de Bussac), Dupont (Eure), Duprat (Pascal), Duquesne, Durand (de Romorantin), Durand-Savoyat, Durand (Seine-et-Oise), Dusolier, Dutier, Dutreil.

Emile Péan, Emmery, de l'Espinasse, des Essars, Etchevery, Etienne.

Falatieu, de Falloux, Farconet, Farez, Farran, Faucher (Léon), Faure (Hautes-Alpes). Fauveau, Favand, Favart, Favre (Ferdinand), Favre (Jules), Fayet, Fayolle, Ferrand, Ferrouillat, Feuilhade-Chauvin, Flandin, Fleury, Flye, Forel, Foucqueteau, Fourmentin, de Fournas, Fournes aîné, Fourneyron, Francisque Bouvet, Frechon, Frichon, Freslon, Fresnau, Frichon, Froussard.

Galy-Cazalat, Garnier-Kernault, Garnier-Laboissière,

Garnier-Pagès, Garnon, Gaslonde, Gasselin (de Chantenay), Gasselin (de Fresnay), Gatien-Arnoult, Gaudin, Gaulthier de Rumilly, Gavarret, Gazot, Gérard (Léon), Gérard (Oise), Gerdy, Germonière, Gigon-Labertrie, Gillon, Girard, Girardin (Ernest), Giraudon, Girerd, Girot-Pouzol, Gisclard, Glais-Bizoin, Godard-Poussignol, Le Gorrec, Goubie, Goudchaux, Gouin, Gounon, Gourd, Goutai, de Grammont, Grandet, Grandin, Grangier de la Mariniere, Graveran, Gréa, Grelier-Dufougeroux, Grillet, Grevy, Grillon, Grolhrie-Desbrousses, Guérin (Orne), Guérin (Haute-Saône), Guichard, Guigue de Champvans, Guilleri de la Tousche, Guinard, Guizard, Guiter.

Hamare, Hannoye, Harscouet de Saint-Georges, Hauréau, Havin, Heddebault (Géry), Heeckeren, Hennessy, d'Hérambault, Hervieu, Hingray, Houel, Houvenagle, Hovyn-Tranchère, Hubert-Delisle, Huot (Jura), Huot (Vosges), Huré.

Isambert.

Jamet, Jeandeau, Jean Reynaud, Jeudy, Jobez, Jouin, Jouneaulx, Jouvet, Julien, Jullien (Amable), Junyen.

Kéranflech, Kerdrel, Kersauson, Kestner, Kling.

Labbé, La Boissière (Paul), Labordère, Labrousse, Labruguiere, Lacaze, Lacroix (Augustin), Lacroix (Julien), Lacrosse, Lacrousille, La Fayette (Edmond), La Fayette (Georges), La Fayette (Oscar), Laflize, Lafontaine (le général), Laforêt, Lagache, Lagarde, Lagrange, Lagrevol, Laissac, de Lamoricière, Landrin, Langlais (Sarthe), Langlois (Eure), Lanjuinais, Larabit, de Larcy, Lassarre, Lasteyras, de Lasteyrie (Ferdinand), de Lasteyrie (Jules), Latrade, Laumondais, Launois, Laurent (Ardèche), Laurent (Haute-Loire), Laussat, Laussedat, Lauth, Lavallée, Lavigne, Lebatellier, Leblanc, Lebleu, Leblond, Lebraly, Lebreton (le général), Lebreton (Louis), Lebreton (Théodore), Leclerc (Meurthe), Leclerc (Creuse), Lécuyer, Ledru, Lefebvre (Seine-et-Oise), Lefèvre (Seine-Inférieure), Lefort-Gonssollin, Lefranc (Victor), Lefrançois, Legeard de la Diriays, Legendre, Legraverend, Lélut, Lemaire (André), Lemaire (Maxime), Lemonnier, Lempereur, Lenglet (Emile), Lenglet (Lucien), Leproux, Leremboure, Leroux (Emile), de Lespinay, Lestapis, Levavasseur, Levet, Leyraud, Lherbette, Liechtenberger, Lignier, Liouville, Loiset, Lorette, Louisy-Mathieu, Louvet, Loyer (Côte-du-Nord), Loyer (Seine-Inférieure), Luminais, Luneau, de Luppé.

Madesclaire, Madet (Charles), Magniez, Magnin-Philippon, Maire, Maissiat, de Malleville (Léon), Malo, Manuel, Marchal, Mareau (Théodore), Marescal, Maréchal, Marie (Auguste), Marie (Côtes-du-Nord), Marie (Seine), Marion (Isère), Marion (Jean-Louis), Marquis (Donatien), Marrast (Armand), Marrast (François), Martin (de Strasbourg), Martin-Rey, Mathey, Mathieu (Ardèche), Mathieu-Bodet, Mauguin, Maurat-Ballange, Maurel (Marcellin), Mauvais, Mazulime, Méaulle, Mége (James), Michel, Michot, Milhoux, Millard, Millotte, Minal, Mispoulet, Molé, Monnet, de Montreuil, Montrol, Moreau (Meuse), Moreau (Seine), Morel-Cornet, Morlot, de Mornay, de Mortemart, Mouton (Nord), Mouton (Tarn), Mulé, Murat (Lucien), Murat-Sistrières.

Najean, Négrier, Nogué.

Olivier (Pas-de-Calais), Ollivier (Bouches-du-Rhône), Osmont.

Pagnerre, Panat, Parieu, Parisis, Pascal (d'Aix), Paulin-Durieu, Paullian, Paul-Rabuan, Payer, Penières, Perdiguier (Agricol), Pérignon, Perrée (Louis), Perrenet, Perret, de Perrien (Arthur), Person, Petit de Bryas, Petit-Jean, Peupin, Pézérat, Philibert, Picard, Picas (Hippolyte), Piéron, Pierret, Pietri, Pigeon, Pioger, Piquet, Planat, Pleignard, Point, Poisle-Desgranges, Poncelet (le général), Porion, Portalis, Pory-Papy, Pougeart, Poujoulat, Pradié, de Prébois, Pureur.

Quinet (Edgar).

Racinet, Radoult de Lafosse, Raimbault, Rampont, de Rancé, Randoing (de la Seine-Inférieure), Rateau, Rathier, Raynal (Théodore), Reboul, Reboul-Coste, Recurt, Regembal, Regnard, Remilly, de Rémusat, Renaud (Basses-Pyrénées), Renaud (Isère), Renou de Ballon, Renouvier, Repellin, Reverchon, Reibel, Rey (Alexand.), Rey (Drôme), Reybaud (Louis), Reynaud-Lagardette, Richard (Cantal), Richard (Jules), Richier, Riverieulx, Rivet, Robert (Léon), Rodat, Roger, Rolland (du Lot), Rondeau, Ronjat, Rossel, Rouher, Rouillé, Rous, Rouveure, Roux-Carbonnel, Roux-Lavergne, Royol, Rudler, Rullière.

De Saint-Albin, Saint-Amour, Sainte-Beuve, Saint-Gaudens, Saint-Ouen, de Saint-Priest, Saint-Romme, Sallandrouze, Salmon, Sarrans, Sarrut, Sauteyra, Savy, Schlosser, Schœlcher, Serlooten, Senard, Servière, Sevaistre, Simiot, Simon (Jules), Simphor-Vaudoré, Solier (Marc), Soullié, Stœchle, Stourm, Subervie.

Taillefer, Talon, Tamissier, Tanchard (Doubs), Target, Tartas, Taschereau, Tassel (Finistère), Tassel (Yves), Teilhard-Latérisse, Tendret, Ternaux (Mortimer), Terrié, Tessié de La Motte, Teulon, Thiers, Thomas (Clément), de Tillancourt, Tillette de Clermont, Tixier, de Tocqueville, Tondu du Metz, Tonnac, Totain, Toupet-Desvignes, Toupot de Bévaux, Tourret, de Tracy, Tranchand, Tranchard, Trédern, Trélat, de Tréveneuc, Trinchant, Trousseau, Trouvé-Chauvel, Turck, Turpin.

Valette (Jura), Valette (Moselle), Valladier, Vaulabelle, Vendois, Vergnes, Vernhette, Verpilleux, Vesin, Vidal, Vieillard, Vignerte, Vignes, Vivien, Vogin, de Vogué, de Voisins.

Waldeck-Rousseau, Walferdin, Westercamp, Woirhaye, Wolowski.

Xavier Durrieu.

Yves.

Contre.

Benoît, Berryer, Bouhier de l'Écluse, Bravard-Toussaint, Brives, Bruys (Amédée).

Cholat, Crespel de Latouche.

De Fontaine, Denoize, Deville, Doutre.

Favreau.

Gambon (Ferdinand), Greppo.

Hugo (Victor).

Joigneaux.

Lantoine-Harduin, Lefranc (Pyrénées-Orientales), Lubbert.

De Montalembert.

Pelletier, Pierre-Leroux, Proudhon, de Puységur, Pyat (Félix).

Raspail (Eugène), de La Rochejaquelein.

De Sesmaisons.

XXXV.

SÉANCE DU 6 NOVEMBRE 1848.

Loi relative à la promulgation de la Constitution.

L'Assemblée nationale a adopté la loi dont la teneur suit :

ARTICLE 1er. La Constitution de la République française, votée définitivement par l'Assemblée nationale, le 4 novembre 1848, insérée au *Moniteur universel* et au *Bulletin des lois*, sera promulguée par proclamations et lectures publiques, suivies d'une cérémonie religieuse.

ART. 2. La promulgation sera faite à Paris, le dimanche 12 novembre prochain, à neuf heures, sur la place de la Concorde, par le président de l'Assemblée nationale, en présence de l'Assemblée, du pouvoir exécutif, des grands corps de l'Etat, des députations des gardes nationales et de l'armée, et de la population entière.

La promulgation sera faite dans toutes les autres communes de France, le 19 novembre, par le maire de la commune, sur la place publique, et en présence des habitants convoqués à cet effet.

ART. 3. Il est ouvert au ministre de l'intérieur un crédit extraordinaire de cent mille francs (100,000 fr.) pour les dépenses de la cérémonie de la promulgation.

Il est ouvert au même ministre un crédit extraordinaire de six cent mille francs (600,000 fr.) pour distribution de secours à faire aux indigents de Paris et des départements le jour de la promulgation de la Constitution.

ART. 4. Il sera pourvu aux dépenses prescrites par l'article précédent au moyen des ressources créées par la loi de finances de 1848.

Délibéré en séance publique, à Paris, le 6 novembre 1848.

Le président et les secrétaires, etc.

XXXVI.

Procès-verbal de la promulgation solennelle de la Constitution de la République.

Ce 12 novembre de l'année 1848, conformément au

programme arrêté pour la cérémonie de l'inauguration de la Constitution,

Nous, Armand Marrast, président de l'Assemblée nationale,

Accompagné des membres du pouvoir exécutif, des vice-présidents, des secrétaires, des questeurs de l'Assemblée et des représentants du peuple,

Avons quitté, à neuf heures du matin, le palais de l'Assemblée nationale, pour nous rendre sur la place de la Concorde, où nous nous sommes trouvés au milieu des députations de tous les grands corps de l'Etat, de celles des gardes nationales des départements et de Paris, et de celles des différents corps de l'armée. Un amphithéâtre avait été disposé pour recevoir les membres de la représentation nationale.

A neuf heures et demie, après l'arrivée de Mgr l'archevêque de Paris, accompagné des évêques d'Orléans, de Quimper et de Langres, représentants du peuple, de l'évêque de Pella et d'un nombreux clergé, nous avons pris place sur une estrade installée au pied de l'autel où le clergé devait officier.

Là, ayant à nos côtés M. le président du conseil et M. le ministre de la justice,

Entouré des autres membres du pouvoir exécutif, des vice-présidents, secrétaires et questeurs de l'Assemblée nationale;

En présence du peuple, des grands corps de l'Etat, des gardes nationales, de l'armée;

Conformément à l'article 6 du décret du 28 octobre 1848, qui réserve au président de l'Assemblée nationale le droit de promulgation;

Et conformément au décret du 4 novembre 1848, qui a prescrit les formes selon lesquelles serait promulguée la Constitution de la République française,

Avons, à haute voix, donné lecture de la Constitution adoptée par l'Assemblée nationale, en séance publique, à Paris, le 4 du même mois de novembre.

Cette lecture a été suivie du cri de : *Vive la République !*

Après avoir lu la Constitution, nous l'avons remise de nos mains à M. le ministre de la justice, pour qu'il y attachât les sceaux de l'Etat.

Mgr l'archevêque de Paris nous ayant invité à prendre place sous le dais qui surmontait l'autel, nous y sommes monté avec les membres du pouvoir exécutif et du bureau de l'Assemblée, et avons assisté au *Te Deum*, qui a été suivi du *Domine salvam fac Rempublicam.*

A onze heures, le clergé s'étant retiré, nous nous sommes transporté au bas des degrés de l'estrade avec M. le président du conseil, MM. les ministres, MM. les membres du bureau de l'Assemblée et un grand nombre de représentants du peuple,

Là, nous avons assisté au défilé des gardes nationales et des troupes, qui a eu lieu aux cris mille fois répétés de : *Vive la République!* Ce défilé a duré plus de trois heures.

Et de tous ces faits, il a été dressé procès-verbal ; nous y avons apposé notre signature et avons invité à signer, avec tous les membres du bureau de l'Assemblée, M. le président du conseil des ministres, chargé du pouvoir exécutif, MM. les ministres de la justice, des affaires étrangères, de l'intérieur, de la guerre, de la marine, de l'instruction publique, des travaux publics, du commerce et de l'agriculture, et des finances.

ARMAND MARRAST,
Président de l'Assemblée nationale,

BIXIO, LACROSSE, général BEDEAU, DE MALEVILLE, CORBON, HAVIN, *vice-présidents*, BÉRARD, LANDRIN, PÉAN, DEGEORGE, PEUPIN, HEECKEREN, *secrétaires;* DEGOUSÉE, BUREAUX DE PUSY, général LEBRETON, *questeurs.*

Général E. CAVAIGNAC,
Président du conseil des ministres chargé du pouvoir exécutif.

MARIE, *ministre de la justice;* BASTIDE, *ministre des affaires étrangères;* DUFAURE, *ministre de l'intérieur*; général DE LAMORICIÈRE, *ministre de la guerre*; VERNINAC, *ministre de la marine;* FRESLON, *ministre de l'instruction publique;* VIVIEN, *ministre des travaux publics;* TOURRET, *ministre de l'agriculture et du commerce;* TROUVÉ-CHAUVEL, *ministre des finances.*

A signé, en outre, le rédacteur du présent procès-verbal,

Secrétaire-rédacteur de l'Assemblée nationale,
DENIS LAGARDE.

(*Extrait du* Moniteur.)

XXXVII.

SÉANCE DU 28 OCTOBRE 1848.

Décret relatif à l'élection du président de la République.

L'Assemblée nationale a adopté le décret dont la teneur suit :

ARTICLE PREMIER. Il sera procédé le 10 décembre 1848 à l'élection du président de la République.

Cette élection aura lieu dans les formes établies par le décret du 5 mars et l'instruction du 8 mars 1848.

Les électeurs voteront au chef-lieu de canton : néanmoins, en raison de circonstances locales, le canton pourra être divisé en plusieurs circonscriptions. Cette division sera faite par le préfet, conformément de l'avis du conseil général.

Dans aucun cas, le canton rural ne pourra être divisé en plus de quatre sections.

Aucun bulletin ne sera reçu s'il n'est sur papier blanc.

La présidence des sections appartiendra, savoir : celle de la première section au juge de paix, les autres à ses suppléants, et, à leur défaut, aux maires et adjoints des communes chefs-lieux de sections. Le président pourra voter dans la section qu'il présidera.

ART. 2. Seront admis à concourir à cette élection tous les électeurs inscrits sur les listes, en vertu du décret et de l'instruction mentionnés en l'article précédent.

Les listes de rectification seront dressées conformément au même décret ; elles seront affichées dix jours au moins avant le jour de l'élection.

Les représentants du peuple, retenus à Paris par leur mandat législatif, pourront voter dans le département de la Seine.

ART. 3. Les militaires des armées de terre et de mer voteront au chef-lieu de canton dans la circonscription duquel ils se trouveront en garnison ou en résidence.

Les listes des électeurs militaires dûment certifiées par l'intendant ou le commissaire de marine seront transmises huit jours avant le jour de l'élection au maire du chef-lieu de canton. Le maire répartira les électeurs militaires entre les diverses sections électorales.

Art. 4. Les votes seront recensés au chef-lieu de département, conformément à l'instruction du 8 mars, et le résultat du recensement, ainsi qu'un double des procès-verbaux d'élection, seront scellés, cachetés et transmis à l'Assemblée nationale.

Une commission spéciale de trente représentants, élue dans les bureaux au scrutin secret et à la majorité absolue, sera chargée du dépouillement des procès-verbaux dont elle fera rapport à l'Assemblée. Le bureau fera partie de cette commission.

Art. 5. Tout bulletin contenant une désignation inconstitutionnelle ne sera pas compté. Toutefois, les bulletins ainsi annulés seront annexés aux procès-verbaux et adressés à l'Assemblée nationale.

Art. 6. Aussitôt après qu'il aura été proclamé par l'Assemblée nationale, le président de la République exercera les pouvoirs qui lui sont conférés par la Constitution, à l'exception toutefois des droits qui lui sont attribués par les articles 55, 56, 57 et 58, le droit de promulgation étant réservé au président de l'Assemblée nationale.

L'Assemblée nationale constituante conservera, jusqu'à l'installation de la prochaine Assemblée législative, tous les pouvoirs dont elle est saisie aujourd'hui, sauf le pouvoir exécutif confié au président, qu'elle ne pourrait en aucun cas révoquer.

La durée des fonctions du président de la République sera, pour cette fois seulement, diminuée du nombre de mois nécessaire pour que l'élection subséquente ait lieu le deuxieme dimanche de mai.

Art. 7. Jusqu'à la constitution définitive du conseil d'État, une commission de trente membres élus par l'Assemblée, dans les bureaux, au scrutin secret et à la majorité relative, exercera les pouvoirs attribués au conseil d'Etat par les articles 54, 64 et 79 de la Constitution.

Art. 8. Avant son installation, le président prêtera serment à la Constitution et à la République, en présence de l'Assemblée nationale.

Délibéré en séance publique, à Paris, le 28 octobre 1848.

Le président et les secrétaires, etc.

SÉANCE DU 23 OCTOBRE 1848.

Sur le retrait de l'art. 119 *du projet de Constitution relatif à la nomination du président de la République.*

M. LE PRÉSIDENT. « Art. 119. Immédiatement après le vote de la Constitution, il sera procédé par la nation *à la nomination du président de la République*, et par l'Assemblée nationale constituante à la rédaction des lois organiques qui doivent compléter la Constitution. »

La commission de Constitution propose de supprimer l'art. 119. Je donne la parole à M. Dupin pour exprimer les raisons de la commission.

M. DUPIN. La commission avait pensé qu'il fallait voter l'art. 120 avant l'art. 119, et puis réserver l'art. 119, qui a un objet tout à fait spécial, pour en faire aussi la matière d'un décret spécial, indiquant le jour auquel on procédera à la nomination du président. Evidemment ce n'est là qu'un article purement transitoire, qui ne doit recevoir son exécution qu'une fois, et qui ne fait pas partie intégrante de la Constitution.

Nous demandons donc qu'on vote l'art. 120 avec la nouvelle modification qu'on lui a fait subir, et qu'on réserve l'art. 119 pour faire la matière d'un *décret spécial*, qui sera discuté avec toute la latitude convenable en dehors de la Constitution. Nous nous rattachons à la pensée de l'amendement de M. Pagnerre.

M. LE PRÉSIDENT. M. Laussedat a la parole.

M. LAUSSEDAT. Citoyens représentants, je crois qu'il est indispensable que l'art. 119 soit discuté immédiatement et placé dans la Constitution que nous votons.

L'honorable M. Dupin a dit que c'était un article transitoire qui devait être réglé par un décret spécial. Mais les art. 116, 117 et autres sont aussi des dispositions transitoires, et sont dans un chapitre qui porte ce titre : *Dispositions transitoires*. Cet article renferme en lui-même une trop grande portée pour qu'on ne le discute pas immédiatement.

M. LE PRÉSIDENT. Je vais mettre aux voix les conclusions de la commission; elles tendent à discuter d'abord l'art. 120, et à réserver l'art. 119, suivant la pensée et l'amendement de M. Pagnerre, pour une discussion spéciale, pour un décret spécial.

Je mets aux voix les conclusions de la commission.

(Les conclusions de la commission sont adoptées).

SÉANCE DU 28 OCTOBRE 1848.

Défense du projet de décret qui fixe au 10 décembre l'élection du président de la République.

M. DUPIN. Messieurs, la commission n'a pas reculé devant le devoir que vous lui avez imposé; par conséquent, elle ne doit pas balancer non plus à vous dire dans quel esprit elle a agi. Elle comprend très-bien que, dans une question de ce genre, il y ait des fluctuations d'opinion, qu'on passe rapidement d'une décision à une autre, soit qu'on s'interroge soi-même, soit qu'on se réunisse pour en délibérer; mais enfin quand une Assemblée sérieuse, en présence d'événements qui le sont bien davantage, a conçu une pensée, cela doit être la matière d'une délibération approfondie, et il ne faut pas que personne hésite à donner nettement son opinion.

On a fait sortir l'article 119 du projet de Constitution précisément pour que la chambre eût toute liberté à cet égard, pour la fixation des conditions d'élection, et aussi parce que c'est une chose qui, ne devant se faire qu'une fois, avait besoin d'être délibérée et décidée d'une manière spéciale et toute particulière.

Messieurs, n'oubliez pas sous quelle impression vous avez chargé votre commission de vous présenter ce projet, car son œuvre était accomplie, le dernier article de la Constitution était voté, et chacun aurait pu se saisir parmi vous de l'initiative d'un pareil projet; cependant, vous avez voulu que ce fût votre commission de Constitution qui vous présentât le projet.

La commission en a délibéré, et elle n'a hésité que sur une date, le 26 novembre ou le 10 décembre; mais elle n'a pas balancé entre l'utilité et la nécessité de sortir promptement de la situation provisoire où nous sommes; elle n'a pas hésité entre la proposition de faire l'élection dans le plus court délai possible et l'idée de tout laisser dans le vague, dans l'indécision quant au délai, quant à l'époque.

Messieurs, il ne faut pas croire, quoique ce ne soit pas encore toute la Constitution mise en activité, qu'il soit indifférent à la situation d'avoir un pouvoir éphémere, qui n'est que délégué par vous, un pouvoir incertain, un pouvoir qui peut disparaître devant un souffle de l'Assemblée, ou bien, de donner à ce pays l'opinion qu'il y a un gouvernement doué de stabilité, et de quelque durée.

Nous avons cru que, dans la situation du pays, dans cette situation qui se prolonge depuis huit mois, en présence de la situation extérieure, en présence de l'état actuel des choses, en présence de toutes les complications qui peuvent survenir, il y aurait utilité à appeler le peuple à exercer un droit que vous lui avez reconnu, et que vous vous êtes dénié à vous-mêmes; car vous l'avez voté sous la double forme que vous n'aviez pas le droit de choisir un président, et que ce droit appartenait à la nation.

Une fois ce droit proclamé, on vous demandera pourquoi vous en ajournez indéfiniment l'exercice; pourquoi, amoureux de ce pouvoir, pourquoi, vous complaisant dans ce mode de souveraineté qu'on a dû vous donner, mais qui ne doit pas se prolonger indéfiniment, vous voulez différer l'exercice du droit reconnu à la nation? On donne pour prétexte qu'il faut attendre jusqu'à ce que vous ayez voté *en nombre indéfini, et dans un temps indéfini, je ne sais quelle série de lois qu'on sera toujours maître d'appeler organiques!* — Mais cette raison n'a pas dû nous arrêter. Votre commission a dû peser encore d'autres considérations; et c'est un fait assez public pour en dire quelque chose ici, quoique ce n'ait pas été le motif principal de notre détermination; il y aura à considérer si le gouvernement actuel estime qu'on puisse lui faire cette condition, s'il sera d'humeur, pour son compte, à l'accepter et à s'y dévouer.

Il l'a fait jusqu'ici dans des circonstances qui, à leur origine du moins, ne permettaient pas de délibérer à cause du péril; mais aujourd'hui en sera-t-il de même dans des circonstances qui, en se prolongeant, peuvent bien aussi lui donner le droit d'apprécier cette condition et de vous la faire toucher positivement par une déclaration?

Voilà les raisons fondamentales en elles-mêmes et les motifs particuliers qui nous ont fait apporter le projet de décret dans lequel nous avons fixé une date, une date aussi prochaine que possible.

Que dit-on maintenant pour combattre cette proposition? On vous a dit que cette Assemblée constituante doit redouter de se trouver en présence d'un président élu par le peuple, et à qui cette élection donnera une grande puissance! Mais est-ce qu'elle n'est pas élue elle-même par le peuple? Est-ce que ces deux pouvoirs, partis de la même origine, auront à se menacer, auront à se combattre, auront à s'empêcher réciproquement? Quoi! on peut redouter pour vous, quand un président aura été élu, que vous n'ayez plus de liberté et d'indépendance pour discuter des lois secondaires! On affecte de craindre qu'il n'en soit de vous comme de ces assemblées auxquelles on ne supposait ni autant d'indépendance ni autant de force qu'à vous, auxquelles vous n'accorderez pas du moins, et avec raison, le droit de se dire représentantes au même degré de l'opinion et de la force nationales! Quoi! vous craindriez d'être exposés à la corruption, à l'influence! vous craindriez que la faculté qu'on aurait de vous donner des places vous empêchât de voter les lois organiques avec toute l'indépendance nécessaire! N'est-ce pas ce qu'on vient de vous dire à l'instant même à cette tribune? Je concevrais ces appréhensions si le pouvoir exécutif, si l'homme qui en sera revêtu arrivait dans votre sein avec un droit de *veto*, avec la nécessité d'une sanction, avec la possibilité de partager votre pouvoir législatif, de l'empêcher de s'exercer, ou de le paralyser en quelques points; mais rien de tout cela n'existe et n'est à redouter dans la Constitution nouvelle.

Elle établit une séparation totale entre le pouvoir exécutif et le pouvoir législatif, et, en même temps que le président aura le pouvoir exécutif, avec quelques restrictions toutefois qui sont exprimées dans le décret; vous, vous conservez avec plénitude le pouvoir législatif, et vous n'avez pas besoin d'autre chose.

En effet, dans les circonstances actuelles, qu'avez-vous

fait autre chose? Vous avez opéré sur vous-mêmes, sur votre propre puissance ; vous l'avez fait avec la maturité, avec la sagesse qui vous distinguent; vous vous êtes séparés du pouvoir exécutif : il résidait en vous ; les conseils ne vous ont point manqué pour continuer à l'exercer par vous-mêmes, par des commissions, par des comités pris dans votre sein ! Vous ne l'avez pas voulu, et vous avez bien fait.

Vous avez voulu, aussitôt que vous l'avez pu, donner au pays l'image d'un gouvernement régulier et déléguer le pouvoir exécutif ; vous l'avez délégué, mais à des hommes de votre choix, dont le pouvoir est tout à fait précaire, et qui, par conséquent, n'ont de force, n'ont d'indépendance, que celles qu'ils empruntent à leur caractère individuel, et qui seraient prêts à le quitter si on leur imposait des mesures dont ils ne voudraient pas accomplir l'exécution.

Vous avez créé un pouvoir précaire, mais par là même aussi moins indépendant, moins fort que ne le serait le pouvoir délégué par la nation elle-même Il est évident que ce choix, s'il était fait par la nation, donnerait plus de fixité au pouvoir exécutif, et n'enlèverait rien au pouvoir législatif, rien à l'indépendance avec laquelle vous serez appelés à faire des lois organiques; et quand je parle de ces lois, *je ne crois pas qu'il soit dans votre destinée de les voter toutes ; je ne crois pas que vous vouliez et que vous puissiez aller jusqu'à la dernière :* vous voterez *les plus essentielles*, quelques-unes des plus capitales, celles que vous jugerez vous-même utile de faire les premieres. Je suis convaincu que cette assemblée, après avoir accompli son devoir, sentira *la nécessité aussi de se séparer le plus tôt possible du pouvoir extraordinaire qui lui a été conféré*, *et d'appeler à son tour une nouvelle élection*, *pour qu'une autre assemblée continue a faire marcher la Constitution* dont nous aurons posé la base, et à laquelle nous aurons donné pour accessoires quelques-unes des lois organiques les plus importantes. Ces lois, je crois que vous les voterez avec indépendance, avec un esprit sagement libéral et sagement républicain, que vous avez donné à la Constitution, et que vous voudrez donner aux lois secondaires. Je crois que, au contraire, si vous refusez de laisser la nation procéder au choix du président de la

République, si vous maintenez l'état précaire des choses, si vous êtes uniquement préoccupés de la plénitude de votre pouvoir, on dira que vous avez, par je ne sais quelle défiance du peuple, je ne sais quelle pensée, refusé de laisser la nation exercer son droit de choisir le président de la République. Quant à l'Assemblée, elle conservera le droit de faire les lois organiques les plus urgentes, avec toute l'indépendance qu'elles exigent, et avec plus de sécurité peut-être, parce que le choix du président de la République lui donnera un gouvernement plus ferme, plus régulier, plus stable, plus énergique, qui affermira la confiance et répondra au plus pressant besoin de l'opinion publique.

Voilà, Messieurs, quelles ont été les pensées de votre commission. Je les livre à votre discussion et à votre responsabilité.

Nota. Après un long débat, la fixation du jour de l'élection au 10 décembre a été votée à la majorité de 587 voix contre 232.

XXXVIII.

Proclamation de Charles-Louis-Napoléon Bonaparte, président de la République française.

(Extrait du procès-verbal de la séance du mercredi 20 décembre 1848).

.... Après la lecture du rapport de la commission chargée du dépouillement des procès-verbaux de l'élection du président de la République, les conclusions de la commission sont mises aux voix et adoptées [1].

Le citoyen président dit :

[1] Au moment où le président Marrast allait mettre aux voix les conclusions de la commission, M. le général Cavaignac demande la parole et monte à la tribune.

« Citoyens représentants, dit-il, j'ai l'honneur d'informer l'Assemblée que les ministres viennent de me remettre à l'instant leur démission collective. Je viens à mon tour remettre à l'Assemblée les pouvoirs qu'elle a bien voulu me confier. L'Assemblée comprendra, mieux sans doute que je ne pourrais l'exprimer, quels sont les sentiments de reconnaissance que me laissera le souvenir de sa bienveillance et de ses bontés pour moi. (Applaudissements prolongés.)

« L'Assemblée nationale a adopté les conclusions de la commission; en conséquence,

» Au nom du peuple français,

» Attendu que le citoyen Charles-Louis-Napoléon Bonaparte, né à Paris, remplit les conditions d'éligibilité prescrites par l'art. 44 de la Constitution;

« Attendu que, dans le scrutin ouvert sur toute l'étendue du territoire de la République pour l'élection du président, il a réuni la majorité absolue des suffrages;

» En vertu des art. 47 et 48 de la Constitution, l'Assemblée nationale le proclame président de la République française, depuis le présent jour jusqu'au deuxième dimanche du mois de mai 1852.

» Aux termes du décret, j'invite le citoyen président de la République à vouloir bien se transporter à la tribune pour y prêter serment. »

Le citoyen président donne lecture de la formule du serment, laquelle est ainsi conçue :

« En présence de Dieu et devant le peuple français, représenté par l'Assemblée nationale, je jure de rester fidèle à la République démocratique, une et indivisible, et de remplir tous les devoirs que m'impose la Constitution. »

Le citoyen Charles-Louis-Napoléon Bonaparte, la main levée, dit : Je le jure!

Le citoyen président ajoute :

« Nous prenons Dieu et les hommes à témoin du serment qui vient d'être prêté; l'Assemblée nationale en donne acte, ordonne qu'il sera transcrit au procès-verbal, inséré au *Moniteur*, publié et affiché dans la forme des actes législatifs. »

Le président de la République prononce ensuite le discours suivant :

« Citoyens représentants,

» Les suffrages de la nation et le serment que je viens de prêter commandent ma conduite future. Mon devoir est tracé, je le remplirai en homme d'honneur.

» Je verrai des ennemis de la patrie dans tous ceux qui tenteraient de changer, par des voies illégales, ce que la France a établi.

» Entre vous et moi, citoyens représentants, il ne saurait y avoir de véritables dissentiments. Nos volontés, nos désirs sont les mêmes.

» Je veux, comme vous, rasseoir la société sur ses bases, affermir les institutions démocratiques et rechercher tous les moyens propres à soulager les maux de ce peuple généreux et intelligent qui vient de me donner un témoignage si éclatant de sa confiance.

» La majorité que j'ai obtenue, non-seulement me pénètre de reconnaissance, mais elle donnera au gouvernement nouveau la force morale sans laquelle il n'y a pas d'autorité.

» Avec la paix et l'ordre, notre pays peut se relever, guérir ses plaies, ramener les hommes égarés et calmer les passions.

» Animé de cet esprit de conciliation, j'ai appelé près de moi des hommes honnêtes, capables et dévoués au pays, assuré que, malgré les diversités d'origine politique, ils sont d'accord pour concourir avec vous à l'application de la Constitution, au perfectionnement des lois, à la gloire de la République.

» La nouvelle administration, en entrant aux affaires, doit remercier celle qui la précède des efforts qu'elle a faits pour transmettre le pouvoir intact, pour maintenir la tranquillité publique.

» La conduite de l'honorable général Cavaignac a été digne de la loyauté de son caractère et de ce sentiment du devoir, qui est la première qualité du chef d'un Etat.

» Nous avons, citoyens représentants, une grande mission à remplir, c'est de fonder une République dans l'intérêt de tous et un gouvernement juste, ferme, qui soit animé d'un sincère amour du progrès, sans être réactionnaire ou utopiste.

» Soyons les hommes du pays et non les hommes d'un parti, et, Dieu aidant, nous ferons du moins le bien si nous ne pouvons faire de grandes choses. »

L'Assemblée entière se lève et fait entendre à plusieurs reprises le cri de : Vive la République !

Le citoyen président dit :

« J'invite les membres du bureau que j'ai désignés à vouloir bien reconduire M. le président de la République. Les ordres sont donnés pour qu'il soit accompagné, en sortant de cette enceinte, jusqu'à la demeure que l'Assemblée lui a assignée, avec les honneurs dus à son rang. »

Délibéré en séance publique, à Paris, le 20 décembre 1848.

Le président et les secrétaires :
ARMAND MARRAST, EMILE PÉAN, F. DEGEORGE, PEUPIN, HEECKEREN, LENGLET (EMILE), LOUIS LAUSSEDAT.

Pour expédition :
Le président de l'Assemblée nationale :
ARMAND MARRAST.

XXXVIII *bis.*

Election et installation comme vice-président de la République de M. Boulay (de la Meurthe).

SÉANCE DU 20 JANVIER 1849.

M. LE PRÉSIDENT. L'ordre du jour appelle le scrutin pour la nomination du vice-président de la République. Je reproduis la liste des candidats présentés par le président de la République. Ils sont présentés dans l'ordre suivant :

M. Boulay (de la Meurthe), représentant.

M. Baraguay-d'Hilliers, général de division.

M. Vivien, conseiller d'Etat.

Je rappelle à l'Assemblée que la nomination doit avoir lieu à la majorité absolue des suffrages.

Le scrutin est ouvert, et le président tire au sort le nom des scrutateurs.

Le dépouillement du scrutin a lieu immédiatement et en séance.

Le résultat du vote est proclamé par M. le président en ces termes :

Nombre des votants. . . .	695
Majorité absolue. . . .	348
M. Boulay (de la Meurthe) a obtenu	417 suffrages.
M. Vivien.	227
M. Baraguay-d'Hilliers.	1
Billets blancs.	19

En conséquence, ajoute M. le président, je proclame, aux termes de l'article 70 de la Constitution, M. Boulay (de la Meurthe) vice-président de la République française, à partir de ce jour jusqu'au deuxième dimanche de mai 1852. Aux termes du même article, j'invite M. le vice-président de la République à monter à la tribune pour prêter le serment prescrit par la Constitution.

M. le vice-président de la République monte à la tribune.

M. LE PRÉSIDENT donne lecture de la formule du serment en ces termes : « En présence de Dieu et devant le peuple français représenté par l'Assemblée nationale, je jure de rester fidèle à la République démocratique, une et indivisible, et de remplir tous les devoirs que m'impose la Constitution. »

M. LE VICE-PRÉSIDENT DE LA RÉPUBLIQUE. Je le jure.

M. LE PRÉSIDENT. L'Assemblée donne acte du serment prêté.

M. LE VICE-PRÉSIDENT DE LA RÉPUBLIQUE prend la parole et s'adresse en ces termes à l'Assemblée : — Citoyens représentants, je n'ai pas recherché l'honneur qui m'est fait. Tandis qu'il en était temps encore, j'ai prodigué les instances les plus vives pour obtenir que quelque nom environné de plus d'autorité que le mien fût substitué sur la liste de présentation. Une affection dont je m'honore a été plus forte que ma volonté.

J'espérais du moins que votre justice vous ferait préférer quelqu'un de mes deux honorables concurrents : l'un, vieux soldat mutilé dans les combats (vive approbation); l'autre, athlète glorieusement éprouvé dans les luttes parlementaires. (Nouvelles et nombreuses marques d'approbation.)

Plus ce double honneur était inattendu pour moi, et plus ma reconnaissance est vive, une reconnaissance, permettez-moi de vous ouvrir toute mon âme, une reconnaissance mêlée de trouble et de tristesse; plus cette reconnaissance, dis-je, est profonde envers le président de la République et envers l'Assemblée, tous deux les grands élus du suffrage universel.

Citoyens, je ne m'enorgueillis pas de ma nomination, j'en tire deux enseignements.

J'y vois d'abord une honorable déférence pour ce que l'Assemblée a cru être le vœu du premier magistrat du pays; j'y vois une protestation contre une hostilité si étrangement, si malheureusement présumée. (Approbation.) J'y vois un signe d'alliance, et je vous promets de me conformer à vos intentions; il ne m'en coûtera rien, je ne ferai qu'obéir aux convenances, aux habitudes, aux inclinations de ma vie.

L'autre enseignement que je tire de cette nomination, c'est l'invitation de contribuer de toutes mes forces à l'affermissement de la République (Approbation.) Je le ferai avec probité, avec loyauté, avec conscience, et s'il le faut avec quelque énergie.

Je n'ajoute rien de plus. Il n'y a pas d'autres mérites dans ma vie.

Ici, je rencontre le serment que je viens de prêter et auquel je serai fidèle. Je rencontre aussi le terrain de la Constitution, que je ne déserterai pas. Je rencontre deux intérêts sacrés et chers, étroitement unis, confondus ensemble : l'intérêt de la République et l'intérêt de son président. Croyez-moi, citoyens, j'ai su lire dans ce noble cœur ; oui, le président a compris que le plus grand honneur qu'il soit donné à un citoyen de conquérir, c'est de s'appeler Napoléon Bonaparte, d'être l'élu de l'immense majorité des citoyens, et d'affermir la République. (Très-bien ! très-bien !)

Vous avez déjà grandement contribué à cette œuvre. Vous avez été appelés dans les circonstances les plus critiques, et il a suffi de votre présence pour rassurer les esprits et raffermir le sol. Vous avez sauvé la France de la guerre civile.

Le 15 mai, vous avez assisté, calmes et résignés, au spectacle hideux des saturnales de l'anarchie.

Le 24 juin, vos écharpes ont sauvé la société en péril.

Vous resterez fidèles à vous-mêmes. Jamais plus grands pouvoirs ne furent conférés à une collection d'hommes, et jamais il ne fut usé de tels pouvoirs avec plus de modération.

L'Assemblée a le droit de finir, et elle voudra finir comme elle a vécu, maîtresse d'elle-même, et dans la plénitude de sa liberté. Elle vivra dans l'histoire ; et la gloire des Assemblées qui lui succèderont, sera de continuer son œuvre. (Approbation générale.)

XXXIX.

SÉANCE DU 4 SEPTEMBRE 1848.

Décret concernant les lois organiques à voter par l'Assemblée nationale.

ART. 1er. L'Assemblée nationale ne se dissoudra point sans avoir voté les lois organiques.

ART. 2. Un décret spécial, rendu immédiatement après le vote de la Constitution, déterminera les lois qui devront être votées par l'Assemblée constituante.

SÉANCE DU 15 DÉCEMBRE 1848.

Loi relative à l'énumération des lois organiques que l'Assemblée nationale constituante devra voter.

ART. 1er. Conformément à l'article 115 de la Constitution, l'Assemblée nationale constituante procèdera à la discussion et au vote des lois organiques suivantes :

1° Loi sur la responsabilité des dépositaires de l'autorité publique ;

2° Loi sur le conseil d'Etat ;

3° Loi électorale ;

4° Loi d'organisation départementale et communale;

5° Loi d'organisation judiciaire ;

6° Loi sur l'enseignement ;

7° Loi sur l'organisation de la force publique (garde nationale, armée);

8° Loi sur la presse ;

9° Loi sur l'état de siége ;

10° Loi sur l'organisation de l'assistance publique.

ART. 2. Des commissions spéciales seront immédiatement nommées par les bureaux pour préparer sans délai chacun des projets de loi énumérés dans l'article premier.

Sont exceptées de la présente disposition les lois sur l'organisation judiciaire et sur l'assistance publique, dont l'examen est déjà confié à des commissions de l'Assemblée.

XL.

IMPOT DES 45 CENTIMES.

Memento pour les laboureurs.

(Extrait du *Journal de la Nièvre* en novembre 1848).

DE L'IMPOT DES QUARANTE-CINQ CENTIMES.

Dans son discours au *banquet du Chalet*, M. Ledru-Rollin, voulant flatter les masses, s'est écrié : « *Et le la-» boureur!*... lui qui n'a guère de rapports avec l'Etat et » la politique que par l'entremise du percepteur, que pen-» sera-t-il de la République qui vient, *au sein de la paix*, » lui demander une aggravation d'impôts? »

La réflexion est juste, mais à qui peut-elle s'appliquer, si ce n'est à M. Ledru-Rollin et à ses collègues du gouvernement provisoire? N'est-ce pas en effet le gouvernement provisoire qui, par son décret du 16 mars, a créé cet impôt? Les laboureurs ne doivent pas l'oublier.

Ce décret est ainsi conçu :

« Au nom du peuple français;

» Le gouvernement provisoire,

» Considérant que le gouvernement de la République exige que de puissants secours soient immédiatement donnés au travail, à l'industrie, au commerce ;

» Considérant qu'il n'est pas moins nécessaire ni moins urgent de réorganiser les forces militaires de la République ;

» Décrète :

» Il sera perçu temporairement, et pour l'année 1848 seulement, quarante-cinq centimes du total des rôles des quatre contributions directes de ladite année.

Les membres du gouvernement provisoire :

DUPONT (de L'Eure), LAMARTINE, CRÉMIEUX, ARAGO, LEDRU-ROLLIN, GARNIER-PAGÈS, MARIE, MARRAST, LOUIS-BLANC, FLOCON, ALBERT. »

Lorsque deux mois après on a demandé à l'Assemblée la confirmation du décret, elle ne pouvait plus s'y refuser ; car plus de la moitié des contribuables avait alors payé, et le principe de l'égalité ne permettait pas d'en décharger les autres citoyens.

D'ailleurs le gouvernement provisoire avait tellement épuisé toutes les caisses, qu'il fallait bien se servir de cette ressource, notamment pour alimenter la redoutable armée des ateliers nationaux.

XLI.

SÉANCE DU 16 JANVIER 1849.

Défense du principe de l'égalité en matière d'impôt, à l'occasion du projet de loi relatif à l'application de l'impôt de mutation aux biens de main-morte. (Voyez art. 15 de la Constitution.)

« C'est une loi de droit commun nous ne voulons ni de privilége en haut, ni de privilége en bas. »

(M. DUPIN, *séance du 16 janvier*, Moniteur du 17, pag. 154.)

M. DUPIN. Messieurs, je ne comprends pas la résistance à la loi qui vous est proposée. On a tort de dire que c'est un impôt nouveau; c'est l'impôt qui existe pour tout le monde appliqué à quelques-uns qui jusqu'ici en ont été exempts ou qui s'y sont soustraits. (Très-bien!)

C'est le même impôt que payent les autres citoyens, et qui, n'ayant pas été payé longtemps par d'autres, qui le doivent également aux yeux de la loi, rend nécessaire d'appliquer à ceux-ci le droit commun.

En reprenant les choses de plus loin, même sous l'ancien régime, ce droit-là n'était pas contesté, les établissements de main-morte payaient; et c'est sous le régime qui n'est plus exceptionnel, mais sous un régime de droit commun, qu'on veut invoquer une exception et se maintenir dans l'immunité de ne pas payer!

Cependant, c'est après la révolution que le principe le plus absolu a été proclamé, le principe que chacun doit contribuer en raison de sa propriété, en proportion de sa propriété et de ses facultés. (Marques d'approbation.)

Cependant encore, c'est depuis ce temps que ce principe de droit commun a cessé d'être appliqué. On conçoit comment cela s'est introduit.

Au commencement de la révolution, on a réuni tous les biens de main-morte au domaine de l'Etat. Il y a eu alors un instant où il n'y avait plus véritablement de biens de cette espèce qui fussent imposables.

Ensuite ces établissements ont commencé à renaître, et d'abord pour des valeurs mobilières non apparentes, ou des rentes sur l'Etat, qui n'étaient pas imposées. Tout cela a passé comme inaperçu.

En effet, quand on passe de rien à bien peu, on a une grande facilité pour s'effacer, pour se faire oublier. Voilà pourquoi l'Etat, oublieux du passé, n'a pas eu l'idée de faire porter l'impôt sur des propriétés d'abord imperceptibles. Mais quand, pendant trente et quarante ans, les établissements dont il s'agit ont reçu de toutes mains un certain nombre de biens, tantôt à titre onéreux, tantôt à titre de donation, le patrimoine, qui était nul le lendemain de la confiscation, a commencé à s'accroître, et n'a pas cessé de prendre un grand développement depuis que la permission d'acquérir a été donnée.

Et si vous voulez bien considérer l'accroissement que peuvent prendre les richesses de ces établissements quels qu'ils soient, mais *dont la nature est d'acquérir toujours sans jamais pouvoir vendre*, ce n'est pas avoir trop de prévision dans l'avenir que de dire que cet accroissement sera très-considérable avant qu'il se soit écoulé un grand nombre d'années. C'est ainsi qu'en effet on est déjà arrivé à 66 millions de revenu !

Maintenant, pour échapper au droit commun, à ce droit commun qu'on n'introduit pas, encore une fois, mais auquel on s'était soustrait, mais auquel il s'agit d'assujettir tout le monde, sans exception ni privilége, on va chercher dans quelque coin de la loi des établissements charitables, et, parce que les pauvres en profitent, on fait de ce mot *pauvre* un attirail pour contester toute la loi. (Très-bien ! — Rires d'approbation.)

Messieurs, les intérêts sont toujours très-ingénieux pour se couvrir de certains mots. Ainsi, en remontant aux années précédentes, on ne parlait que de favoriser le commerce, l'industrie ; il y avait un grand mouvement de ce côté, presque toutes les lois étaient dirigées dans le sens des Compagnies, des entreprises ; on n'entendait parler que d'indemnités, de primes, de subventions. Au moment de la révolution de février, l'intérêt des ouvriers a excité une juste sollicitude; il y avait de bonnes lois à faire dans leur intérêt, et nous en avons fait quelques-unes.

Mais bientôt il ne vous a pas échappé qu'il y a eu une foule d'intérêts particuliers qui se sont servi de ce masque-là pour venir, au nom des ouvriers, vous demander des lois qui, en les analysant bien, n'auraient profité qu'aux spéculateurs qui les avaient suggérées. (Voix nombreuses : C'est vrai!)

Aujourd'hui, c'est le mot *pauvre* qu'on va saisir dans la loi, et l'on dit : « Ce sont les pauvres qu'on va imposer, ce sont les pauvres dont on va diminuer les ressources. » Non, Messieurs; car, comme on vous l'a dit, si un établissement qui a 2,000 fr. de rente paye 100 fr. d'impôt, sans doute il aura 100 fr. de moins; mais il ne faut pas croire que les pauvres de cette commune ou de cet établissement seront moins bien traités parce que cet impôt fait lacune dans les recettes de l'établissement; on y pourvoira.

Il y a des établissements auxquels l'Etat donne des subventions, d'autres qui sont très-bien dotés par des communes; par conséquent chacun au besoin saura où prendre son supplément. Mais ce qu'on ne vous dit pas, c'est que, s'il y a des établissements qui ont besoin d'être subventionnés, il y en a un grand nombre qui se soutiennent par eux-mêmes, il y a un grand nombre d'hospices qui sont dotés au delà de ce qui leur est nécessaire. (Marques universelles d'assentiment.)

Un membre. Et qui font des économies tous les ans.

M. Dupin. Ainsi, je citerai, par exemple, l'hospice de Chartres, doté par M. d'Aligre; l'hospice de Bordeaux, auquel, d'un seul coup, un citoyen généreux a transporté une dotation de 50,000 fr. qui lui avait été accordée par l'Etat, et bien d'autres qui sont parfaitement dotés et suffisamment riches de leur propre fonds. Dans l'Alsace, combien n'y a-t-il pas de communes et d'établissements publics qui sont dotés avec exubérance! A côté de beaucoup de communes pauvres, combien n'y a-t-il pas de communes en Alsace et ailleurs qui sont très-riches en rentes et en propriétés de bois! Il y aurait donc deux classes à faire.

Les communes et les hospices qui sont très-riches, pourquoi voulez-vous les exempter d'impôt? Vous conviendrez que pour ceux-là, hospices ou communes, il y a une grande équité à les faire payer.

Et quant à ceux qui seraient en déficit, ce n'est pas une raison pour faire une brèche à la loi ; elle doit être exécutée par tout le monde. C'est le droit commun, et ce n'est pas seulement parce que nous sommes en République : il y a longtemps que ce principe est acquis ! Il y a des principes qui peuvent reprendre une certaine vivacité sous la République; mais il y a un droit commun des Français, qui ne date pas d'aujourd'hui ni de février ; il y a des conquêtes faites en 1789, dont nous n'avons pas été dépossédés, qui ont fondé le droit commun des Français, droit commun que nous maintiendrons autant qu'il sera en nous sur tous les points où l'on voudrait y faire breche.

C'est au moment où nos finances ont le plus besoin que le principe fondamental de l'impôt soit appliqué qu'il importe de ne pas laisser introduire d'exception, et de consacrer d'une manière absolue que l'impôt doit être payé par toutes les choses et par toutes les personnes indistinctement, et dans la proportion de l'actif de chacun. (Très-bien ! très-bien ! — Aux voix ! aux voix !)

M. Legeard de la Diriays s'oppose à la clôture, qui est demandée avec force.

L'Assemblée ferme la discussion et décide qu'elle passera à une seconde délibération.

Nota. Il y a déjà *vingt ans* que j'avais appelé l'attention de la chambre des députés sur la nécessité de soumettre au droit de mutation les biens possédés par les établissements dits de *main-morte*. — Après avoir signalé l'accroissement assez rapide de ces biens, voici ce que je disais à la chambre dans la *séance du 7 juillet* 1828 :

De pareils faits, Messieurs, sont de nature à provoquer plus d'une réflexion...

Il en est une surtout que je recommande dès à présent à l'attention du gouvernement. Cet état si prospère des affaires ecclésiastiques, cet accroissement continuel de patrimoine immobilier, appellera toute votre attention sous un autre point de vue, celui des charges publiques. Elles doivent peser également et indistinctement sur toutes les classes de personnes et de propriétés. Vous savez, Messieurs, combien il a fallu d'efforts pour conquérir ce principe constitutionnel de l'égale contribution de tous aux charges de l'État : or, pour tous les biens que possèdent les simples citoyens, à chaque mutation qui arrive par succession, donation, legs ou vente, on paye de forts droits au Trésor public. Tous les modes de translation payent, comme les liquides, un droit de mouvement. Mais l'Église, mais les corps et établissements fixes, qui ne meurent jamais, et qui, une fois propriétaires, sont frappés de l'incapacité de plus aliéner, sont par là même aussi, affranchis à l'avenir de tous droits de mutation. Or, quand les propriétés de l'Eglise s'élèveront à quelques centaines de millions (car elles s'accroissent toujours et ne diminuent jamais), l'enregistrement se ressentira du défaut de toute perception sur tant de biens soustraits au commerce, et les charges communes en deviendront plus pesantes.

Cette situation avait été remarquée autrefois. Les seigneurs, quoique bons catholiques, et vivant bien, dit-on, avec leurs curés, mais toujours attentifs à la conservation de leurs priviléges, s'étaient plaints de la diminution de leurs droits de lods et de ventes, dont la perception était fort déchue par l'accumulation toujours croissante des propriétés foncières dans la possession *des gens de main-morte*. Pour satisfaire à leurs justes réclamations, on imagina un moyen : ce fut d'assujettir tous ces gens-là (couvents, corps et communautés, etc.), à fournir ce qu'on appelait un *homme vivant et mourant*, dont la mort naturelle donnait ouverture au droit, comme si la propriété eût réellement reposé sur sa tête. C'était ainsi une espèce d'*éditeur responsable*, non tel que celui dont notre collègue, M. de Kératry, a si éloquemment décrit les angoisses et présagé les tribulations (On rit), mais un homme dont Gresset aurait pu nous peindre la douce et paisible existence, bien choyé qu'il était! On pourrait, sinon rétablir ces *vicaires de la main-morte*, comme on les appelait jadis, du moins dire que dans un délai réputé le terme moyen des mutations, par exemple, tous les quinze ou vingt ans le droit serait payé au trésor royal. Sans cela, ce serait conserver l'abus de l'ancien régime et en repousser le remède. Si l'on veut se maintenir dans la ligne constitutionnelle, il est impossible qu'on n'en vienne pas là ; car songez, Messieurs, ce que c'est d'acquérir toujours sans vendre jamais! (Sensation prolongée.)

Au bout de vingt ans, il était temps de réaliser enfin une mesure de droit commun, qui n'est au fond que de l'équité.

FIN.

CATALOGUE

DES

OUVRAGES DE M. DUPIN[1].

Profession d'avocat. — Défense des accusés. — Législation criminelle; Procès célèbres. — Mémoires, Plaidoyers et Consultations.

1. **Discours d'installation** comme bâtonnier des avocats, prononcé à l'ouverture des conférences de la Bibliothèque, à la rentrée de 1829. In-8. Trois éditions.

2. **Lettres sur la profession d'avocat**, et Bibliothèque choisie des livres de droit, avec un Supplément contenant des NOTICES historiques et bibliographiques sur plusieurs ouvrages de droit et de pratique, remarquables par leur antiquité ou leur originalité. Paris, 1818, 2 vol. in-8. — 1832, nouvelle édition, très-augmentée.
— Les notices ont été imprimées séparément in-8.

3. **Pasquier**, ou Dialogue des avocats du parlement de Paris, de Loisel, avec la suite chronologique et anecdotique des plus célèbres avocats, depuis l'an 1600 jusqu'à ce jour, et des notices biographiques sur Pasquier, Loisel et les frères Pithou. Paris, Videcoq, in-8.

4. **De l'improvisation**, à l'usage des princes, dans le livre des Cent-un, et dans le Manuel des Étudiants, p. 598.

5. **De la libre défense des accusés.** Paris, octobre 1815, un mois avant le jugement du maréchal Ney. Brochure in-8, nouvelle édition, revue et augmentée, 1818, *id.* 1824, 1 volume in-18.

6. **Observations** sur plusieurs points importants de notre législation criminelle. 1821, in-8.

[1] Tous ces ouvrages se trouvent chez Videcoq, éditeur, place du Panthéon, n° 1.

7. **Mémoires et Plaidoyers**, imprimés depuis 1806 jusqu'au 1er janvier 1830. 20 vol. in-4.

— **Consultations manuscrites**, 21 vol. in-folio.

8. **Consultation et Plaidoyer** pour l'exécution du testament de NAPOLÉON, 1821.

9. **Plaidoyers et Répliques** dans l'affaire du chevalier Desgraviers, créancier de Louis XVIII, avec un recueil de pièces historiques et l'arrêt de la Cour royale de Paris. Paris, 1821. 1 vol. in-8.

10. **Choix de Plaidoyers** en matière politique, contenant les plaidoyers pour Ney, Brune, Rovigo, les trois Anglais, Marinet, troubles de Lyon, Bavoux, souscription nationale, Jay, Jouy, de Pradt, Béranger, les rédacteurs du *Miroir* (Arnault, Tissot, Cauchois-Lemaire, Em. Dupaty, Lacretelle aîné, etc.). — Paris, 1 vol. in-8. Tome X des *Annales du Barreau*, 1823, première partie.

11. **Choix de Plaidoyers** en matière civile. 1 vol. in-8. Tome X des *Annales du Barreau*, deuxième partie. — Une troisième partie devait contenir la réplique dans l'affaire Stacpole, le procès de M. Bertin aîné, la consultation et le plaidoyer pour l'exécution du testament de l'empereur Napoléon en 1821, et quelques autres défenses.

12. **Examen et Discussion** des actes de la commission militaire instituée en l'an XII pour juger le duc d'Enghien. In-8. Trois éditions en 1823. — La quatrième fait partie de la *Collection de mémoires sur la Révolution*, publiée par Baudouin. — On y trouve aussi la *réponse* pour le comte Hullin, et l'*examen* impartial sur M. de Caulaincourt, duc de Vicence, rédigés par M. Dupin. Voyez *Réquisit.*, tom. IX, pag. 184 et suiv.

13. **Procès des Naufragés de Calais**, in-8. Discussion historique et légale insérée dans la *Revue encyclopédique* de janvier 1824, et dans la seconde édition des *Memoires du duc de Choiseul*. Voyez *Réquisit.*, tom. IX, pag. 175.

Liberté individuelle.

14. **Plaidoyer et Réplique** pour Isambert devant le tribunal de première instance, en décembre 1826. In-8.

— Plaidoyer et Réplique pour le même, devant la Cour royale; mars 1827. In-8.

Liberté de la presse.

15. **Plaidoyer pour le Constitutionnel**, accusé de tendance Paris, 1825, in-8. — Troisième édition, chez Baudouin. In-18.

16. **Plaidoyer** en première instance et en Cour royale, pour le *Journal des Debats*, accuse pour l'article intitulé : Pauvre roi! pauvre France! en août et décembre 1829 In-8.

Libertés religieuses.

17 **Consultation** pour M. le comte de Montlosier, contre l'illégalité des Jésuites. Août 1829, in-8.

— **Lettre** sur la visite à Saint-Acheul. 1825.

— **Procès** fait à la congrégation des Bacchanales, traduit de Tite-Live. 1826, in-32; deux editions, la première sans nom d'auteur.

— **Opinion** dans la Commission ecclésiastique, pour la fermeture des petits séminaires non autorisés. Mai 1828.

— **Discours** sur le même sujet à la Chambre des députés, dans la séance du 21 juin 1828.

— Le tout réimprimé sous ce titre · *Les Jésuites devant le Roi et les Chambres* 1828, in-32.

18. **Procès du Christ,** ou Réfutation du chapitre de M. Salvador, intitulé : *Jugement et Condamnation de Jésus.* Dissertation historico-légale. 1828, in-18. 4 éditions. Cet opuscule a été traduit en anglais par John Pickering, avocat américain. New-York, 1839.

19. **Les Libertés de l'Église gallicane.** Paris, 1824, 1 vol. in-12; deuxième édition, 1826, in-18.

20. **Manuel** du Droit public ecclésiastique français. Première édition, mars 1844. Paris, Videcoq, 1 vol. in-12.

— **Réponse** aux assertions de M. le comte de Montalembert. Chez le même.

— Seconde édition du Manuel, en juin 1844, comprenant la réponse aux assertions.

— Troisième édition, en avril 1845, avec une nouvelle préface et le rapport de M. Vivien, suivi de l'ordonnance du roi du 9 mars 1845, qui supprime le mandement de l'archevêque de Lyon, comme attentatoire aux libertés de l'Église gallicane, contraire aux lois de l'État et aux droits de la puissance royale.

— Quatrième édition, en mai 1845, avec une dernière préface relative aux décrets de la congrégation inquisitoriale de l'index, et plusieurs autres additions.

Ouvrages élémentaires sur le Droit francais.

21. **Réflexions** sur l'enseignement et l'étude du Droit, suivies de règles logiques sur la manière d'argumenter et de soutenir thèse dans les actes publics. Paris, 1807. Première édition, brochure in-8. — Nouvelle édition, 1821, in-18

22. **Bibliothèque choisie**, à l'usage des Étudiants en droit, ou Notice des livres qui leur sont le plus nécessaires. 1 vol. in-18. Deuxième édition, 1821.

23. **Manuel** des Étudiants en droit et des jeunes avocats, contenant un plan d'études et des instructions. 1824, in-18.

24. **Précis** historique du droit français, dédié à S. A. R. Mgr le duc de Chartres. 1826, in-18.

25. **Notions** élémentaires sur la justice, le droit et les lois professés à S A. R Mgr le duc de Chartres. Janvier 1827, 1 vol. in-18. -- Deuxième édition, mars 1827, avec quelques additions.

26. **Biographie** abrégée des principaux auteurs de droit, jurisconsultes, magistrats et publicistes, avec la chronologie historique des chanceliers de France, gardes des sceaux, ministres de la justice, premiers présidents et procureurs généraux du Parlement de Paris, depuis 1302. In-18

27. **Vocabulaire** des termes de droit. In-18.

28. — Ces deux opuscules, avec ceux qui précèdent, sous les numéros 21, 22, 23, 24, 25, et ceux indiqués ci-après numéros 29, 30 et 31, ont été réimprimés en un seul volume, sous le titre général de *Manuel des Etudiants en droit et des jeunes Avocats.* 1835, in-18, contenant 900 pages.

Ouvrages élémentaires sur le droit romain.

29. **Précis historique** du droit romain, 1 vol. in-18, a eu huit éditions; la première est de 1809 (elle a été supprimée par la police impériale); la dernière est de 1824.

30. **Legum leges**, sive Baconii Tractatus de fontibus universi

Juris, per aphorismos, etc., cum annotationibus. 1 vol. in-18, Paris, 1822; deuxième édition, 1824.

31. **Prolegomena** juris ad usum scholæ et fori. 1820, in-18

32. **Examen** sur les éléments du droit romain, selon l'ordre des Institutes de Justinien, traduit du latin de Perreau. Paris, 1820, 1 vol. in-12

33. **Synopsis** elementorum juris romani. Parisiis, 1811, in-18.

34. **Principia juris civilis** cum romani tum gallici, seu Selecta legum romanarum cum civili Gallorum Codice apte concordantium, etc. Parisiis, 1806, 5 vol. in 12.

35. **Jo. Gotlieb. Heineccii recitationes** in elementa juris civilis secundum ordinem Institutionum. Accesserunt opera et cura A. M. J.-J. Dupin notæ et observationes quibus textus vel explanatur, vel emendatur, vel illustratur, quibusque sedula ac perpetua romanarum et gallicarum legum collatio continetur. Parisiis, 1810, 2 vol. in-8.

36. **État actuel** de la science du droit romain, dans l'*Observateur des tribunaux*, tome X, n° 4. Tiré à part in-8, avril 1838

Traités particuliers sur plusieurs matieres de droit public et de droit privé.

37. **Traité des Successions** ab intestat. Paris, 1804, in-12.

— **Dissertation** sur les rapports entre cohéritiers, avec une dédicace latine à M. Poirier. 1810, in-12.

38. **Du Droit d'aînesse.** Discussion du projet de loi présenté par M de Peyronnet en 1826, dédié à mes frères. In-8.

39. **Dissertation** sur le domaine des mers et la contrebande. Paris, 1811, brochure in-12.

40. **Des Apanages** en général, et de l'apanage d'Orléans en particulier. Mars 1817, 1 vol. in-18. — Nouvelle édition, plus complète, contenant les discussions relatives à la constitution de la liste civile, 1827 et 1835. 1 vol. in-18.

Jurisprudence des arrêts.

41. **Dissertation** sur la Jurisprudence des arrêts, à l'usage de ceux qui les font et de ceux qui les citent. 1822, in-18. — Deuxième édition, 1824.

42. **Dictionnaire** des Arrêts modernes. Paris, 1812, 2 vol in-4.

— Articles dans la continuation du *Nouveau Denizart*. Paris 1805

— Articles dans le *Journal du Palais*, depuis 1808 jusqu'en 1812.

De la magistrature.

43. **Des Magistrats d'autrefois,** des Magistrats de la Révolution, des Magistrats à venir. Paris, 1814, in-8. — Nouvelle édition, 1824, in-18.

— **Discours** en faveur de l'inamovibilité des juges. Première édition, 1816. Réimprimé dans le Recueil des lois sur l'organisation judiciaire. 1819.

— Autres discours sur le même sujet et dans le même sens, en 1830 et 1831.

— **Mercuriales** ou Discours de rentrée de 1830 à 1846, en tête des tomes I, IV et VII des *Réquisitoires*. (V. ci-après n° 68)

Opuscules divers.

44. **Notices biographiques** sur Lhospital, Omer Talon, Pothier, Lanjuinais, Billecocq, Loyseau.

— **Galerie** des douze magistrats et jurisconsultes qui précède la chambre des requêtes de la Cour de cassation, avec les portraits. Paris, 1835, in-4.

45. **Budget de Lhospital**, harangue prononcée dans l'assemblée des états généraux.

Sous ce titre se trouvent encadrés divers centons extraits des œuvres du chancelier de Lhospital, et qui contiennent ses pensées sur la situation de la France à cette époque, et sur les principales branches de l'administration publique. Première édition, 1828. — Firmin Didot en a donné une seconde et fort belle édition in-8, avec gravures, en 1829, etc.

— **Inauguration** du tombeau du chancelier de Lhospital, et visite au Vignay. Discours de 1836.

— **Éloges funèbres** prononcés aux obsèques de C. Perrier, Daumenil, Bailliot, Bassano, Moncey, Brune, Lafitte, et à l'inauguration de la statue de Guttemberg à Strasbourg, en 1840.

— **Lettre** sur les titres contestés aux maréchaux de France par le gouvernement autrichien; 29 janvier 1827. (*Constitutionnel*).

— **Analyses** et comptes-rendus des ouvrages de divers jurisconsultes, notamment de MM. Berryat-Saint-Prix, Carnot, Favard de Langlade, Merlin, Dalloz, Persil, Fournel, Pigeau-Toullier, Carré, Boulay-Paty, Gaschon, Duranton, Henrion de Pansey, Aignan, Legraverend, Duvergier de Hauranne père, Capefigue, Isambert et Jourdan; Renouard, Latruffe, Fœlix, Ortolan et Théod. Ortolan, Rosely de Lorgues. Tissot de Dijon, Gustave de Beaumont, l'encyclopédie de Pinson, Carrette et Devilleneuve, Frédéric Portalis, etc., insérés dans divers journaux et recueils periodiques.

— **Articles Biographiques** dans l'*Encyclopédie des gens du monde* et dans l'*Encyclopédie du XIX*e *siècle*, par Sébire.

— **Discours** aux Comices agricoles de Seine-et-Oise et de la Nièvre, et sur l'instruction publique.

— **Discours** comme membre et directeur de l'Académie française

Discours de réception : Éloge de Cuvier; Éloges du duc de Nivernois et de Malesherbes, de Quélen et comte Molé. Prix Monthyon. Rapports à cette Academie et à celle des Sciences morales et politiques, sur divers ouvrages de morale et de haute littérature.

Éditions de Burlamaqui, de Pothier, etc.

46. **Édition nouvelle** des principes du Droit de la nature et des gens, de Burlamaqui, augmentée d'une *introduction* historique sur les divers systèmes de philosophie ancienne et moderne, et d'une *table* analytique et raisonnée, par M. Dupin. Paris, 1820, 5 vol. in-8.

47. **Édition de Pothier**, avec une dissertation préliminaire sur la vie et les ouvrages de Pothier, par M. Dupin. 1825, 11 vol. in-8.

— La dissertation séparément. 1 vol. in-8, avec un portrait de Pothier et un *fac-simile* de son écriture.

— La même, réimprimée en 1827, format in-12.

48. **Préface** de l'édition de l'administration des revenus des communes, par M. Dupin, conseiller maître des comptes.

49. **Préface** des Études commerciales d'Ambroise Gauthier, avocat, avec une notice biographique sur l'auteur.

50. **Institutes coutumières** de Loisel, édition donnée en com-

mun par MM. Dupin et Laboulaye, augmentée d'un grand nombre de notes, avec une introduction, une liste bibliographique de plus de huit cents auteurs cités dans le cours de l'ouvrage, une table des matières revue avec soin, et un glossaire des mots vieillis et hors d'usage qu'on rencontre le plus ordinairement dans les monuments de notre ancienne jurisprudence. Paris, Videcoq, 1846, 2 vol., caractère compacte, format Charpentier.

Compilations. — Révision des lois : Collection par ordre de matières, publiées en vertu de la commission du gouvernement.

51. **De la Nécessité** de reviser et de classer toutes les lois promulguées depuis 1789. 1814, brochure in-8.

52. **Lois des lois**, ou Recueil de toutes les dispositions législatives concernant les lois, etc. Paris, 1817, in-12.

53. **Lois** sur l'organisation judiciaire; Recueil extrait de la collection in-4 et du Bulletin des Lois, en exécution de l'avis du conseil d'État du 7 janvier 1813, sur la commission spéciale du garde des sceaux. 1819, 2 vol. in-8.

54 **Lois civiles**, servant de supplément au Code civil, suivies d'un Recueil particulier des lois concernant spécialement le droit des tiers, avec cette épigraphe : *Sauf entre autres choses notre droit, et l'autrui en toutes*. 1819, 2 vol. in-8

55. **Lois commerciales**, servant de supplément au Code de commerce. 1820, 1 vol. in-8.

56 **Lois et actes** sur les majorats. 1820, in-8.

57. **Lois de procédure.** 1821, in-8.

58. **Lois criminelles.** 1821, in-8.

59 **Lois forestières.** 1822, in-8.

60. **Code forestier**, avec des notes et la jurisprudence. 1828, in-18. — Deuxième édition, avec la nouvelle jurisprudence; 1834, in-18.

61. **Code de commerce** de bois et de charbon. Paris, 1817, 2 vol. in-8, avec cartes.

62. **Lois des communes**, avec une *Introduction historique* de 300 pages in-8. 1823, 2 vol. in-8. — Cette introduction a eu une édition séparée. 1 vol. in-8.

63. **Lois de compétence** des fonctionnaires publics de toutes les hiérarchies. 4 vol. in-8.

64. **Lois sur l'enregistrement et le timbre,** publiées sous la direction de M. Dupin, avec une introduction par M. Tardif 2 vol. in-8.

Discussions parlementaires.

65. **Discours politiques** prononcés à la chambre des Représentants, sur le *Serment*, le projet de *Constitution*, et la seconde *abdication* de Napoleon, imprimés au tome X des *Annales du Barreau*, première partie.

— **Compte rendu** à mes commettants, comme député de la Nièvre. Le 6 juillet 1815, in-8.

66. **Discours** prononcés à la Chambre des Députés, pendant toutes les sessions législatives depuis 1827-1849.

Ces discours, ayant tous été improvisés, n'ont été recueillis que dans les journaux et par les soins des sténographes. Plusieurs ont été réimprimés in-8. La collection formerait 10 volumes in-8

— **Discours au roi**, par M. Dupin, président de la Chambre des Députés, pendant les huit sessions de 1832 à 1839.

— **Discours** aux électeurs de la Nièvre en 1827, 30, 31, 34 37, 39, 42, 46 et 48.

67 **Révolution** de Juillet 1830. Caractère légal et politique de cette révolution, avec cette épigraphe : *Quoique Bourbon*. Paris, novembre 1832, brochure in-8. — Deuxième édition en 1833, avec les pièces. — Troisième édition plus ample en 1835, in-18.

Réquisitoires, plaidoyers et discours de rentrée comme procureur général.

68. **Réquisitoires** du procureur général à la Cour de cassation de 1830 à 1849, 9 vol. in-8, publiés en 3 séries de 3 vol chacune. Paris, Videcoq fils.

— **Les Mercuriales**, ou discours de rentrée, se trouvent en tête des tomes I, IV et VII.

— A la fin des tomes III, VI et IX se trouvent comme annexes la plupart des **Discours** prononcés par M. Dupin à la Chambre des Députés sur des questions du droit public ou privé.

69. **Rapport** fait par M. Dupin, à l'Académie des sciences morales et politiques, sur les progrès de la législation criminelle en France et en Europe, depuis 1789 jusqu'à la fin de 1832; — et exécution de l'ordonnance royale du 22 mars 1840, et de la commission à lui confiée par la section de législation de cette Académie, dans la séance du 9 mai 1840. — 1 vol. in-4° de 421 pages manuscrites, déposé sur le bureau de l'Académie le 10 juin 1848.

70. — **La Constitution** de la République française annotée avec les discours prononcés par M. Dupin comme membre de la commission de Constitution. — Janvier 1849, 1 vol in-18.

TABLE DES MATIÈRES.

Introduction 5

Préambule 23

Constitution française 33

Chapitre Ier. — De la souveraineté . . . . . ib.

— II. — Droits des citoyens garantis par la Constitution 34

— III. — Des pouvoirs publics 48

— IV. — Du pouvoir législatif 50

— V. — Du pouvoir exécutif 63

— VI. — Du Conseil d'État 77

— VII. — De l'administration intérieure 80

— VIII. — Du pouvoir judiciaire 85

— IX. — De la force publique 94

— X. — Dispositions particulières 98

— XI. — De la révision de la Constitution 100

— XII. — Dispositions transitoires 101

APPENDICE.

SECTION PREMIÈRE.

Contenant les discours prononcés par M. Dupin dans la discussion de la Constitution, au nom de la commission de constitution, et les deux discours sur la question du droit au travail *prononcés par MM. Dufaure et Marius André.*

I. 7 septembre. — Discussion du préambule de la Constitution. Définition du mot démocratie en réponse à une question de M. le marquis de La Rochejaquelein. (Préambule, II.) 107

II. 7 septembre. — Distinction entre les lois primitives et les lois secondaires. (Préambule, III.) 108

III. — Lettre sur la formule *Chacun chez soi, chacun son droit*, appliquée au préambule, art. V 110

IV. 7 septembre. — Devoir d'aimer la patrie. (Préambule, VII.) 111
V. 13 juillet. — Projet de loi sur les clubs. Droit de s'assembler et de se réunir. (Art. 8 de la Constitution) 112
VI. 20 septembre. — Liberté d'enseignement. Droit de l'État. (Art. 8 et 9.) 113
VII. 27 septembre. — Y aura-t-il deux chambres, ou une seule assemblée législative? (Art. 20 et 46.) 116
VIII. 12 octobre. — Sur l'exécution des mesures prises par l'Assemblée nationale pour sa sûreté. (Art. 32.) 128
IX. 4 octobre. — Sur l'arrestation des députés en cas de flagrant délit. (Art. 37.) 129
X. 29 décembre 1848 et 2 janvier 1849. — Sur les trois lectures des projets de loi. (Art. 41.) 130
XI. 12 octobre. — Sur les propositions d'amnistie. (Art. 55). 145
XII. 12 octobre. — Mode de promulgation des lois. (Art. 57). 146
XIII. 12 octobre. — Délai pour la promulgation des lois. (Art. 57.) 147
XIV. 12 octobre. — Révision d'une loi sur la demande du président de la République, exige seulement qu'il consulte le conseil d'État. (Art. 58.) 148
XV. 14 octobre. — Contre le jury en matière correctionnelle. (Art. 82.) 149
Note sur le jury en matière civile. (Art. 82) 152
XVI. 14 octobre. — Nomination des conseillers à la Cour de cassation par le président de la République. (Art. 85.) . . . 158
XVII. 17 octobre. — Mode de nomination des conseillers à la Cour des Comptes. (Art. 85.) 161
XVIII. 17 octobre. — Nomination des membres du parquet de la Cour de cassation. Indépendance de ces magistrats. (Art. 86.) 162
XIX. Discussion dans les bureaux sur l'article 88 du projet, devenu l'article 87 de la Constitution 164
XX. 17 octobre. — Sur la création d'un tribunal des conflits. (Art. 89.) 166
XXI. 18 octobre. — Sur la composition de la haute Cour, et le mode de désignation des conseillers à la Cour de cassation qui seront appelés à en faire partie. (Art. 92.) 168
XXII. 3 novembre. — Compétence de la haute Cour pour les délits commis avant la Constitution 171
XXII *bis*. 20 janvier 1849. — Sur la demande en renvoi des prévenus de l'attentat du 15 mai devant la haute Cour de justice 174

XXIII. 18 octobre. — Sur la publicité des débats devant la haute Cour. (Art. 93.) 184

XXIV. 18 octobre. — Sur la juridiction extraordinaire accordée au Conseil d'État, sur ses fonctions. (Article retranché.) 185

XXV. 3 juillet 1844. — Ancien discours sur le remplacement militaire, question soulevée sur l'article 102............ 186

XXVI. 23 octobre. — Sur l'amendement de M. Didier ayant pour objet d'assimiler l'Algérie à la France, et de la soumettre immédiatement au régime de la Constitution, sauf les lois d'exception qui seraient reconnues nécessaires. (Art. 109.)...................................... 191

XXVII. 23 octobre. — Sur la majorité nécessaire pour voter la révision de la Constitution (Art. 111.)............. 194

XXVIII. 23 octobre. — Sur le vote définitif de la Constitution dont on proposait de différer l'exécution jusqu'après le remplacement du président en exercice. (Art. 111.)... ..... ib.

XXIX. 23 octobre. — Sur l'article 112 de la Constitution. Réponse à l'interpellation de M. Stourm relativement à l'exécution de certaines dispositions législatives contenues dans les constitutions antérieures.............................. 196

XXX Discours de M. Dufaure sur le *droit au travail.* (Préambule. art. VIII)..................................... 199

Discours sur le même sujet par M. Marius André, lors de la révision de cet article.............................. 210

SECTION DEUXIÈME.

Décrets relatifs à la Constitution.

XXXI. 12 mai 1848. — Décret relatif à la nomination des membres qui devront composer la commission de Constitution 213

— Noms de ces membres.............................. ib.

XXXII. 2 juin. — Décret relatif au mode d'examen et à la discussion du projet de Constitution .... ib.

— Discours sur ce décret.......................... 214

XXXIII. 11 août. — Décret relatif au vote de la Constitution. 215

— Discours explicatif..................... .... ib

XXXIV. 4 novembre — Vote de la Constitution.......... 220

— Noms des votants *pour* et *contre*, et des *absents*. ib.

XXXV. 6 novembre. — Loi relative à la promulgation de la Constitution........ 220

XXXVI. 12 novembre. — Procès-verbal de la promulgation solennelle de la Constitution. 226

XXXVII. 28 octobre. — Décret relatif à l'élection du président de la République. 229

— Discours sur le retrait de l'article de la Constitution qui avait rapport à cette élection. 231

— Discours pour la défense du décret 232

XXXVIII. 19 décembre. — Proclamation de Charles-Louis-Napoléon Bonaparte président de la République. 236

XXXVIII *bis*. 20 janvier 1849. — Election et installation, comme vice-président de la République, de M. Boulay (de la Meurthe). 239

XXXIX. 4 septembre. — Décret concernant les lois organiques à voter par l'Assemblée nationale. 242

— 15 décembre. — Décret contenant l'énumération de ces lois. . . . . *ib.*

XL. Impôt des 45 centimes 243

XLI. 16 janvier 1849. — Défense du principe de l'égalité en matière d'impôt 244

FIN DE LA TABLE DES MATIÈRES.

Printed in Dunstable, United Kingdom

91219502R00151